AMÉRICA DEL SUR

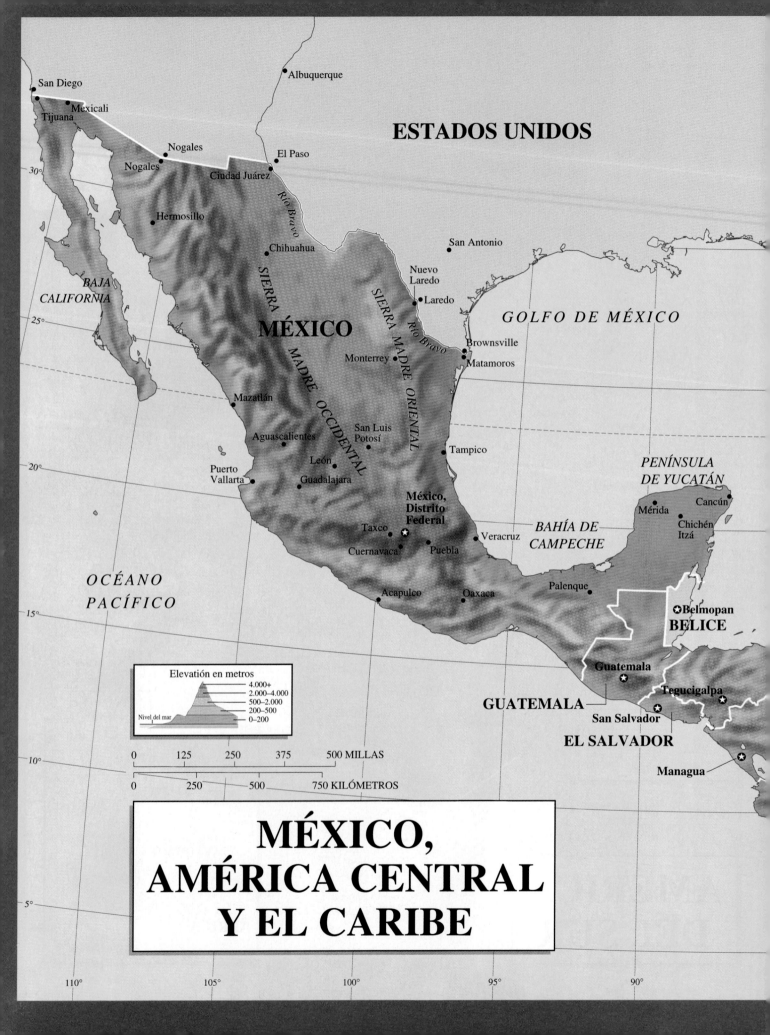

MÉXICO, AMÉRICA CENTRAL Y EL CARIBE

ESTADOS UNIDOS

Albuquerque

San Diego
Mexicali
Tijuana
Nogales
Nogales
El Paso
Ciudad Juárez

Río Bravo

Hermosillo

Chihuahua

San Antonio

Nuevo Laredo
Laredo

BAJA CALIFORNIA

Río Bravo

GOLFO DE MÉXICO

MÉXICO

SIERRA MADRE OCCIDENTAL

SIERRA MADRE ORIENTAL

Monterrey

Brownsville
Matamoros

Mazatlán

Aguascalientes

San Luis Potosí

León
Guadalajara

Tampico

Puerto Vallarta

México, Distrito Federal

Taxco
Cuernavaca
Puebla

Veracruz

PENÍNSULA DE YUCATÁN

Mérida
Cancún
Chichén Itzá

BAHÍA DE CAMPECHE

OCÉANO PACÍFICO

Acapulco
Oaxaca

Palenque

✪Belmopan
BELICE

Guatemala
✪

✪Tegucigalpa

GUATEMALA

San Salvador
✪

EL SALVADOR

Managua
✪

Elevatión en metros

4.000+
2.000–4.000
500–2.000
200–500
0–200

Nivel del mar

0   125   250   375   500 MILLAS

0   250   500   750 KILÓMETROS

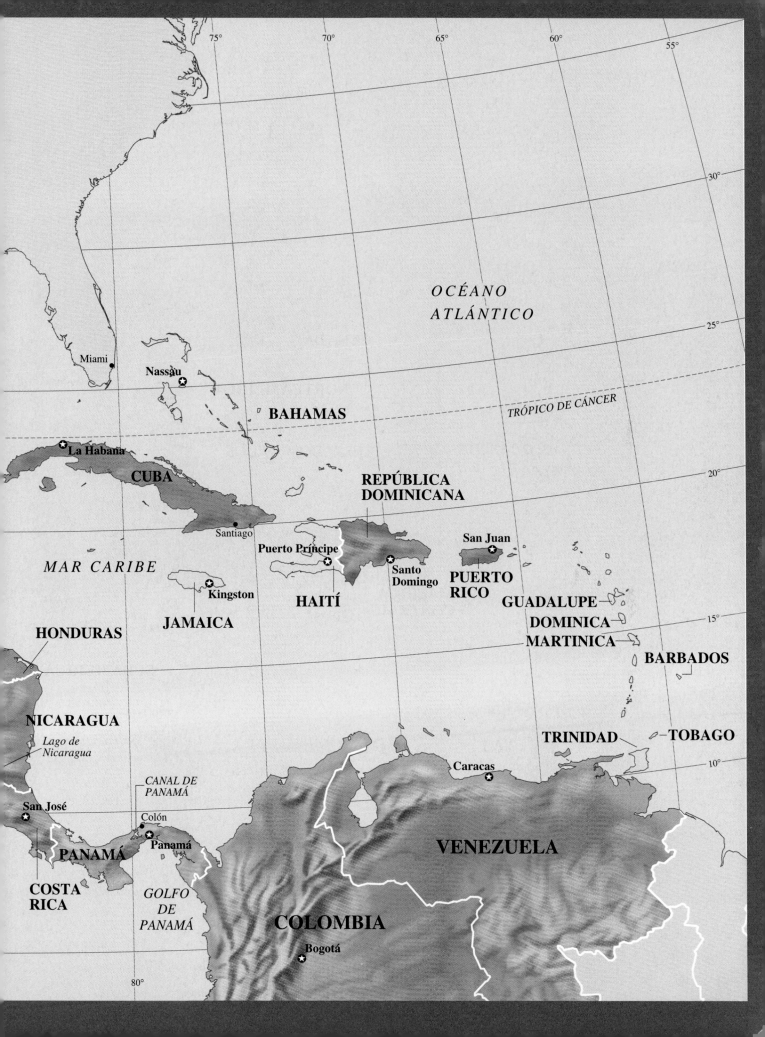

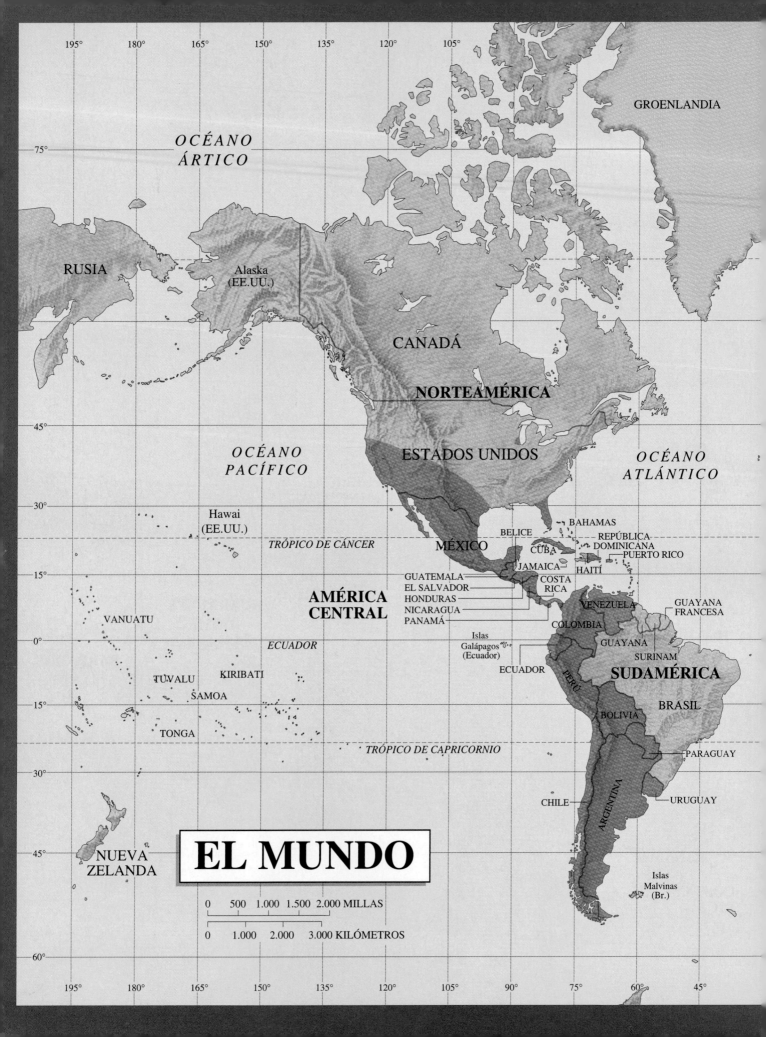

EL MUNDO

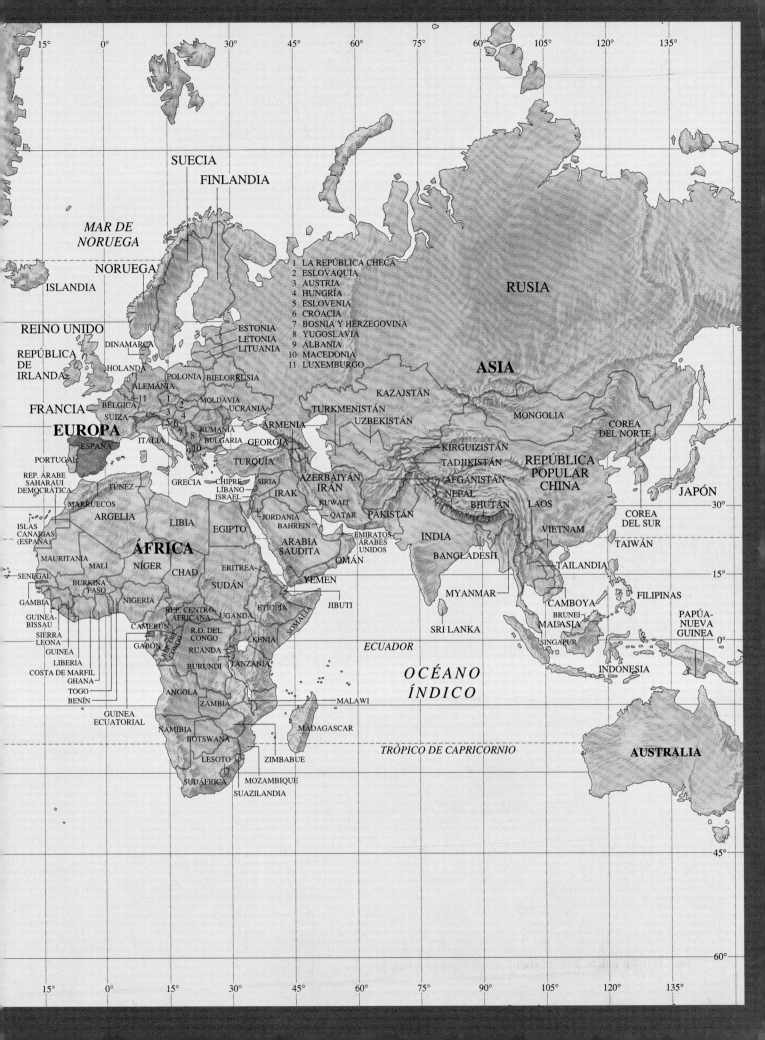

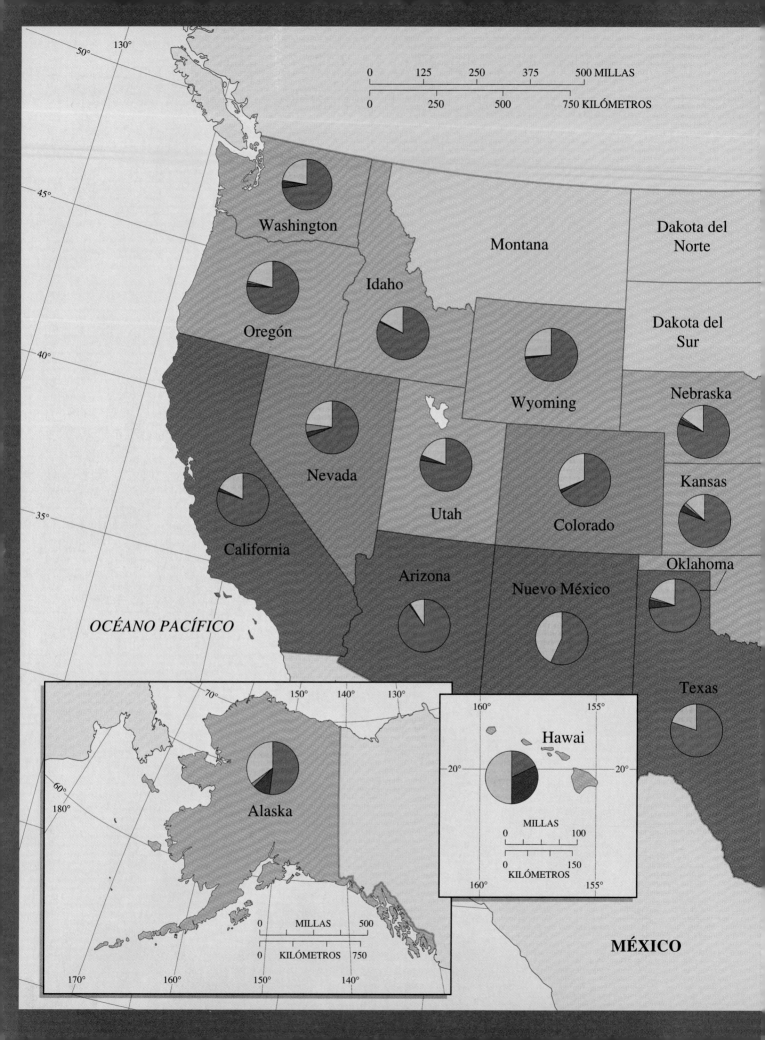

MILLAS

500 MILLAS

KILÓMETROS

750 KILÓMETROS

Washington

Montana

Dakota del Norte

Idaho

Dakota del Sur

Oregón

Wyoming

Nebraska

Nevada

Kansas

Utah

Colorado

California

Oklahoma

Arizona

Nuevo México

OCÉANO PACÍFICO

Texas

Hawai

MILLAS

KILÓMETROS

Alaska

MILLAS

KILÓMETROS

MÉXICO

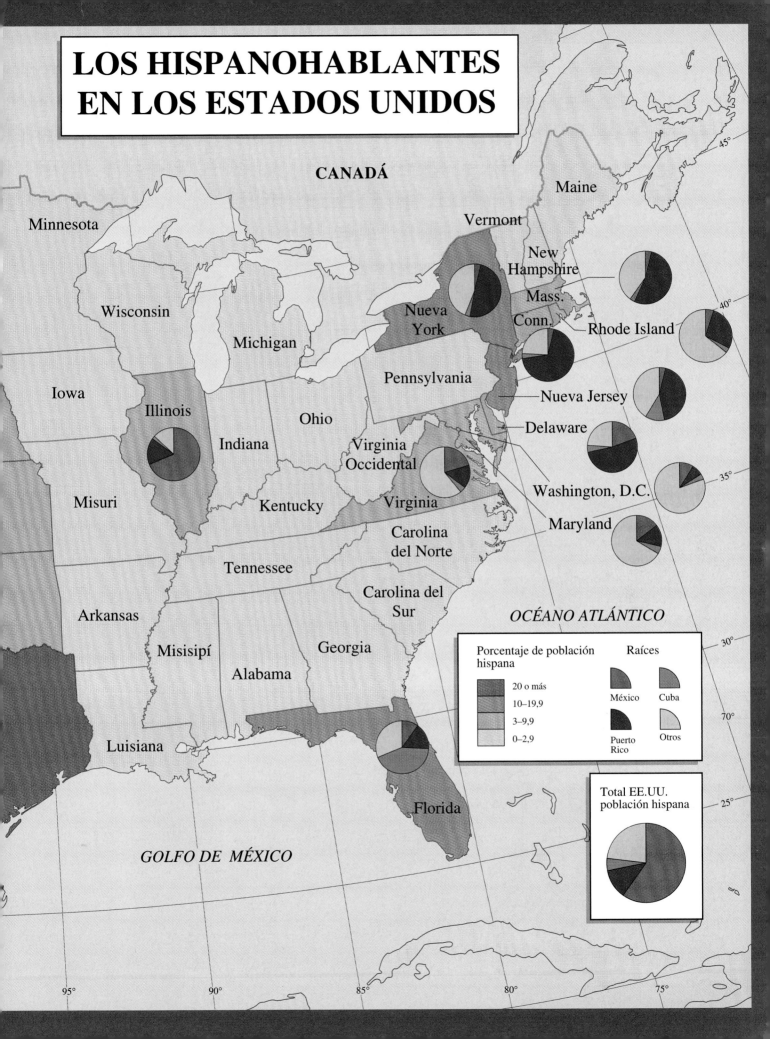

LOS HISPANOHABLANTES EN LOS ESTADOS UNIDOS

CANADÁ

Minnesota

Wisconsin

Michigan

Iowa

Illinois

Misuri

Indiana

Ohio

Kentucky

Arkansas

Tennessee

Misisipí

Alabama

Luisiana

Maine

Vermont

New Hampshire

Mass.

Conn.

Rhode Island

Nueva York

Pennsylvania

Nueva Jersey

Delaware

Virginia Occidental

Virginia

Washington, D.C.

Maryland

Carolina del Norte

Carolina del Sur

Georgia

Florida

OCÉANO ATLÁNTICO

GOLFO DE MÉXICO

Porcentaje de población hispana

20 o más

10–19,9

3–9,9

0–2,9

Raíces

México

Cuba

Puerto Rico

Otros

Total EE.UU. población hispana

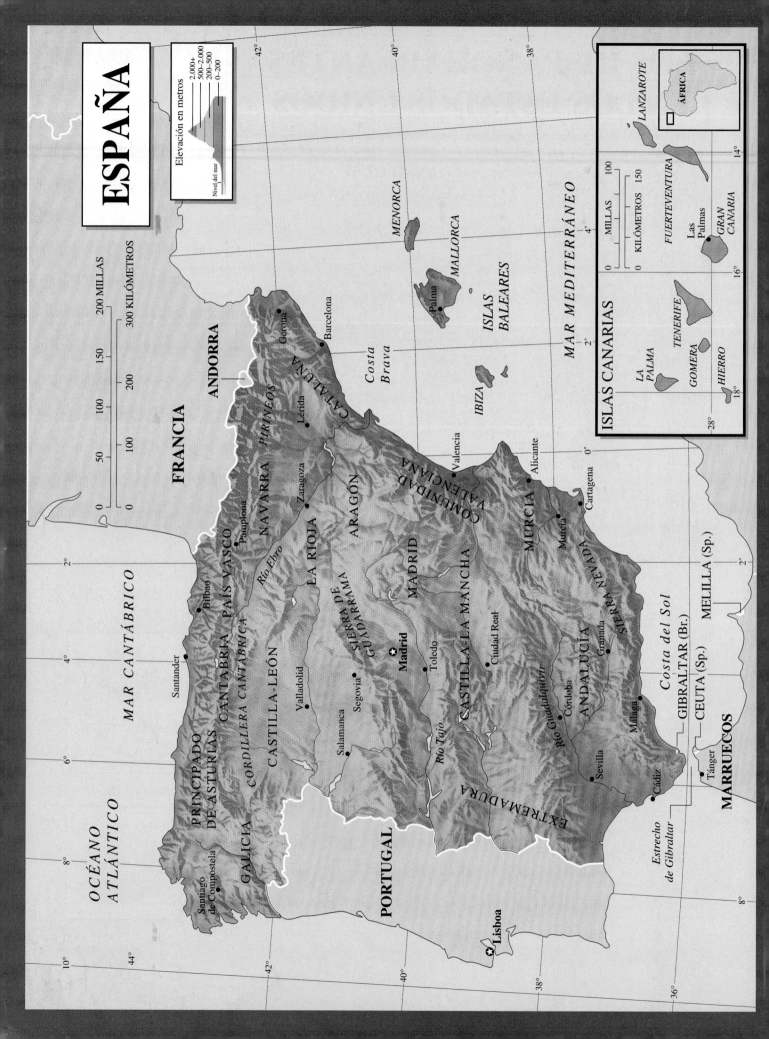

¡Saludos!

Introductory Spanish

¡Saludos! Introductory Spanish

Oscar Ozete

University of Southern Indiana

Harcourt College Publishers

Fort Worth   Philadelphia   San Diego   New York   Orlando   Austin   San Antonio
Toronto   Montreal   London   Sydney   Tokyo

Publisher	Phyllis Dobbins
Acquisitions Editor	Kenneth S. Kasee
Marketing Strategist	Jill Yuen
Developmental Editor	Jeff Gilbreath
Project Manager	Angela Williams Urquhart
Cover Design	Garry Harman

ISBN: 0-03-026031-0
Library of Congress Catalog Card Number: 00-102805

Address for Domestic Orders
Harcourt College Publishers, 6277 Sea Harbor Drive, Orlando, FL 32887-6777
800-782-4479

Address for International Orders
International Customer Service
Harcourt College Publishers, 6277 Sea Harbor Drive, Orlando, FL 32887-6777
407-345-3800
(fax) 407-345-4060
(e-mail) hbintl@harcourtbrace.com

Address for Editorial Correspondence
Harcourt College Publishers, 301 Commerce Street, Suite 3700, Fort Worth, TX 76102

Web Site Address
http://www.harcourtcollege.com

Harcourt College Publishers will provide complimentary supplements or supplement packages to those adopters qualified under our adoption policy. Please contact your sales representative to learn how you qualify. If as an adopter or potential user you receive supplements you do not need, please return them to your sales representative or send them to: Attn: Returns Department, Troy Warehouse, 465 South Lincoln Drive, Troy, MO 63379.

Printed in the United States of America

0 1 2 3 4 5 6 7 8 9   048   9 8 7 6 5 4 3 2 1

Harcourt College Publishers

A mi querida familia

OSCAR OZETE

¡Saludos!
Contents in Brief

¡Recuerdos!
Contents in Brief

To the Student

WHY STUDY SPANISH?

This is an exciting time to learn Spanish. More than 300 million people throughout the world speak Spanish, making it the fifth most spoken language in the world. It is spoken in Spain, Latin America, and in parts of Africa and the Pacific. In the United States one out of ten residents is a Spanish speaker, making it the third largest Spanish-speaking country in the world.

Learning Spanish will help you become aware of how a variety of people think and act in different cultural and social situations. You will gain insights into your *own* language and society as you compare how another culture views, organizes, and puts into words the world we share. Acquiring this important world language gives you an additional tool to help you in your present or future career.

WHO ARE THE SPANISH SPEAKERS?

By the sixteenth century, Spain had established colonies in all of the continents except Australia. Spanish speakers of today reflect the richness of this vast and diverse historical legacy through their different ethnic groups and dialects.

In the United States, the Spanish influence predates Plymouth Rock (1620). In the Southwest and Florida, Spaniards created the first permanent European settlements. Today a more broad-based Spanish culture—referred to as Hispanic or Latin—continues to share its legacy with the ever-evolving American mosaic.

Now turn to your book map **Los hispanohablantes en los Estados Unidos** and notice where Spanish speakers reside and what ethnic groups make up the population there. What geographical names in Spanish in the United States can you list?

Later, study the other maps in your book, focusing on locations, cities, mountains, and waterways. What could you guess about the climate, food, transportation, and clothing of these locations?

WHAT DOES ¡SALUDOS! MEAN?
WHAT DOES ¡RECUERDOS! MEAN?

¡Saludos! means "Greetings" in Spanish. **¡Recuerdos!** means "Memories" or "Regards." This introductory and intermediate Spanish program, called *¡Saludos!* and *¡Recuerdos!*, will help you learn Spanish and familiarize you with many people in the United States and abroad who speak this vibrant language. The emphasis will be on standard Latin American Spanish; therefore, the verb forms for **vosotros(as)** [*you,* familiar, plural (used in Spain)] will be introduced, but not practiced. However, your instructor may wish to place added emphasis on this form.

HOW DO YOU LEARN SPANISH?

Learning another language, especially in the beginning, is like learning to play a musical instrument or sport—it takes daily, organized practice. Here are a few tips.

1. Practice in shorter, more frequent sessions rather than in longer, less frequent ones.
2. Make intelligent guesses by relying on similar words in the two languages and by tuning into the context. For example, at the airport you will probably hear: **su pasaporte, por favor; la visa; las reservaciones; el avión; ¡atención!,** and so on.
3. Repeat key expressions aloud to yourself, even if you're alone. Visualize how and where they would apply. Make vocabulary flashcards that you periodically review aloud, expand, and rotate.
4. Preview each lesson or tape to get a sense of its organization and content. Concentrate on the first sentence of each paragraph. Then go back to scan for supporting details that answer the *who, what, where,* and *when* questions. Later reread or replay the material until you can grasp and sketch out the main ideas.
5. Use Spanish at every possible opportunity before, during, and after class. Listen to CDs and tapes in Spanish. Go to or rent movies in Spanish. Go online to World Wide Web sites in Spanish (you may wish to start at **http://espanol.yahoo.com/**). If possible, listen to radio or TV programs in the language. Greet and engage in small talk with other students and Spanish speakers in your area. Don't be afraid to make mistakes or mispronounce a word. Most of all, have FUN with Spanish. TRY, try, and you will *succeed.*

THE ¡SALUDOS! AND ¡RECUERDOS! PROGRAM COMPONENTS

The ¡Saludos! and ¡Recuerdos! program has many components that will help you in your study of Spanish. To obtain your own copy of any of these components, contact your favorite bookstore, either in person or on the Internet.

To the Student

FOR ¡SALUDOS!

- *¡Saludos!* Text with Audio CD   0-03-029261-1
  The textbook has a preliminary chapter, ten regular chapters, and appendices. The text comes packaged with an audio CD that contains the recorded passages for the **Vamos a hablar** in-text listening comprehension exercises.

- Student Activities Manual (Workbook & Lab Manual)   0-03-026739-0
  The combined workbook and laboratory manual contains written and oral activities for each chapter. Answer keys for the workbook and listening comprehension exercises are included in the Student Activities Manual.

- Lab Cassettes   0-03-026746-3
  These are available for students who do not have access to language laboratory facilities or who prefer to have their own copies of the audio program in cassette format, which they can listen to as their schedule permits. They correlate to the listening comprehension exercises in the Lab Manual section of the Student Activities Manual.

- Lab CDs   0-03-026747-1
  These are available for students who do not have access to language laboratory facilities or who prefer to have their own CD copies of the audio program, which they can listen to as their schedule permits. They correlate to the listening comprehension exercises in the Lab Manual section of the Student Activities Manual.

- Interactive Multimedia CD-ROM   0-03-026748-X
  This text-specific, dual-platform interactive multimedia CD-ROM follows a five-skill approach (reading, writing, speaking, listening, and culture) for each chapter. Each chapter also contains highly interactive games used to reinforce vocabulary and grammar.

- World Wide Web Site
  www.harcourtcollege.com/spanish/saludosrecuerdos A text-specific Web site accompanies each volume. All activities are consistent with the main textbooks both thematically and linguistically. Students may print out their work to hand in or send in directly to their instructor by e-mail.

This site includes three main sections:

A. Online quizzing activities that offer the student practice with the grammar and culture of each chapter.
B. Online audio activities that test oral comprehension.
C. Task-based cultural Internet activities that invite students to visit Web sites in the Spanish-speaking world and then return to the *¡Saludos!* site to complete activities based on their online journeys.

FOR *¡RECUERDOS!*

- *¡Recuerdos!* Text with Audio CD   0-03-029276-X
  The textbook has ten regular chapters, plus appendices. The text comes packaged with an audio CD that contains the recorded passages for the **Vamos a hablar** in-text listening comprehension exercises.

- Student Activities Manual (Workbook & Lab Manual)   0-03-026798-6
  The combined workbook and laboratory manual contains written and oral activities for each chapter. Answer keys for the workbook and listening comprehension exercises are included in the Student Activities Manual.

- Lab Cassettes   0-03-026806-0
  These are available for students who do not have access to language laboratory facilities or who prefer to have their own copies of the audio program in cassette format, which they can listen to as their schedule permits. They correlate to the listening comprehension exercises in the Student Activities Manual.

- Lab CDs   0-03-026807-9
  These are available for students who do not have access to language laboratory facilities or who prefer to have their own CD copies of the audio program, which they can listen to as their schedule permits. They correlate to the listening comprehension exercises in the Lab Manual section of the Student Activities Manual.

- Interactive Multimedia CD-ROM   0-03-026801-X
  This text-specific, dual-platform interactive multimedia CD-ROM follows a five-skill approach (reading, writing, speaking, listening, and culture) for each chapter. Each chapter also contains highly interactive games used to reinforce vocabulary and grammar.

- World Wide Web Site
  www.harcourtcollege.com/spanish/saludosrecuerdos A text-specific Web site accompanies each volume. All activities are consistent with the main textbooks both thematically and linguistically. Students may print out their work to hand in or send in directly to their instructor by e-mail.

This site includes three main sections:

A. Online quizzing activities that offer the student practice with the grammar and culture of each chapter.
B. Online audio activities that test oral comprehension.
C. Task-based cultural Internet activities that invite students to visit Web sites in the Spanish-speaking world and then return to the *¡Recuerdos!* site to complete activities based on their online journeys.

VISUAL ICONS USED THROUGHOUT THE TEXT

In order for you to more easily recognize certain features of the *¡Saludos!* and *¡Recuerdos!* textbooks, we have indicated with icons, or symbols, key features of the textbooks.

The **Group Work** icon is used throughout the textbook to help students and instructors readily identify activities designed for pair and small group work.

The **¡Ojo!** icon points to common trouble spots in communicating effectively in the language. They highlight nuances in words and structures that cause difficulty in interpreting from one language to other.

The **En Vivo—Viñeta** icon indicates the textual section that correlates with the **En vivo** video sections which deal with how the Spanish language functions in real life.

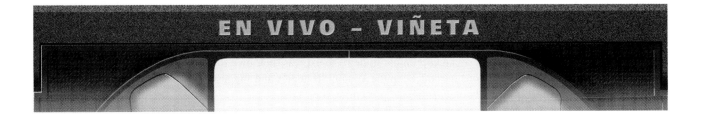

The **En Vivo—Cultura** icon indicates the textual section that correlates with the **En vivo** video sections which show aspects of culture in Spanish-speaking world. These segments take you on a "field trip" to actual locations.

Vamos a leer/escuchar/hablar/escribir/ explorar el ciberespacio

These segments provide expanded open-ended activities for each of the language skills individually—listening, speaking, reading, and writing. Also included is an interactive segment on the World Wide Web. Each has its own particular icon and heading.

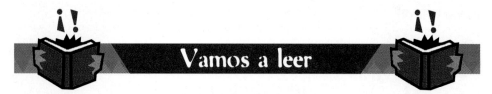

This segment engages students in thought-provoking passages from prominent authors. The readings—culled from different newspapers, magazines, and literary genres—are designed to stimulate interaction and discussion. Activities for pre-, during-, and post-reading bolster understanding and application of the content.

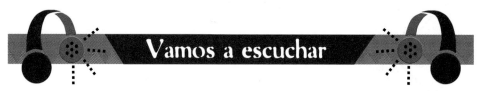

This segment provides listening practice on the audio CD that accompanies the textbook. It includes conversations, descriptions, and narratives. Follow-up questions check for specific information, main ideas, and inferences.

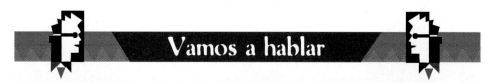

This segment prompts students to express their own thoughts and feelings on topics or situations introduced in the lesson. Strategies and suggested formats guide students in effectively organizing and presenting their talk.

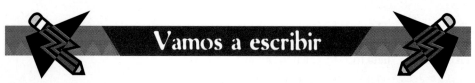

This segment allows students to organize and compose narratives, letters, or compositions in answer to pertinent topics or concerns. Step-by-step suggestions guide students in the writing process.

Acknowledgments

The *¡Saludos!/¡Recuerdos!* program is a collaborative work involving the author, publishing company, and you, our colleagues. I would like to express my deep gratitude to Jeff Gilbreath, Developmental Editor at Harcourt College Publishers, for his insightful suggestions, encouragement, and careful editing of the manuscript. Commendations and appreciation are also due to these professionals at Harcourt: Phyllis Dobbins, Vice-President and Publisher; Kenneth S. Kasee, Acquisitions Editor; Louise Slominsky, Project Editor; Angela Williams Urquhart, Project Manager; and Jill Yuen, Marketing Strategist. Thanks are also due to Garry Harman, Art Director, for his creative text and cover designs.

I would also like to acknowledge David M. Stillman, Ph.D., and Ronni L. Gordon, Ph.D., of Mediatheque Publishers Services for their skillful, attentive preparation of the *Student Activities Manual* and the Internet activities. A special debt of gratitude is owed to my colleague and friend Phillip Johnson of Baylor University for his contributions. Also, much gratitude to Prof. Deana Smalley, College of Notre Dame, CA, for her valuable work on the activities for the **En Vivo** videos, as well as the Testing Program in the Instructor's Resource Manual. Many thanks go to Mary Verrill at Clarinda Publication Services for so capably managing the complex issues of production. And one final **gracias** to Keith Kennedy, University of Southern Indiana, for his timely computer assistance.

I would also like to express my gratitude to the following reviewers for their insightful and much appreciated comments:

David Alley, Georgia Southern University
Geraldine Ameriks, University of Notre Dame
Enrica Ardemagni, Indiana University/Purdue University at Indianapolis
Ruth Bell, University of Delaware
Hans-Jorg Busch, University of Delaware
Helen Brown, Community College of Philadelphia
Carmen Calica, El Camino College
Evelyn Canabal-Torres, University of Maryland
Susan de Carvalho, DePaul University
An Chung Cheng, University of Toledo
Stella Clark, California State University, San Marcos
Al Cooper, Pima Community College
Rafael Correa, California State University, San Bernadino
Frank Crothers, Delgado Community College
Joanne de la Parra, Queen's University (Ontario)
Aida Díaz, Valencia Community College
Elizabeth Fonseca, Southern Illinois University at Edwardsville
Tom Fonte, El Camino College
Kerry Gjerstad, University of Iowa
José M. González-González, New Mexico State University
John Griggs, Glendale Community College
John W. Hall, Moorhead State University

Acknowledgments

Phillip Johnson, Baylor University
Marie Lambert, Iona College
Linda Lefkowitz, Lehigh University
Martha J. Manier, Humboldt State University
Robert Mee, Delta College
Thomas D. Morin, University of Rhode Island
Kelly Mueller, St. Louis Community College—Florissant Valley
Karen-Jean Muñoz, Florida Community College at Jacksonville
Conway Olmstead, Metro State College
Jim Palmer, Tarrant County College, Northeast Campus
Betsy Partyka, Ohio University
Federico Pérez-Piñeda, University of South Alabama
Salvatore Poeta, Villanova University
Marco Romero, St. Louis Community College at Meramec
Silvia San Martín, Delgado Community College
Jenifer Schaber, St. Louis Community College at Forest Park
Richard Seyboldt, University of Minnesota at Duluth
Reyna Sirias-Ortiz, Houston Community College—Central Campus
María T. Sotolongo, St. Petersburg Junior College
James W. Talbert, University of Evansville
Lourdes Torres, University of Kentucky
Fausto Vergara, Houston Community College—Southeast
Kathleen Wheatley, University of Wisconsin at Milwaukee
Gerald P. Young, Indian River Community College

Oscar Ozete

Contents

Contents

preliminar

¡Saludos!

Comunicación
- Greet and say good-bye
- Hints for learning vocabulary
- Know sounds of vowels and diphthongs
- Spell names
- Use the numbers 0–100
- Recognize and respond to classroom commands

Cultura
- Addressing people
- Greetings
- Speaking Spanish around the world
- The number system
- Using the telephone

Estructuras
- tú vs. usted
- me hace(n) el favor de...

Conexiones
- Vamos a leer
  Identifying cognates in ads
- Vamos a escuchar
  Distinguishing between familiar and formal speech
- Vamos a hablar
  Identifying letters and numbers
- Vamos a escribir
  Greetings; expressing numbers
- Vamos a explorar el ciberespacio
  An introduction to the World Wide Web

The *¡Saludos!* CD-ROM offers additional language practice and cultural information.

Visit the *¡Saludos!* World Wide Web site:
http://www.harcourtcollege.com/spanish/saludosrecuerdos

¡Adelante!

Conversación . . . .

It is the beginning of the school year and two girlfriends run into each other as they rush to their classes. They greet, kissing slightly on the cheek, then head for class. Listen carefully as your instructor models the dialogue. Pay close attention to the vowel sounds.

IRMA: Hola, buenos días, Elena.   *Hi, good morning, Elena.*
        ¿Cómo estás?   *How are you?*

ELENA: Estoy bien, gracias. ¿Y tú?   *I'm fine, thanks. And you?*

IRMA: Más o menos... ¡Huy, perdón!   *So-so. . . . Wow, excuse me!*
        Es tarde. Hasta luego.   *It's late. See you later.*

ELENA: Sí, sí; adiós.   *Yes, yes; good-bye.*

¡Hola, Elena! ¿Cómo
estás?

Whenever you see this symbol, it means ¡Ojo! (Watch out!).
The letter *h* is not pronounced in Spanish: hola, hasta...

Mr. Rafael Gómez greets and shakes hands with a business acquaintance, Mrs. Elena Ochoa. Listen carefully as your instructor models the dialogue. Notice the *formal* way to address a person: **usted** *(you).*

SEÑOR GÓMEZ: Buenas tardes, señora Ochoa.
                ¿Cómo está usted?

SEÑORA OCHOA: Estoy bien, gracias. ¿Y usted?

Buenas tardes, señora
Ochoa.

SEÑOR GÓMEZ:	Bastante bien. Hasta pronto.	*Quite well. See you soon.*
SEÑORA OCHOA:	Hasta luego.	

Expresiones . . . .

Use these expressions to greet people.

Hola.	*Hi, Hello.*
Buen**os** días.	*Good morning.*
Buen**as** tardes.*	*Good afternoon.*
Buen**as** noches.	*Good evening.*

Use these expressions to address people and ask how they feel.

Señor (Sr.)	*Mr., sir, gentleman*
Señora (Sra.)	*Mrs., madam, ma'am, lady*
Señorita (Srta.)	*Miss, young lady*
Formal: ¿Cómo está usted?	*How are you? (formal)*
Familiar: ¿Cómo estás?	*(familiar)*
¿Qué tal?	*How are things?*

Actividades

P.1 You're working in a restaurant. Say the appropriate time greeting to your customers: **Buenos días, Buenas tardes,** or **Buenas noches.**

1. 7:30 A.M.	**3.** 1:15 P.M.	**5.** 10:30 P.M.
2. 9:15 P.M.	**4.** 11:00 A.M.	**6.** 5:00 P.M.

P.2 Act out the two previous dialogues with a few classmates. Vary the day greeting and alternate between familiar and formal forms when asking how they are.

. . . .

* Say **buenas tardes** from noon to nightfall, then use **buenas noches.**

Hints for Learning Vocabulary

1. Study carefully the vocabulary at the beginning and at the end of each lesson. Then cover the English translations and read the words aloud in Spanish, checking to see if you recall the meanings. Then reverse the process, covering the Spanish words to recall them. To review, mark with an asterisk (*) those words you are unsure of. If a word is a cognate or has a similar root in English, beware of differences in spelling and pronunciation. For example, **familia** ends in **-ia,** not **-y;** and **profesor** and **clase** have only one **s.**
2. Pronounce each vowel clearly and distinctly. Do not reduce the vowels to an *uh* sound: **chic<u>o</u>** *(boy)* but **chic<u>a</u>** *(girl);* **h<u>o</u>mbre** *(man)* but **h<u>a</u>mbre** *(hunger).*
3. Improve your command of vocabulary by preparing flash cards for each lesson. Shuffle and review these cards often to double-check your pronunciation and spelling.
4. Practice words and expressions in different situations and with different people both in and out of class. The more associations you make with your new vocabulary words, the more easily you will remember them.
5. Try different Spanish expressions with your classmates each day while you wait for class to begin.

Greetings

Saludos°

Buenos días.	*Good morning.*
Buenas tardes.	*Good afternoon.*
Buenas noches.	*Good evening. Good night.*
*¡Hola!	*Hi! Hello!*
*¿Cómo estás?	*How are you? How are you feeling? (familiar)*
¿Cómo está Ud.?	*How are you? How are you feeling? (formal)*
¿Qué tal?	*How are things?*
Bien.	*Well.*
Bastante bien.	*Quite well.*
Más o menos.	*So-so. More or less.*

*Notice how Spanish inverts the exclamation point and question mark at the beginning of the sentence or question.

Farewells

Despedidas°

Adiós.	*Good-bye.*
Hasta luego.	*See you later.*
Hasta pronto.	*See you soon.*

Personas

tú	*you (familiar)*
usted (Ud.)	*you (formal)*
un chico	*a (one) boy*
una chica	*a (one) girl*
un compañero	*a classmate (male)*
una compañera	*a classmate (female)*
señor (Sr.)	*Mr.*
señora (Sra.)	*Mrs.*
señorita (Srta.)	*Miss*

Verbos

estoy	*I am (I'm feeling . . .)*
tú estás	*you are (familiar)*
Ud. está	*you are (formal)*

Lugares°   *Places*

la ciudad	*the city*
los Estados Unidos	*the United States*

Nacionalidades°   *Nationalities*

cubano(a)	*Cuban (m., f.)*
mexicano(a)	*Mexican (m., f.)*
norteamericano(a)	*North American (m., f.)*
puertorriqueño(a)	*Puerto Rican (m., f.)*

Expresiones

y	*and*
Es tarde.	*It's late.*
Gracias.	*Thank you.*
Perdón.	*Excuse me.*
¿Cuál es...?	*What's . . .?*
el número?	*the number?*
la página *Web?*	*the Web page?*
el fax?	*the fax?*
el correo electrónico?	*the e-mail?*
Me hace el favor de...	*I'd like you (singular) . . .*
Me hacen el favor de...	*I'd like you (plural) . . .*
¡Vamos a escribir!	*Let's write!*
¡Vamos a escuchar!	*Let's listen!*
¡Vamos a hablar!	*Let's talk!*
¡Vamos a leer!	*Let's read!*

Los números 0–100

For numbers 0–100, see page doce *(12)*.

CULTURA

Tú and usted

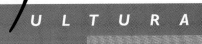

tú *(familiar)*

you

usted (Ud.) *(formal)*

Both **tú** and **usted** mean *you.* Use **tú** when speaking to a young person or anyone you'd call by first name. Use **usted** (abbreviated **Ud.**) when speaking to an adult you don't know well or to people you'd call by their last name.

Expand your cultural understanding. Visit the *¡Saludos!* / *¡Recuerdos!* World Wide Web site http://www.harcourtcollege.com/spanish/saludosrecuerdos

Los hispanos en los Estados Unidos°

the United States

Los Ángeles: La cultura y las tradiciones de México son *(are)* evidentes en regiones de California.

Miami: Los cubanos representan un sector importante en la Florida.

Nueva York: Latinos de todas *(all)* partes de América, especialmente del Caribe *(from the Caribbean),* residen en Nueva York. Las banderas *(flags)* en la foto son puertorriqueñas.

*C*ULTURA

Los saludos

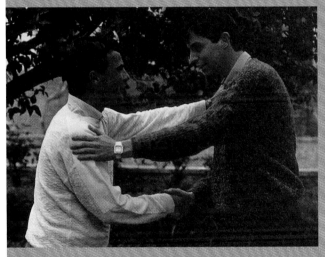

¡Hola, Miguel! ¿Qué tal?

¡Adiós!

Two women or a man and a women who are friends often greet each other with a slight kiss **(el beso)** on the cheek. Family members do likewise. (In Spain and Argentina, people kiss on both cheeks.) Men normally shake hands, pat each other on the back, or hug **(el abrazo).** Less intimate friends usually shake hands when they meet or say good–bye.

Spanish speakers say **adiós** (good-bye) when leaving or passing on the street and do not have the time or desire to stop and chat.

Expand your cultural understanding. Visit the *¡Saludos! / ¡Recuerdos!* World Wide Web site
http://www.harcourtcollege.com/spanish/saludosrecuerdos

the world

Los hispanos en el mundo°

La ciudad de *(city of)* México, Distrito Federal: «El D.F.» es la capital más grande *(biggest)* del mundo en número de residentes.

Puerto Rico es la isla del mar y el sol *(of the sea and sun)*. Los puertorriqueños son ciudadanos *(citizens)* de los Estados Unidos.

Machu Picchu es una ciudad-fortaleza *(fortress)* de los incas en la cordillera de los Andes de Perú.

La Alhambra es un fabuloso palacio moro (árabe) en Granada, España.

CULTURA

Hablan español...°

They speak . . .

To help you understand Spanish, rely on the context or situation. Notice familiar Spanish words or expressions you may have heard as well as cognates (similar words in English). Refer to the translations of the glossed words on the right margin only if you can't guess their meanings.

Aproximadamente° 400 millones de personas hablan español en 20 diferentes naciones y en partes de África y las Filipinas. La diversidad étnica y cultural es extensa y dinámica. Los latinos (los hispanos) son muy° artísticos y talentosos. En los Estados Unidos uno de cada° 10 residentes habla español. Los hispanos representan un sector muy importante en la historia y cultura norteamericana. Muchos nombres de los estados° y las ciudades son de origen hispano: California, Nevada, Montana, la Florida, San Francisco, Los Ángeles, San Antonio, Santa Fe, Cabo Cañaveral. ¿Conocen ustedes las palabras° y expresiones: *casa, patio, teléfono, salsa, enchiladas, ¡Hola!, ¿Qué pasa?, Muchas gracias, Más o menos, amigos, adiós?*

Approximately

son... are very
each

nombres... names of states

¿Conocen... Do you know the words . . .?

Expand your cultural understanding. Visit the ¡Saludos! / ¡Recuerdos! World Wide Web site
http://www.harcourtcollege.com/spanish/saludosrecuerdos

P.3 Ask your classmate (**compañero[a]**) the questions below. He (She) answers **cierto** if the information is true or **falso** if it is false.

1. ¿Hablan español en sólo diez *(ten)* naciones?
2. ¿En los Estados Unidos uno de cada diez residentes habla español?
3. ¿La diversidad étnica de los latinos es poco importante?
4. ¿Los nombres *California* y *Nevada* son italianos?
5. ¿Los Ángeles y San Antonio son nombres españoles?
6. ¿Los cubanos forman una parte importante de Miami?
7. ¿La Alhambra es la capital de España?
8. ¿Machu Picchu es una ciudad-fortaleza en los Andes?
9. ¿La salsa y las enchiladas son comidas *(foods)?*
10. ¿Puerto Rico es una península norteamericana?

P.4 Pregúntele *(Ask)* a su compañero(a) ¿Cuál es la capital de...? *(What's the capital of . . .?) Consult your book maps only after trying to name the correct capitals.*

 ••• ▶ Perú / La Paz o Lima
¿Cuál es la capital de Perú, La Paz o Lima?
Es Lima.

1. Venezuela / Caracas o Granada
2. Cuba / Puebla o La Habana
3. Colombia / Bogotá o Montevideo

4. Argentina / Santo Domingo o Buenos Aires
5. Costa Rica / San Juan o San José

6. El Salvador / San Salvador o San Francisco
7. Nicaragua / Monterrey o Managua
8. Ecuador / Quito o La Paz
9. Chile / Viña del Mar o Santiago
10. España / Madrid o Barcelona

Alfabeto

Las vocales

Spanish vowels are *more tense and shorter,* and do not have the accompanying glide or diphthong that characterizes English vowels. Unlike in English, Spanish vowels maintain their basic sound and do not reduce to an *uh* sound in unstressed syllables.

Repeat these pronunciations after your instructor. These exercises are also recorded on the CD that accompanies this textbook.

a as in *father:*
casa banana sala papá

e as in *net:*
mesa peso tenis lente

i and **y** as in *see* or *sea:*
sí difícil y bikini (The name for *y* is **i griega.**)

o as in *note:*
solo dos ¿cómo? foto

u as in *tuba:*
uno tú Cuba gusto

Los diptongos

A diphthong is the combination of any two vowels that include **i (y)** or **u.** The emphasis falls on the strong vowels **a, e,** and **o** and not on the weak vowels **i (y)** and **u.**

seis veinte siete aire estudio gracias estoy
agua cuatro auto bueno cuento mutuo muy

In a diphthong with two weak vowels **i (y)** and **u,** the second vowel has the stronger stress:

Luis fui muy viuda ciudad

Las consonantes

Repeat the *names* of the consonants after your instructor. In upcoming lessons you'll practice their *sound* combinations.

b	be	**h**	hache	**n**	ene	**s**	ese
c	ce	**j**	jota	**ñ**	eñe	**t**	te
d	de	**k**	ka	**p**	pe	**v**	ve (ve corta, uve)
f	efe	**l**	ele	**q**	cu	**w**	doble ve (doble u, uve doble)
g	ge	**m**	eme	**r**	ere	**x**	equis
						z	zeta

Until recently the letter combinations **ch** *(che),* **ll** *(elle),* and **rr** *(erre)* were part of the alphabet. *(They are still used in spelling words aloud.)* New dictionaries may not have entries for words beginning with **ch** or **ll** but rather list them under **c** and **l,** respectively. No written word begins with the consonant combination **rr;** however, **r** at the beginning of a word is pronounced as **rr: R**oberto. The letters **k** and **w** appear mainly in words of foreign origin: **kilómetro, Wáshington.**

P.5 Tony Ruiz travels frequently. Ask your **compañero(a)**—posing as Tony—which is his favorite radio station **(emisora)** in these cities. Answer using the cues.

Radio Exterior de España

*La radio española
que se escucha
en todo el mundo*

REE produces radio shows in many languages.

MODELO • • • ► San Juan / W S A J
¿Cuál es tu emisora favorita en San Juan?
Es W S A J.

1. Nueva York / W N Y C
2. Laredo, Texas / K V O Z
3. Miami, Florida / W Q B A

4. Monterrey, México / X H G C
5. Quebec, Canadá / C R E L
6. en esta ciudad *(in this city)* /...

P.6 Pregúnteles a tres compañeros: ¿Cómo se escribe tu apellido? *(Ask three class-mates: How do you write your last name?)*

MODELO • • • ► Williams   doble ve - i - elle - i - a - eme - ese

Los números 0–100

Pay close attention to the numbers with diphthongs: **-ua, -ue, -ei, -ie, -io, -iu.**

0 cero	**6** seis	**11** once
1 uno	**7** siete	**12** doce
2 dos	**8** ocho	**13** trece
3 tres	**9** nueve	**14** catorce
4 cuatro	**10** diez	**15** quince
5 cinco		

16 dieci<u>séis</u>	**20** veinte	**30** treinta
17 diecisiete	**21** veintiuno	**40** cuarenta
18 dieciocho	**22** veinti<u>dós</u>	**50** cincuenta
19 diecinueve	**23** veinti<u>trés</u>	**60** sesenta
	24 veintricuatro	**70** setenta
	25 veinticinco	**80** ochenta
	26 veinti<u>séis</u>	**90** noventa
	27 veintisiete	**99** noventa y nueve
	28 veintiocho	**100** cien(to)
	29 veintinueve	

Uno *(a,an)* becomes *un* before a masculine noun: *un chico* a *(one) boy. Una* is used before a feminine noun: *una chica (a/one girl).* The same occurs with larger numbers ending in *uno* (21, 31, 101, etc., *treinta y un chicos; treinta y una chicas).* Numbers 16 through 19 and 21 through 29 are more commonly written as one word rather than three words: *diez y seis.* Note the accent mark on the combined forms above for 16, 22, 23, and 26.

P.7 ¡Lean ustedes en español! *(Read in Spanish!)*

1. 3 amigas
2. 1 profesora
3. 1 doctor
4. 5 clases
5. 15 pesos
6. 20 dólares
7. 18 estudiantes
8. 31 personas
9. 1 secreto
10. 12 kilómetros

P.8 **Unísono** is a bilingual guide for the city of San Miguel Allende, México. Ask your **compañero(a)** which page—**página**—refers to the following information.

INSIDE / DENTRO DE SAN MIGUEL

Unísono publicidad

Hernández Macías 72-B
San Miguel de Allende
Gto., México
Tel./ Fax 2.49.58
Tel. 2.63.31
E-Mail inside@unisono.net.mx
Web Page http://unisono.net.mx

CONTENIDO • CONTENTS

Mapa	4	Map	4
Hoteles	6	Hotels	6
Restaurantes y Bares	22	Restaurants & Bars	22
Diversiones	52	Diversions	52
Cultura	54	Culture	54
Salud y Belleza	56	Health & Beauty	56
Decoración	60	Decoration	60
Artesanías	75	Folk Art	75
Escuelas	78	Schools	78
Arte	82	Art	82
Boutiques	89	Boutiques	89
Servicios	98	Services	98

El contenido, formato y presentación de esta publicación es en su totalidad propiedad de Unísono. Se prohíbe la reproducción total o parcial, por cualquier medio, sin permiso escrito de Unísono.

 • • • • ▶ boutiques
¿Cuál es la página de boutiques?
Es la página 89.

1. hoteles
2. diversiones
3. restaurantes
4. salud y belleza
5. artesanías
6. escuelas
7. arte
8. servicios

Now look at the **Unísono** ad itself and ask your **compañero(a):**
¿Cuál es el teléfono/fax de Unísono? *(What's the phone/fax of)?*
¿Cuál es la página Web? *(What's the Web page?)*

C U L T U R A

Al teléfono

INFORMACION TELEFONICA

Bomberos:	2-28-88
Central de Autobuses:	2-00-84
Compañía de Gas:	2-02-28
Compañía de Luz:	2-00-04
Cónsul Estados Unidos:	2-23-57
Correo:	2-00-89
Cruz Roja:	2-16-16
Emergencias:	2-09-11
Consulado de Canada:	2-30-25
Ministerio Público:	2-02-12
Oficina de Turismo:	2-65-65
Policía:	2-00-22
Radio (XESQ):	2-02-27
SPA:	2-23-84
Telégrafo:	2-00-81
Telmex:	2-00-59
Tránsito:	2-05-38

Teléfonos importantes, ciudad de San Miguel Allende, México.

Spanish speakers say telephone number in sets of two.

15 – 22 – 40   quince – veintidós – cuarenta

When a zero begins a pair, they give one digit at a time.

77 – 03 – 61   setenta y siete – cero-tres – sesenta y uno

To call someone to the phone, say **Al teléfono.** Typical phone greetings include: **Hola, Bueno,** and **Diga,** depending on the country. When calling from another country, it is often cheaper to call collect: **por cobrar.**

Say in Spanish what number you would dial for the U.S. consul; for emergencies; for bus schedules.

Expand your cultural understanding. Visit the ¡*Saludos!* / ¡*Recuerdos!* World Wide Web site
http://www.harcourtcollege.com/spanish/saludosrecuerdos

 P.9 Pregúntele a su compañero(a), ¿cuál es el número de seguro social (*social security*) de las personas?

 **MODELO** • • • ▶ Carmen Sosa / 8 - 23 - 45 - 36 - 09
¿Cuál es el número de seguro social de Carmen Sosa?
Es 8 - 23 - 45 - 36 - 09.

1. Elsa Gómez / 9 - 84 - 76 - 43 - 30
2. Rulfo Martínez / 4 - 56 - 65 - 98 - 01
3. Ángel Fuentes / 6 - 14 - 47 - 11 - 28
4. María Carmen Toledo / 5 - 12 - 99 - 07 - 73

 # Expresiones para la clase

Watch and listen as your instructor says and models the following actions. Then try to perform the actions as your instructor randomly calls them out.

¡Saludos!

Me hacen el favor de...   *I'd like you (plural) . . .*

escuchar	*to listen <u>to</u>*	cerrar el cuaderno	*to close the notebook*
repetir	*to repeat*	levantarse	*to get up*
leer	*to read*	sentarse	*to sit down*
escribir	*to write*	preguntarle	*to ask him (her)*
mirar	*to look <u>at</u>*	contestarle	*to answer him (her)*
tocar	*to touch*		
abrir el libro	*to open the book*		
en la página...	*to page . . .*		

Use **Me <u>hace</u> el favor de...** when addressing only one person.

P.10 ¿Cuál *(Which one)* es la expresión correcta?

1. a. leer	**2. a.** escribir	**3. a.** abrir el libro
b. escuchar	**b.** repetir	**b.** tocar el libro
c. hablar	**c.** mirar	**c.** cerrar el libro

4. a. escribirle	**5. a.** levantarse	**6. a.** mirar
b. contestarle	**b.** sentarse	**b.** contestar
c. preguntarle	**c.** tocar	**c.** escuchar°

listen

Me hacen el favor de...   *I'd like you (pl.) . . .*

Vamos... Let's read

Vamos a leer°

¡OJO!

«La Red» significa *net* en inglés y «diseño» significa *design.*

P.11 List all the words you recognize in both ads and then compare your list with that of a **compañero(a).** What goods and services do the ads offer?

¡Navegue la Red desde su sofá!
SONY. WebTV
¡Nuevo Bajo Precio! **$249**
Tedado inalámbrico (Opcional) $79
webtv TV not included
SONY
Servicio Web TV $19⁹⁵
Acceso ilimitado a la Red.
al mes

DISEÑO GRAFICO
MACINTOSH
CLASES DE DISEÑO GRAFICO POR COMPUTADORA
COMPUTER GRAPHIC DESIGN CLASSES
• Mac Básicos
• Quark Xpress
• Scanning
BILINGÜE / BILINGUAL

UNISONO
Hernández Macías 72B Altos
Tel./Fax 2-49-58

Vamos... Let's listen

Vamos a escuchar°

P.12 Listen to three brief conversations. Choose *familiar* if the greeting is for **tú** or *formal* if it is for **usted.**

1. familiar _____   formal _____
2. familiar _____   formal _____
3. familiar _____   formal _____

P.13 Someone is telling you the initials for the names of five different people. Choose the initials the speaker says from each set.

1. M C O _____   N S O _____
2. P T R _____   B D R _____
3. R Q Z _____   R K S _____
4. G E F _____   J I F _____
5. X A C _____   X U S _____

¡Saludos!

P.14 The operator is telling you the telephone numbers for five residents of León, México. Choose the number the operator says from each set.

1. Clara López	5 - 88 - 06 _____	5 - 78 - 07 _____	
2. Isabel Martín	46 - 25 - 03 _____	47 - 35 - 03 _____	
3. Luis Miguel Santos	58 - 12 - 88 _____	58 - 02 - 98 _____	
4. Ana María Cruz	60 - 33 - 14 _____	70 - 23 - 14 _____	
5. Felipe Vega	10 - 21 - 61 _____	21 - 11 - 71 _____	

Vamos a hablar°

Vamos... Let's talk

P.15 You and a close friend (classmate) run across each other in the morning on the way to class. Greet each other and ask how you are, and then say good-bye.

P.16 You and a pretend faculty member (your classmate) run across each other in the afternoon. Greet each other and ask how you are. Excuse yourself and say it's late. Then say: *See you later.*

P.17 You need to get in touch with the following persons. (See grid.) Take turns with a classmate in asking these questions:

1. ¿Cuál es su *(his, her)* número de teléfono?
2. ¿Cuál es su *e-mail* (**correo electrónico**)? *[Spell out in Spanish.]*

@ = arroba   . = punto

Persona	**Número de teléfono**	**Correo electrónico**
Daniel Torres	7 - 86 - 45 - 11	dtorres@aol.com
Ana Villa	35 - 09 - 18 - 53	avilla@dynasty.net
Delia Salazar	24 - 91 - 77 - 02	dsalazar@iquest.net
Jacinto Chávez	67 - 08 - 14 - 10	jchavez@aol.com

Vamos a escribir°

Vamos... Let's write

P.18 Write the appropriate greetings for these times.

1. 8:15 A.M. _____   **2.** 9:30 P.M. _____   **3.** 2:45 P.M. _____

P.19 Write the appropriate pronouns (**tú, usted**) for these persons.

1. el señor _____   **3.** Roberto _____
2. una chica _____   **4.** la profesora Martínez _____

P.20 Write the missing words from the dialogue.

¡Hola, Ana! ¿Cómo _____ ?

_____ bien, gracias. Y tú, ¿qué_____ ?

Más o _____ , gracias.

P.21 Write out the $ (peso) amounts.

1. $39 _____
2. $57 _____
3. $73 _____

4. $85 _____
5. $49 _____
6. $26 _____

http://www.harcourtcollege.com/spanish/saludosrecuerdos

Vamos a explorar el ciberespacio

AN INTRODUCTION TO THE WORLD WIDE WEB

The World Wide Web has countless sites in Spanish that will help you improve your knowledge of the Spanish language and Hispanic culture. In order to use the Web, you have to be connected to a Web server that furnishes access to the Internet.

There are two principal ways of locating sites on the Web. One is by using a URL, the Web site address that in most cases begins with http://www. You type the URL in the space provided on your server's Internet connection screen and either click on the appropriate button or press *return*.

The other method is to use a search engine such as Yahoo, Excite, Web-Crawler, AltaVista, Netscape, and so forth. The search engine enables you to search by topics, which are entered with certain rules of punctuation. For instance, if you wanted to find sites about Mexican cooking, you could enter *Mexican food* and enclose the two words in quotation marks or link them with a plus sign, depending on the preference of the search engine you are using. (Search engines have *help* or *tips* buttons that you click to find the rules for phrasing a topic.) A search may turn up hundreds or thousands of sites, listed by title and a brief summary of the content. If you fail to link the two words *Mexican food,* the search engine may turn up all sites that contain the word *Mexican,* plus all sites that are about *food,* a list that could easily include half a million entries!

As an example, you could use the Web to find out about the history of a key Hispanic community in the United States, the Mexican-Americans of Texas (Tejanos). The *Tejanos* were the original Mexican settlers of Texas who led the revolt against the Mexican government. You could start your search with the key word *Tejanos* and narrow your search right from the start.

The World Wide Web offers many fascinating sites throughout the Spanish-speaking world dealing with the cultural topics in this lesson. Take a virtual field trip. Go to http://www.harcourtcollege.com/spanish/saludosrecuerdos to discover more.

SELF-TEST

How well have you mastered this lesson? To find out, take the self test found on the *¡Saludos!* Web site at http://www.harcourtcollege.com/spanish/saludos recuerdos.

Lección 1

La clase y las presentaciones

Comunicación
- Introduce yourself and others
- Identify people and things
- Name classroom items
- Express likes and dislikes

Estructuras
- Sounds of *b* vs. *v*, *d*
- Subject pronouns
- Present tense of the verb *ser*
- Definite and indefinite articles
- *hay*
- *gusta(n)...*

Visit the *¡Saludos!* World Wide Web site:
http://www.harcourtcollege.com/spanish/
saludosrecuerdos

Cultura
- Names and titles
- Sports

Conexiones
- *Vamos a leer*
  Scanning for information
  «*Qué comida prefiere Ud.*»
- *Vamos a escuchar*
  Comparing and contrasting
- *Vamos a hablar*
  Introducing yourself and classmates
- *Vamos a escribir*
  Introductions; expressing likes and dislikes
- *Vamos a explorar el ciberespacio*
  Sports in the Hispanic world

The *¡Saludos!* CD-ROM offers additional language practice and cultural information.

¡Adelante!
Conversación . . . .

It is the first week of class in Mexico and two college students are introducing themselves. They smile and shake hands. Listen carefully as your instructor models the dialogue.

MA. LUISA:	Hola, buenos días. ¿Cómo te llamas?	*What's your name? (How do you call yourself?)*
VICENTE:	Me llamo Vicente Burgos. ¿Y tú?	*And you?*
MA. LUISA:	Me llamo María Luisa Vega.	
VICENTE:	Mucho gusto.	*Glad to meet you.*
MA. LUISA:	El gusto es mío.	*The pleasure is mine.*

¡OJO!

V is pronounced like *b* in Spanish.

Actividades

1.1 Ask at least three **compañeros** separately for their names and say you're glad to meet them. Begin each exchange with **Hola, Buenos días,** or **Buenas tardes** (*Good afternoon*).

1.2 Pick two students at a time and introduce one to the other. Motion with your hand to the first student (**Margarita**) and then to the second (**Fernando**). Students respond with appropriate complimentary expressions.

you:	Margarita Soler, Fernando Romero.
Margarita:	*(Glad to meet you.)*
Fernando:	*(The pleasure is mine.)*

1.3 Hágale a su compañero(a) las preguntas. (*Ask your classmate the questions.*) Él (Ella) contesta **cierto** o **falso** según (*according to*) el contexto en la Cultura en página 21.

1. ¿Los nombres bíblicos o religiosos son raros (*rare*) entre los hispanos?
2. ¿Muchos hispanos llevan dos nombres?
3. ¿Los títulos son poco importantes para los hispanos?
4. ¿El título de licenciado(a) se refiere a sólo un abogado (una abogada)?
5. ¿Las abreviaturas de los títulos llevan mayúsculas (*capital letters*)?

1.4 Look over these two business cards then say **cierto** or **falso** based on the following statements.

1. Mariela Sánchez es doctora.
2. El teléfono de Mariela es 91 - 47 - 17 - 84 - 74.
3. José H. Torres es licenciado.
4. José es vicepresidente de la Cámara Nacional de Comercio (*National Chamber of Commerce*).

CULTURA

Los nombres y los títulos°

Los... Names and titles

Muchos hispanos llevan° dos nombres o nombres religiosos; por ejemplo:°

take
for example

Luis Miguel, José María, Pedro, María Elena, Teresa Inés, Magdalena.

La abreviatura de María es Ma. (María Elena → Ma. Elena).

Los títulos profesionales son muy importantes para° los hispanos; por ejemplo:

for

masculinos	femeninos
profesor	profesora
doctor	doctora
ingeniero°	ingeniera°

engineer

Licenciado(a) se refiere a° una persona con título comparable al *Master's* en los Estados Unidos, pero° también se refiere a un abogado (una abogada).° La abreviatura de doctor(a) es Dr. (Dra.). Las otras abreviaturas son invariables: Lic., Ing. y Prof. Por ejemplo: Lic. Julia Reyes; Lic. Mario del Valle.

refers to
but
lawyer

Expand your cultural understanding. Visit the ¡Saludos! / ¡Recuerdos! World Wide Web site
http://www.harcourtcollege.com/spanish/saludosrecuerdos

GROUP STUDY EXCHANGE
TEAM MEMBER DISTRICT 4160
Lic. Mariela Sánchez H.
Tita Rufo # 201-2B
Col. León moderno
León, Gto. México
TEL. (91)(47) 17 84 74

CAMARA NACIONAL DE COMERCIO, SERVICIOS Y TURISMO DE LEON

CANACO
SERVYTUR LEON. GTO.

LIC. JOSE H. TORRES CAMARENA
PRESIDENTE

EDIFICIO CIEL 3er. PISO TELS: 16-97-25, 14-14-87
FAX. 14-10-51 OFNA. PART. TEL. 16-20-20
LEON, GUANAJUATO, MEXICO C.P. 37000

Conversación . . . .

Lic. Rafael Marcos Sánchez introduces himself to Dra. Ada Madero de Lara, a new faculty member.

I am... And you, what's your name? (formal)	LIC.:	Buenas tardes. Me llamo Rafael Marcos Sánchez. Soy° director de programas internacionales. Y usted, ¿cómo se llama?°
English	DRA.:	Me llamo Ada Madero de Lara. Soy profesora de inglés° y español.
Delighted.	LIC.:	Encantado.°
Likewise.	DRA.:	Igualmente.°

Encantado... Igualmente

D between vowels has a slight *th* sound as in *these:* a<u>d</u>iós, na<u>d</u>a, Esta<u>d</u>os Uni<u>d</u>os.

Both men and women use *mucho gusto* and *el gusto es mío* when introducing themselves.
For variety, a man could say *encantado* and a woman, *encantada*.
However, *igualmente* is the same for both.

C U L T U R A

Los apellidos°

Surnames

Las señoras llevan usualmente dos apellidos: el apellido de soltera° y el de casada.° Por ejemplo: Ada Madero (de) Lara.

single/married

Madero es el apellido de soltera y Lara es el apellido de su* esposo.° No es necesario usar°«de». Los hijos° también llevan dos apellidos: el apellido de su papá y el de su mamá; por ejemplo: Manuel, el hijo de Ada, se llama oficialmente: Manuel Lara (y) Madero.

spouse/to use/children

* Note that **su** could mean *his, her, your (for.)* and *their.* See Lección 4 for more explanation.

**Expand your cultural understanding. Visit the *¡Saludos! / ¡Recuerdos!* World Wide Web site
http://www.harcourtcollege.com/spanish/saludosrecuerdos**

1.5 Pregúnteles a cinco compañeros: **¿Cómo te llamas?** Los compañeros contestan con dos apellidos según *(according to)* la tradición hispana. ¿Cuáles son los apellidos más populares o frecuentes en inglés? ¿Cuáles son los apellidos más populares en español?

1.6 Act out the previous dialogue a couple of times with different students. Assume both of you are professors *(profesor[a])* and use the formal *you* (**usted**) introduction. Also vary the last two lines.

V O C A B U L A R I O

Presentaciones

¿Cómo te llamas?	*What's your name? (familiar)*
	(Literally: How do you call yourself?)
¿Cómo se llama usted?	*What's your name? (formal)*
Mucho gusto.	*Glad to meet you.*
El gusto es mío.	*The pleasure is mine.*
Encantado(a).	*Delighted.*
Igualmente.	*Likewise.*

Expresiones

¿De dónde eres?	*Where are you from? (familiar)*
¿De dónde es usted?	*Where are you from? (formal)*
¿Te gusta(n)... ?	*Do you like . . .? (familiar)*
Sí, me gusta(n)...	*Yes, I like . . .*
No, no me gusta(n)...	*No, I don't like . . .*
Hay...	*There is . . ., there are . . .*
Soy (de...)	*I am (from . . .)*

Las personas

el abogado / la abogada	*lawyer (m./f.)*
el actor / la actriz	*actor/actress*
el analista / la analista	*analyst*
el cantante / la cantante	*singer*
el compañero / la compañera	*(class)mate*
el director / la directora	*director*
el doctor / la doctora	*doctor*
el escritor / la escritora	*writer*
el estudiante / la estudiante	*student*
el ingeniero / la ingeniera	*engineer*
el licenciado / la licenciada	*man/woman with a Master's degree*
el médico / la médico	*physician*
el profesor / la profesora	*professor*
el programador / la programadora	*programmer*
el turista / la turista	*tourist*
el nombre	*name*
el apellido	*surname, last name*

En el salón de clase

el asiento	*seat*		la mesa	*table*
el bolígrafo	*pen*		la mochila	*backpack*
la calculadora	*calculator*		el papel	*paper*
la computadora	*computer*		la pizarra	*chalkboard*
el cuaderno	*notebook*		el problema	*problem*
el diccionario	*dictionary*		la puerta	*door*
el escritorio	*desk*		el pupitre	*student desk*
el lápiz	*pencil*		el reloj	*clock, watch*
la lección	*lesson*		la silla	*chair*
el libro	*book*		el televisor	*TV set*
la luz	*light*		la ventana	*window*
la llave	*key*		la videocasetera	*VCR*
el mapa	*map*			

Los deportes

el baloncesto	*basketball*
el béisbol	*baseball*
el fútbol	*soccer*
el fútbol norteamericano	*football*
el tenis	*tennis*
el jugador / la jugadora	*player*

Las actividades (los verbos)

cocinar	*to cook*
correr	*to run*
jugar a	*to play*
nadar	*to swim*
ser (soy)	*to be*

EN VIVO – VIÑETA

Before viewing the video vignette segment for this lesson, please study the following **Vocabulario** and **Preparación** sections. Then view the video (several times if necessary) and answer the questions or do the activities in the **Comprensión** section.

Vocabulario

Video *vocabularios* are simply for recognition purposes to help you more fully understand the segments. You are not expected to produce the vocabulary shown here.

abran	*open (command)*	muy	*very*
la biblioteca	*library*	¿Necesitas...?	*Do you need. . .?*
bueno	*good*		
¿Dónde trabajan ellos?	*Where do they work?*	nueva	*new*
		el papá	*dad*
enfermo	*sick*	¡Pobre!	*Poor thing!*
los Estados Unidos	*United States*	por favor	*please*
¡Gracias!	*Thank you!*	sí	*yes*
la mamá	*mom*	sus	*your*
mi	*my*	triste	*sad*
muchísimo	*very much*	tu	*your*
mucho	*a lot*		

Preparación

Circle only the words you hear and see in this video.

el asiento	interesante
la calculadora	internacional
contenta	el libro
doctor	la llave
el escritorio	la pizarra
hispano	la puerta
importante	la silla
inteligente	el televisor

Comprensión

A. Select the word or phrase that best completes each statement, according to what you understood.

1. Roberto está (triste, enfermo).
2. A Roberto le gustan (los doctores, las enchiladas).
3. Roberto es (mexicano, italiano).
4. Cristina está (contenta, triste).

B. Match each statement with the name of the person who said it.

a. la profesora Galfano
b. Roberto
c. Cristina

1. _____ ¡Pobre! ¿Necesitas un médico?
2. _____ Mi mamá es médico y mi papá es ingeniero.
3. _____ En la pizarra está el nombre de un escritor hispano muy importante.
4. _____ ¡Gracias! Eres un compañero de clase muy bueno.

Subject pronouns

 **structura**   **I. Los sujetos:° yo... usted**

To specify the subject:

Singular		Plural	
yo	*I*	nosotros, nosotras	*we*
tú	*you (familiar)*	vosotros, vosotras	*you (familiar)*
usted (Ud.)	*you (formal)*	ustedes (Uds.)	*you (formal)*
él, ella	*he, she*	ellos, ellas	*they*

The English subject pronoun *it* has no equivalent in Spanish.

Es Ricardo.   *It is Ricardo.*

Except for emphasis or clarification, Spanish speakers normally omit the subject pronouns since the verb endings indicate the subject. However, **Ud(s).** is often used for politeness and accurate identification of you vs. they.

Estudi<u>o</u> inglés.   *I study English.*
Ellos traba<u>jan</u> mucho.   *They work a lot.*
Uds. traba<u>jan</u> mucho.   *You work a lot.*

The plural pronouns **nosotros, vosotros,** and **ellos** refer either to groups of all males or to males and females combined. In Spain, **vosotros(as)** is used in place of **ustedes (Uds.)** among relatives and close friends. In Latin America, **ustedes** is the plural of both **tú** and **usted** and is the form practiced in this book.

1.7 Say the subject pronoun suggested by the pictures.

1. ¿…?

2. ¿…?

3. ¿…?

4. ¿…?

5. ¿…?

6. ¿…?

7. ¿…?

8. ¿…?

9. ¿…?

1.8 Which form of *you* (**tú, Ud., Uds.**) would you use to address these people in Latin America?

1. a teacher
2. a longtime friend
3. your classmate, Tina
4. a new guest, Mrs. Martínez
5. Mr. and Mrs. Ramírez
6. your pet
7. a restaurant waiter
8. your brother
9. your neighbors

1.9 Your **compañero(a)** has said these names or nouns several times. Ask him (her) to replace these with the appropriate pronoun: **él, ella, nosotros, nosotras, ellos, ellas.**

1. Alberto
2. María Luisa
3. Julio y yo
4. la Sra. Gómez y la Sra. del Valle
5. la chica
6. Marta y Pablo

Conversación . . . .

After their introductions, Vicente and María Luisa ask each other *where they are from.* Listen as your instructor models the dialogue.

VICENTE:	¿Eres de México, María Luisa?	*Are you from Mexico, María Luisa?*
MA. LUISA:	No, no soy de México.	*No, I'm not from Mexico.*
	Soy de Dallas, Texas.	
	Y tú, Vicente, ¿de dónde eres?	*And you, Vicente, where are you from?*
VICENTE:	Soy de Guadalajara, México.	

The *x* in *México* and *Texas* is pronounced like the English *h* sound in *hat*.

1.10 Ask three **compañeros** where they are from then share the three answers with the class.

Ud.:	¿De dónde eres, Víctor?
Victor:	Soy de Nueva York.
Ud.:	Víctor es de *(is from)* Nueva York. Nancy es de la Florida. Ramón...

1.11 Next ask your instructor or classmates, posing as such, where they are from. Would you say: **¿De dónde eres?** or **¿De dónde es Ud.?**

Estructura   II. El verbo ser

To express origin

A. Use the forms of the verb **ser** *(to be)* to ask *Where are you from?* For example: **¿De dónde eres (tú)?** or **¿De dónde es (Ud.)?** Answer with **Soy + de +** *place:* **Soy de los Estados Unidos.**

	ser					
yo	**soy**	*I am*	nosotros(as)	**somos**	*we are*
tú	**eres**	*you are*	vosotros(as)	**sois**	*you are*
Ud. / él / ella	**es**	*you are; he, she is*	Uds. / ellos(as)	**son**	*you, they are*

B. Also use the forms of **ser** to say *who* or *what* the subject is.

¿Eres estudiante?	¿Es él Omar?	¿Son ellos tus *(your)* amigos?
Sí, soy estudiante.	No, no es Omar.	Sí, son mis amigos. Son de Honduras.

Notice that Spanish often omits an indefinite article (**un, una**) with **ser** + *noun*. Compare English: I am <u>a</u> student. He is <u>an</u> actor.

1.12 Your **compañero(a)** wants to confirm with you *who* these people are and *where* they are from. Use the cues in the questions and answers.

 • • • ➤ Oscar de la Hoya / deportista *(sportsman)*
California
¿Es Oscar de la Hoya deportista?
Sí, es deportista.
¿Es de California?
Sí, es de California.

1. Antonio Banderas / actor
España
2. Gloria Estefan / cantante *(singer)*
Cuba
3. Sandra y David / compañeros
Guatemala
4. tú / estudiante
los Estados Unidos

5. La Sra. Molina / directora
Costa Rica
6. El Sr. Romero y el Sr. Bravo / profesores
Panamá
7. Susana y tú / estudiantes
los Estados Unidos
8. Rosario Ferré / escritora *(writer)*
Puerto Rico

1.13 Now choose three **compañeros** and tell *who* they are and *where* they are from.

1.14 Read the list of words on the next page aloud to yourself several times. Then cover the list and, looking only at the drawings, name as many items as you can. Later take turns with a **compañero(a)** in naming the items.

1.15 Find the word on the right that is most closely associated with the one on the left.

 • • • ➤ la silla: el reloj, <u>la mesa</u>, el día

1. el bolígrafo: la puerta, la pizarra, el lápiz
2. el cuaderno: el papel, la ventana, el escritorio
3. la mochila: los asientos, los libros, la luz
4. la videocasetera: la calculadora, el teléfono, el televisor
5. los estudiantes: los padres, los días, los compañeros

En el salón de clase

1. la ventana
2. la puerta
3. la luz
4. el reloj*
5. la pizarra
6. el escritorio
7. la silla
8. el libro
9. el cuaderno
10. el papel
11. el bolígrafo
12. el lápiz
13. la mesa
14. los asientos
15. la mochila
16. la videocasetera
17. el televisor
18. la calculadora
19. la computadora
20. el mapa
21. los estudiantes
22. la profesora

*The final **-j** in **reloj** is silent.

1.16 Your **compañero(a)** cannot remember certain classroom items. Point to several items in the room and ask him (her) if it is one thing or another.

 MODELO •••• ▶ (point to a pencil)
You ask: ¿Es el lápiz o el bolígrafo?
He (she) answers: Es el lápiz.

Estructura III. Sustantivos y artículos°

Sustantivos... Nouns and articles

To identify gender and number

A. Nouns name a person, place, or thing. Nouns referring to males, and generally those endings in **-o,** are labeled *masculine*. Those referring to females or those usually ending in **-a, -ción,** and **-dad** are feminine. The terms *masculine* and *feminine* here apply to grammatical labels and not biological distinction. Masculine nouns use the indefinite article **un** *(a, an)* or the definite article **el** *(the).* Feminine nouns take the corresponding articles **una** or **la.**

a (an) / the	a (an) / the
un / el señor	una / la señora
un / el libro	una / la lección *(lesson)*
	una / la ciudad

It is helpful to learn the definite article with the nouns that do not end in **-o** or **-a,** as well as those that are exceptions to the rule.

el lápiz	**la** clase	**el** día	**el** restaurante	**la** gente *(people)*
la mano *(hand)*	**el** problema	**el** mapa	**el** árbol *(tree)*	**la** llave *(key)*

Spanish uses the articles to distinguish nouns invariable in the singular: *el (un) estudiante / la (una) estudiante; el (la) analista; un (una) turista.*

¡OJO!

To make a noun plural, add **-s** if it ends in a vowel and **-es** if it ends in a consonant. A final **-z** becomes **-ces** in the plural.

unos / los señores	unas / las señoras
unos / los libros	unas / las lecciones
unos / los lápices	unas / las ciudades

Note that nouns ending with a written accent mark on the final syllable drop the accent in the plural: **lección → lecciones (lec-*cio*-nes).**

	singular a (an), the	plural some, the
masculine	un, el	unos, los
feminine	una, la	unas, las

Use the definite article with titles except when addressing a person directly.

La señora Ortiz es abogada.	*Mrs. Ortiz is a lawyer.*
but Buenos días, doctor Villa.	*Good morning, Dr. Villa.*

¡OJO!

The plurals **unos, unas** mean *some*.

B. The expression **hay** is often used with indefinite articles. **Hay** means *there is* or *there are*.

Hay una mesa.   *There's a table.*
Hay unas sillas.   *There are (some) chairs.*
No hay un reloj.   *There isn't a clock.*

1.17 Pregúntele a su compañero(a) si *(if)* hay estas cosas *(these things)* en la clase. Use **un** o **una** según la cosa.

 ventana
                      ¿Hay una ventana?
                      Sí, hay una ventana. / No, no hay una ventana.

1. pizarra	**4.** lápiz	**7.** lección hoy *(today)*	**10.** llave
2. asiento	**5.** luz	**8.** dificultad hoy	**11.** diccionario
3. papel	**6.** mapa	**9.** mesa	**12.** silla

1.18 Repita Ud. la actividad previa, pero use **unos** o **unas** según las cosas.

 unas ventanas
                      ¿Hay unas ventanas?
                      Sí, hay unas ventanas. / No, no hay unas ventanas.

1.19 Ud. necesita identificar varias cosas. Hágale las preguntas a su compañero(a). Según el contexto, use: los verbos **es / son** y los artículos definidos **el / los; la / las.** Conteste: **Sí** o **No,... no...** *No, . . . not . . .* según las indicaciones.

 chico / estudiante (Sí) →   ¿Es el chico
                                         estudiante?
                                         Sí, el chico es
                                         estudiante.
                      videos / de México (No,... no) →   ¿Son los videos de
                                                         México?
                                                         No, los videos no
                                                         son de México.

chica / estudiante (Sí)	señor / cantante (Sí)
Sra. Ruiz / profesora (Sí)	discos compactos / de Venezuela (Sí)
señores / escritores (Sí)	mapa / de los Estados Unidos (Sí)
amiga / directora (No,... no)	cámara / Kodak (No,... no)
chicos / de Puerto Rico (No,... no)	programas / en vivo *(live)* (No,... no)
gente / de Nueva York (No,... no)	cuatro de julio *(July)* / día de fiesta (Sí)

1.20 Your classmates aren't sure where to use the articles. Help them complete the statements, using **el, la / un, una / ø** *(nothing)*.

1. Buenas tardes, _____ Sr. Pérez.
2. Mi profesora es _____ Sra. Fuentes.
3. Hay dos cuadernos y _____ lápiz.
4. Hay tres sillas y _____ mesa.
5. Las sillas son nuevas; _____ mesa no es nueva *(new)*.
6. _____ Dr. Lara es mi médico *(physician)*.
7. Yo no soy _____ analista.

*C*ULTURA

Los deportes°

Sports

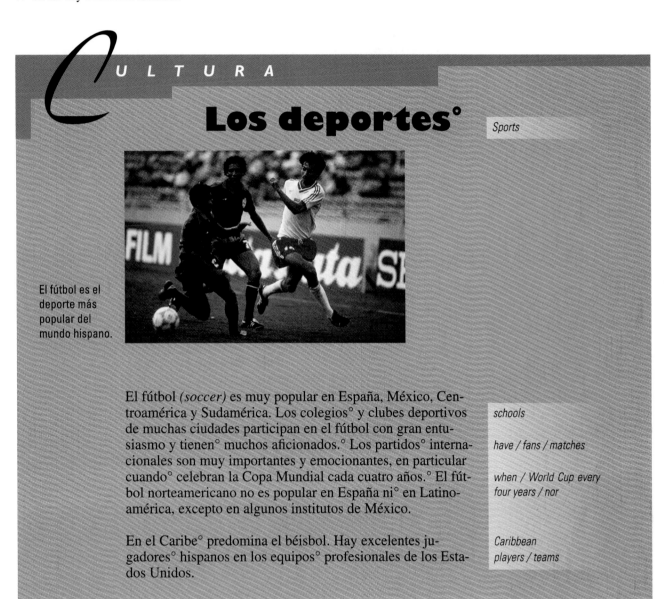

El fútbol es el deporte más popular del mundo hispano.

El fútbol *(soccer)* es muy popular en España, México, Centroamérica y Sudamérica. Los colegios° y clubes deportivos de muchas ciudades participan en el fútbol con gran entusiasmo y tienen° muchos aficionados.° Los partidos° internacionales son muy importantes y emocionantes, en particular cuando° celebran la Copa Mundial cada cuatro años.° El fútbol norteamericano no es popular en España ni° en Latinoamérica, excepto en algunos institutos de México.

schools

have / fans / matches

when / World Cup every four years / nor

En el Caribe° predomina el béisbol. Hay excelentes jugadores° hispanos en los equipos° profesionales de los Estados Unidos.

Caribbean
players / teams

Continued

Los deportes *cont'd*

El béisbol predomina en el Caribe.

El baloncesto se practica en varios países hispanos.

Las persones esquían en las montañas *(mountains)* de Sudamérica (Argentina y Chile) y España.

CULTURA

El jai alai es un deporte popular de orígin vasco *(Basque)* del norte de España.

Jai alai, of Basque origin (northern Spain) means *happy fiesta*. It is a game like handball played with a basketlike racket fastened to the arm. The sport is commonly known as **pelota**, which means *ball*. However, in the Caribbean **pelota** refers to baseball and a **pelotero** would be a baseball player.

El jai alai es popular en varias regiones incluso° la Florida y Nueva York. El hispano es también aficionado de la carreras de caballos,° de bicicletas y de carros. El boxeo, el tenis, la pesca° y la natación° son muy populares.

including

horse racing
fishing / swimming

La corrida de toros° es un espectáculo y no un deporte. No todos° los países celebran la corrida. España y México tradicionalmente tienen muy buenos toreros.

Bullfighting
all

La corrida de toros es popular en España, México, Ecuador, y Perú.

Expand your cultural understanding. Visit the ¡Saludos! / ¡Recuerdos! World Wide Web site
http://www.harcourtcollege.com/spanish/saludosrecuerdos

1.21 Conteste Ud. **cierto** o **falso** según el contexto.

1. El fútbol es un deporte popular exclusivamente en México.
2. La Copa Mundial de fútbol es cada cuatro años.
3. En el Caribe el fútbol norteamericano es número uno.
4. El jai alai es un deporte de España.
5. Todos los países de Latinoamérica celebran la corrida de toros.

1.22 Hágales las preguntas a tres compañeros. Luego compartan las respuestas que Uds. tienen en común con la clase. *(Later share the answers you have in common with the class.)*

1. ¿Cuál *(Which)* es tu *(your)* deporte favorito? **Mi deporte...**
2. ¿Cuál es tu equipo favorito de béisbol? ¿De fútbol norteamericano? ¿De baloncesto?
3. ¿Quién *(Who)* es tu jugador favorito? ¿Tu jugadora favorita?
4. ¿En qué deportes participas tú? **Participo en...**
5. ¿Es el hockey popular en tu ciudad? ¿Dónde *(Where)* es popular?
6. ¿Cuál es el deporte número uno en los Estados Unidos? ¿El número uno en tu ciudad?

Which cognate words do you recognize? What do the numbers indicate—address, times . . .?

Estructura   IV. Me gusta...

To express likes and dislikes

To indicate you like something say **Me gusta...** plus a singular noun or infinitive(s). With plural nouns change **gust<u>a</u>** to **gust<u>an</u>**. You may omit the nouns or infinitives in your reply.

¿Te gusta el béisbol?	*Do you like baseball?*
Sí, me gusta.	*Yes, I like (it).*
¿Te gusta jugar al baloncesto?	*Do you like to play basketball?*
No, no me gusta.	*No, I don't like to play (it).*
¿Te gustan las carreras de carros?	*Do you like car races?*
Sí, me gustan muchísimo.	*Yes, I like (them) very much.*

Literally **me, te, le gusta(n)** mean something(s) is (are) pleasing *to me, to you, to him (her)*. You'll learn more about **gusta(n)** in **Lección 4.**

1.23 Pregúntele a su compañero(a) si le gustan los deportes. Él (Ella) contesta según su opinión con: **No, no... / Sí,... un poco** *(a little)* **/ Sí,... mucho / Sí,... muchísimo** *(very much)*

 • • • ► el ráquetbol
¿Te gusta el ráquetbol?
Sí, me gusta un poco. / No, no me gusta.

el tenis	el golf
el sóftbol	el fútbol norteamericano
el voleibol	el béisbol
el hockey	la gimnasia *(gymnastics)*
el karate	el ciclismo *(cycling)*
nadar *(to swim)*	jugar al fútbol
correr *(to run)*	jugar al ping-pong

1.24 Ask your instructor if he or she likes to do the activities below. Use the formal **le** in your question.

 • • • ► **¿Le** gusta leer? *(Do you like to read?)*

escribir	*(to write)*	cocinar	*(to cook)*
viajar	*(to travel)*	jugar al...	*(to play...)*
leer		correr	

1.25 Pregúntele a su compañero(a) si le gustan las comidas. Él (Ella) contesta según su opinión: **No, no... / Sí,... un poco / Sí,... mucho (muchísimo).**

 • • • ► ¿Te gustan los tacos?
Sí, me gustan muchísimo. / No, no me gustan.

las enchiladas	los perros calientes *(hot dogs)*
las fajitas	los frijoles *(beans)*
las ensaladas	las costillas en barbacoa *(BBQ ribs)*
los espaguetis	las papas fritas *(French fries)*
las hamburguesas	los calamares *(squid)*

Vamos a leer

What food do you prefer?

¿Qué comida prefiere Ud.?°

1.26 Imagine that you are a summer student in San Miguel de Allende, México, and different visitors are asking you for good places to eat. Based on their preferences, and your scanning of the following advertisements, which restaurant would you recommend to each? Compare your recommendations with a classmate.

Bugambilia
desde 1845
The best, the first, and the most
beautiful Mexican Restaurant
in San Miguel
Lunch and Dinner 12:00 1:30 Sun. - Mon.
HIDALGO #42   RESV-TEL: 2-01-27

"Una Nueva Tradición en San Miguel"
COCINA INTERNACIONAL
La Vendimia
restaurante-bar
LIVE ROMANTIC GUITAR MUSIC EVERY EVENING
NEW & ONLY CIGAR BAR IN SAN MIGUEL
Open daily from 12:00-10:00pm
Friday & Saturday till 11:00pm
HIDALGO #12 TEL. 2-26-45

RESTAURANT BAR
BELLA ITALIA

DELICIOSA COMIDA ITALIANA

Abierto Diariamente
de 1 pm a 11 pm

MÚSICA EN VIVO

MIER. - SAB. DE LAS 8:30 PM

Hernández Macías #59
Hotel Sautto
Tel. 2-49-89

Rincón Español

COMIDA Y CENA SHOW
FLAMENCO
lunes–jueves   8:30   Mon.–Thur.
viernes   9:45   Friday
sábado   9:45   Saturday
domingo   3:00   Sunday
No Cover
Presentando este Anuncio le obsequiamos un
6% de descuento sólo pago en efectivo

Correo 29 • Tel. 01-415- 2-29-84
San Miguel de Allende, Gto. México

RESTAURANTE
ICHIBAN
Comida Japonesa

Authentic Japanese Cuisine
Sushi ❀ Teryaki ❀ Tempura ❀ Sashimi
Auténtica Cocina Japonesa

Open 1:00 p.m. - 10 p.m. Abierto
Close Wednesday - Cerrado los Miércoles

San Francisco #39 (entrada de Telmex)

Yo recomiendo...   *I recommend . . .*

1. Julieta prefiere la comida italiana.
2. José Manuel prefiere la comida mexicana tradicional.
3. Eva prefiere la comida internacional con música romántica.
4. Pepe prefiere la comida española y el flamenco.
5. Yoko prefiere la comida japonesa: sushi y teriyaki.
6. Y tú, ¿cuál de los cinco restaurantes prefieres? Prefiero...

1.27 Now ask three **compañeros** the following questions. Write their answers down, then circle those in common.

1. ¿Cuál de los cinco restaurantes prefieres?   Prefiero...
2. ¿Cuál es tu restaurante favorito en los Estados Unidos?   Mi restaurante...
3. ¿Prefieres la comida norteamericana o mexicana?
   ¿Italiana o francesa? ¿China o japonesa?
4. ¿Prefieres la comida de McDonald's o de Wendy's?
   ¿De KFC o de Taco Bell?

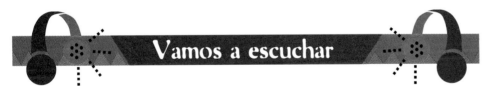

Vamos a escuchar

1.28 Listen to Mario and Lidia each tell what sports and foods they like. Under their names, mark (X) only those items each one likes.

	Mario	Lidia
los deportes		
correr	_____	_____
nadar	_____	_____
jugar al baloncesto	_____	_____
fútbol	_____	_____
sóftbol	_____	_____
tenis	_____	_____

	Mario	Lidia
las comidas		
las fajitas	_____	_____
las enchiladas	_____	_____
las ensaladas	_____	_____
los espaguetis	_____	_____
los frijoles	_____	_____
las hamburguesas	_____	_____
los tacos	_____	_____

1.29 Preview the following questions to help you focus your attention. Then listen to a conversation between a professor and a new student. Remember, you don't need to know every word to get the gist of the conversation. Rely on surrounding words.

1. Las dos personas en la conversación son _____
    a. el profesor y la chica
    b. el estudiante y el licenciado
    c. la profesora y el estudiante

2. El chico se llama _____
    a. Neil: N-e-i-l
    b. Neal: N-e-a-l
    c. Neale: N-e-a-l-e

3. El chico es de _____
    a. México
    b. la Argentina
    c. los Estados Unidos

4. El chico debe *(should)* _____
    a. cerrar la puerta
    b. abrir la puerta
    c. mirar la puerta

5. Finalmente, el chico debe _____
    a. levantarse
    b. sentarse
    c. contestarle

 Vamos a hablar

1.30 Pretend that you and another guest (your classmate) meet at a party. Introduce yourselves, and say you are glad to meet each other.

1.31 Assume the role of Luis(a) while your classmate assumes that of Julio(a). Complete the missing portions (as you wish) in the grid below and use all the information there to talk about yourselves to each other.

	Soy...	Soy de...	Me gusta...	Me gusta(n)...
Luis(a)	estudiante	San Juan, Puerto Rico	¿...?	¿...?
Julio(a)	deportista	¿...?	el fútbol	los espaguetis

Next, refer to the above grid as a model, but insert your own names and correct information. Then talk about yourselves to each other. Are you from the same city? Same state? Do you like the same sports and foods?

1.32 You need to specify what items are essential for a new classroom being built. Name no less than ten. Which items do you and your classmate agree on? Disagree on?

Vamos a escribir

1.33 Joyce is going to Mexico but doesn't know any Spanish. Write down these introductory lines in Spanish to help her practice:

1. saying her name and where she is from
2. asking people for their names and where they are from—both in the **tú** and **Ud.** forms

1.34 Your friend Vicente has sent you an e-mail (**correo electrónico**) asking you what sports and foods you like and don't like. Answer him with at least four different qualifiers, ranging from *not liking* to *liking very much*.

1.35 Linda is preparing an inventory list of classroom items. She doesn't know how to spell all the items. Help her fill in the missing letters.

1. el as __ __ nto
2. el c __ __ der __ __
3. el lá __ __ z
4. el bolí __ __ afo
5. la lu __
6. la si __ __ a
7. la m __ sa
8. el lib __ __
9. el re __ __ j
10. la __ ent __ na

1.36 What information could this guide provide? Does it cost anything?

http://www.harcourtcollege.com/spanish/saludosrecuerdos

Vamos a explorar el ciberespacio

SPORTS IN THE HISPANIC WORLD

The World Wide Web offers many sites about sports in the Spanish-speaking world. Because soccer is the favorite sport in most Hispanic countries, it would be a good idea for people learning Spanish to get the "flavor" of this sport from visiting Web sites. For instance, can you name any of the top soccer players in the Spanish-speaking world? Many of them are household names there just the way the names of famous basketball players are in the United States.

When you find a site that discusses soccer in the Hispanic world, see if the site uses the English word *links*. In some Spanish-language sites you will find the word **ligas** or **enlaces** instead of *links*.

The word for *players* in Spanish is **jugadores**. One of the most famous jugadores is Diego Armando Maradona, an Argentinian who also played for Naples, Italy. Find his Web page(s), some of which have English translations, and compare his role as a sports hero with sports heroes in the United States. Should you want to get an idea of how many Spanish sites about soccer are available on the World Wide Web, use your search engine to search for **fútbol**. You can omit the accent marks because most search engines do not recognize them. How many sites does your search identify? Open a few of them and see which words recur most frequently.

The World Wide Web offers many fascinating sites throughout the Spanish-speaking world dealing with the cultural topics in this lesson. Take a virtual field trip. Go to http://www.harcourtcollege.com/spanish/saludosrecuerdos to discover more.

EN VIVO – CULTURA

Before viewing the cultural video segment for this lesson, please study the following **Vocabulario** and **Preparación** sections. Then view the video (several times if necessary) and answer the questions or do the activities in the **Comprensión** section.

Vocabulario

Video *vocabularios* are simply for recognition purposes to help you more fully understand the segments. You are not expected to produce the vocabulary shown here.

el ajedrez	*chess*	llamado	*called*
el almuerzo	*lunch*	para cenar	*for dinner*
el barrio	*neighborhood*	la Pequeña Habana	*Little Havana*
la calle	*street*		
cerca	*near*	la playa	*beach*
la colonia	*community, neighborhood*	por estar	*because it is*
		probar	*to taste, try*
comer	*to eat*	el puente	*bridge*
la comida	*food*	templado	*temperate*
de	*of*	la tienda	*store*
en	*in*	de todas partes del mundo	*from all over the world*
hace calor	*it's hot*		
hace fresco	*it's cool*	todo el año	*all year*
hace (mucho) sol	*it's (very) sunny*	el verano	*summer*
el invierno	*winter*	vienen	*they come*
ir de compras	*to go shopping*		

Preparación

Guess the meaning of the following words. While watching the video, circle each one as you hear it.

bancos	ideales
clima	internacional
cubano	museo
dominó	núcleo
elegantes	parque
famoso	principal
Golfo de México	

Comprensión

A. Select the word or phrase that best completes each statement, according to what you understood.

1. (Ingenieros, Turistas) de todas partes del mundo vienen a Miami.
2. En el centro de Miami hay (bancos, playas).
3. La calle principal de la Pequeña Habana es la Calle (Siete, Ocho).
4. El famoso parque Máximo Gómez también se llama el Parque (Dominó, Ajedrez).
5. En Coconut Grove hay (museos, tiendas elegantes).

B. Read the following statements. After watching the video, circle **C** *(Cierto)* or **F** *(Falso)*, according to what you understood.

C F **1.** Miami es una ciudad internacional.
C F **2.** Miami está cerca del Golfo de México.
C F **3.** Las playas de Miami son ideales para ir de compras.
C F **4.** La Pequeña Habana es el núcleo de la colonia mexicana en Miami.

SELF-TEST

How well have you mastered this lesson? To find out, take the self test found on the *¡Saludos!* Web site at http://www.harcourtcollege.com/spanish/saludos recuerdos.

2

La familia y las descripciones

Comunicación

- Talk about the family
- Describe characteristics of people and things
- Talk about activities in the present
- Interpret different meanings of words
- Describe conditions
- Indicate location

Estructuras

- The sounds of r, rr
- Descriptive adjectives
- Present tense of regular -ar verbs + dar
- Ser + traits
- Estar + conditions + location
- Ser vs. estar

Cultura

- Hispanic families and relationships

Conexiones

- Vamos a leer
  Describing a Hispanic celebrity
  «Padre nuestro que estás en los cielos»
  de José Leandro Urbina
- Vamos a escuchar
  Describing and summarizing
- Vamos a hablar
  Talking about activities
- Vamos a escribir
  Describing yourself and others
- Vamos a explorar el ciberespacio
  Family life

Visit the *¡Saludos!* World Wide Web site:
http://www.harcourtcollege.com/spanish/
saludosrecuerdos

The *¡Saludos!* CD-ROM offers additional language practice and cultural information.

¡Adelante!

Study the description of Tere's family, then listen to your instructor read it aloud. Make a list of at least five words or expressions that you could use in preparing your own family description, then compare it with your classmate's to see where you two differ.

¿Quién soy?

single / I study / languages
trabajo... I work for
my / stepfather
medio... half brother / grandparents
/ grandma / grandpa / amable... kind
and affectionate / In short

Me llamo Teresa (Tere) Molina. Soy soltera.° Estudio° comunicaciones y lenguas.° También trabajo para° la emisora (la estación) de radio de la universidad. Me gusta la música clásica y moderna. Somos cuatro en mi° familia: mi mamá, mi padrastro,° mi medio hermano° y yo. Todos somos de Nueva York, excepto mis abuelos.° Mi abuelita° es de Puerto Rico y mi abuelito° es de Cuba. Ellos son muy amables y expresivos.° En resumen,° mi familia es amable, expresiva y sociable.

Me llamo Tere Molina.

¡OJO!

The masculine plural could include both males and females: *los abuelos* could mean grandparents or grandfathers; *los hermanos* could refer to siblings or brothers. What would *los padres* mean?
Stepfather is *padrastro* and stepmother is *madrastra*. Stepbrother(sister) is *hermanastro(a)* and half brother(sister) is *medio(a) hermano(a)*.
The diminutives *-ito(a)* imply affection or smallness in size. Compare: *abuelita* / grandma; *Juan (Juanito)* / John (Johnny).

Actividades

2.1  Hágale las preguntas a su compañero(a). Él (Ella) contesta **sí** o **no** según el contexto. *If your partner says no, he (she) needs to give a correct answer. Notice the more common way of asking a question: verb + subject. You will learn more about this in Lección 3.*

MODELO ● ● ● ➤ Ud.: ¿Son tres en la familia de Tere?
COMPAÑERO(A): No. Son cuatro. *(No, they are four.)*

1. ¿Es Tere soltera?
2. ¿Estudia ella historia y psicología?
3. ¿A Tere le gusta *(Tere likes)* exclusivamente la música clásica?
4. ¿Trabaja Tere para la emisora de televisión?
5. ¿Es la familia inmediata de Tere de Nueva York?
6. ¿Es la abuelita de España?
7. ¿Son los abuelos amables?
8. ¿Es la familia seria y tímida?

Study the description of Roberto's family below, then take turns reading the whole passage aloud with another classmate. Try to add another five expressions to your list above, and compare it with your classmate's. Take time to pronounce each syllable distinctly; for example: **asociaciones (a-so-cia-cio-nes).** Ask your instructor to spot check your pronunciation.

¿Quién soy?

Soy Roberto Molina, el medio hermano de Tere. Soy casado.° Mi mujer° se llama Elvira. Tenemos° una hija, Rosita. Ella es muy divertida y preciosa.° Soy computista° y trabajo para una compañía° internacional. Me gusta correr y nadar. También practico° el tenis y el golf. Soy socio° del Club Cívico y de otras asociaciones. En resumen, soy ambicioso y dedicado.°

married / wife
We have / divertida... amusing and beautiful / computer expert / company / I practice / member / ambicioso... ambitious and dedicated

> **Instead of *esposo(a) (spouse),* you often hear *marido* for *husband* and *mujer* (woman) for *wife.***
> **El *novio* could mean *fiancé* or *groom*. What would *la novia* mean?**

¡OJO!

2.2 Hágale las preguntas a su compañero(a). Él (Ella) contesta *sí* o *no* según el contexto. Si su compañero(a) contesta *no*, él (ella) necesita dar una respuesta correcta.

 ● ● ● ➤ Ud.: ¿Es Roberto el padrastro de Tere?
COMPAÑERO(A): No. Es el medio hermano de Tere.

1. ¿Es Roberto soltero?
2. ¿Se llama Olga la mujer?
3. ¿Es Rosita hija única *(only child)*?
4. ¿Es muy seria *(serious)* la hija?
5. ¿Es Roberto industrialista?
6. ¿Trabaja él para una compañía internacional?
7. ¿A Roberto le gustan *(Roberto likes)* el sóftbol y el baloncesto?
8. ¿Es Roberto socio de varias asociaciones?
9. ¿Es Roberto dedicado?

 2.3 Talk a little about yourself to a **compañero(a).** He/She should take notes in order to rephrase what you said to the class; for example:

1. Me llamo...
2. Soy de...
3. Somos... en mi familia: mi mamá, mi...
4. Mi familia es expresiva (reservada) y...
5. Soy casado(a), soltero(a), divorciado(a).
6. (No) trabajo para...
7. Soy socio(a) de...
8. Me gusta...

Now, your classmate rephrases, using the **él (ella)** form of the verb.

1. Él (Ella) se llama...
2. Es de...
3. Son... en su familia: su mamá, su...
4. Su *(His/Her)* familia es...
5. Él (Ella) es...
6. (No) trabaja para...
7. Es socio(a) de...
8. Le gusta...

La familia

el abuelo, la abuela	*grandfather, grandmother*	la madre	*mother*
los abuelos	*grandparents; grandfathers*	mayor / menor	*older / younger*
		el nieto, la nieta	*grandson, granddaughter*
el esposo (el marido)	*husband*	los nietos	*grandchildren*
la esposa (la mujer)	*wife (woman)*	el niño, la niña	*boy, girl; child*
		los niños	*boys; children*
los esposos	*spouses*	el padrastro	*stepfather*
el hermano, la hermana	*brother, sister*	el padre	*father*
		los padres	*parents; fathers*
los hermanos	*brothers and sisters; brothers*	el primo, la prima	*cousin*
el hijo, la hija	*son, daughter*	los primos	*cousins*
los hijos	*children; sons*	el tío, la tía	*uncle, aunt*
la madrastra	*stepmother*	los tíos	*uncles; aunts and uncles*

Otras relaciones

los compadres	*close family friends*
los novios	*sweethearts; bride and groom*
los padrinos	*godparents*
los parientes	*relatives*

Lugares

la biblioteca	*library*		el gimnasio	*gymnasium*
el edificio	*building*		la librería	*bookstore*
el estacionamiento	*parking*		el trabajo	*work*

Adjetivos

abierto(a)	*open*		joven	*young*
aburrido(a)	*bored*		limpio(a)	*clean*
alegre	*cheerful*		lindo(a)	*pretty*
alto(a)	*tall*		malo(a)	*bad*
amable	*kind*		mejor	*better*
bonito(a)	*pretty*		moreno(a)	*dark-complected*
bueno(a)	*good*		nuevo(a)	*new*
callado(a)	*quiet*		ocupado(a)	*busy*
casado(a)	*married*		peor	*worse*
cerrado(a)	*closed*		pobre	*poor*
contento(a)	*happy*		relajado(a)	*relaxed*
delgado(a)	*thin*		rico(a)	*rich*
difícil	*difficult*		roto(a)	*broken*
divertido(a)	*amusing*		rubio(a)	*blonde, light-complected*
enfermo(a)	*sick, ill*			
enojado(a)	*angry*		simpático(a)	*nice (person)*
español(a)	*Spanish*		soltero(a)	*unmarried (single)*
expresivo	*expressive, affectionate*		sucio(a)	*dirty*
			todo(a)	*all*
fácil	*easy*		trabajador(a)	*hard-working*
feo(a)	*ugly*		triste	*sad*
fuerte	*strong*		único(a)	*sole (only) one; unique*
gordo(a)	*fat*			
grande	*big, large*			
guapo(a)	*handsome, good-looking*		mi(s)	*my*
			tu(s)	*your (familiar)*
hispano(a)	*Hispanic*		su(s)	*your (formal), his, her*
inglés, inglesa	*English*			

Verbos

caminar	*to walk*		estar (estoy)	*to be (condition; location)*
comprar	*to buy*			
dar (doy)	*to give*		estudiar	*to study*
desayunar	*to have breakfast*		llegar (a)	*to arrive (at)*
descansar	*to rest*		manejar	*to drive*
desear	*to wish*		necesitar	*to need*
enseñar	*to teach; to show*		participar	*to participate*
escuchar	*to listen to*		practicar	*to practice*
esperar	*to wait for*		regresar	*to return*

ser (soy, eres)	to be (origin; characteristics)	visitar	to visit
tomar	to take; to drink	usar	to use

Expresiones

a la derecha	to the right	con	with
a la izquierda	to the left	de	of, from
allí	there	o	or
aquí	here	para	for; in order to
todo derecho	straight ahead	también	also

EN VIVO – VIÑETA

Before viewing the video vignette segment for this lesson, please study the following **Vocabulario** and **Preparación** sections. Then view the video (several times if necessary) and answer the questions or do the activities in the **Comprensión** section.

Vocabulario

Video *vocabularios* are simply for recognition purposes to help you more fully understand the segments. You are not expected to produce the vocabulary shown here.

el alumno	student	muy	very
el amigo	friend	perezosa	lazy
buscar	to look for	pero	but
la casa	house	por qué	why
la comida	food	pues	well
confundida	confused	qué	what
dónde	where	sí	yes
habla	talk (command)	tan	so
hoy	today	un poco	a little
inteligentísimo	extremely intelligent	Vamos a...	Let's . . .
		¿Vamos a...?	Shall we . . .?
lo siento	I'm sorry	viejo	old
mucho	a lot		

Preparación

Guess the meaning of the following words. While watching the video, circle each one as you hear it.

computación	favorita
computadora	idea
diferente	inteligente
estudioso	interrogas

Comprensión

A. Read the following statements. After watching the video, circle **C** (Cierto) or **F** (Falso), according to what you understood.

C F **1.** Teresa está ocupada.
C F **2.** Lucas estudia computación.
C F **3.** A Lucas le gusta usar la computadora.
C F **4.** Teresa está aburrida.
C F **5.** El abuelo es joven.

B. Match the people's names with what they say in the video.

a. Lucas
b. Teresa
c. la madre
d. el padre
e. el abuelo
_____ **1.** ¿Y dónde está tu novia Patricia?
_____ **2.** ¡Patricia no es mi novia!
_____ **3.** ¿Qué estudia mi nieta favorita?
_____ **4.** ¡Sí! ¡Sí! Inteligentísmo.
_____ **5.** ¡La comida!

Pronunciación

Repita Ud. las palabras en español.
The **r** sound is similar to the English intervocalic t (tt) or dd: *water, butter, ladder.*

para   grande   perdón   tres   cuatro   pero

The **rr** sound is made exactly like **r,** but with the tongue vibrating several times. At the beginning of a word, **r** is always pronounced like **rr.**

rosa   Roberto   correr   correo   rápido   rico

Tere Molina's family

La familia de Tere Molina

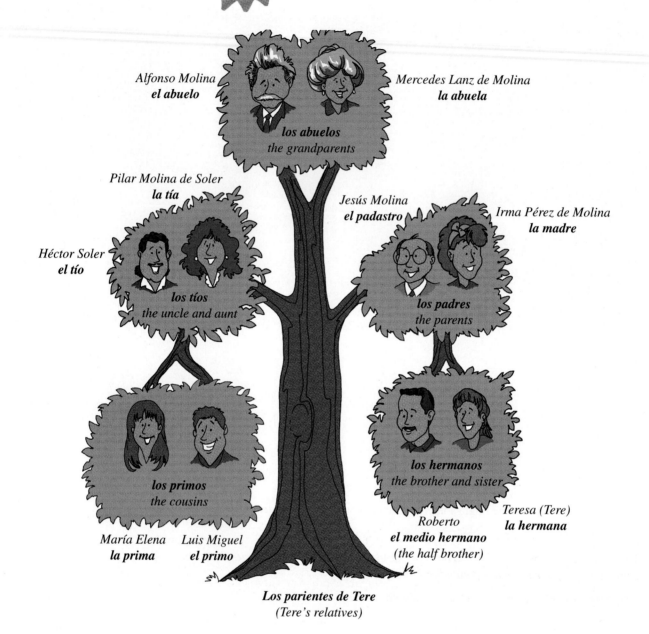

Alfonso Molina
el abuelo

Mercedes Lanz de Molina
la abuela

los abuelos
the grandparents

Pilar Molina de Soler
la tía

Jesús Molina
el padastro

Irma Pérez de Molina
la madre

Héctor Soler
el tío

los tíos
the uncle and aunt

los padres
the parents

los primos
the cousins

los hermanos
the brother and sister

Teresa (Tere)
la hermana

Roberto
el medio hermano
(the half brother)

María Elena
la prima

Luis Miguel
el primo

Los parientes de Tere
(Tere's relatives)

Cuatro generaciones:

los abuelos	*the grandparents*	los hijos	*the children*
los padres	*the parents*	los nietos	*the grandchildren*

¡OJO!

The word *hijo(a)* is also used with those you feel a close kinship, for example, a close neighbor or co-worker. Often family members refer to each other by their relationship: Oye, cuñada... *(Listen, Sis [-in-law])*, Primo, ¡ven aquí! *(Cousin, come here!)*

La familia y las descripciones

2.4 You want to know the relationship of various family members to Tere. **Hágale las preguntas a su compañero(a).**

Su could mean her, his, or your (formal).

 • • • ► Alfonso Molina / abuelo

UD.:	¿Es Alfonso Molina su abuelo? *(Is Alfonso Molina her grandfather?)*
COMPAÑERO(A):	Sí, Alfonso Molina es su abuelo.

Pilar / su prima

UD.:	¿Es Pilar su prima?
COMPAÑERO(A):	No, no es su prima. *(No, she isn't her cousin.)*

1. Merecedes Lanz / su abuelita
2. Jesús Molina / su padrastro
3. María Elena / su tía
4. Héctor / su primo
5. Roberto / su medio hermano
6. Irma / su mamá
7. Pilar / su tía
8. Luis Miguel / su tío
9. Rosita* / su sobrina
10. Alfonso / su esposo

*La hija de Roberto se llama Rosita. Ella es la sobrina *(niece)* de Tere y la nieta de Jesús e Irma.

2.5 Tell your **compañero(a)** three relationships for each of Tere's family members. For each member randomly give an incorrect relationship to see if your **compañero(a)** can pick the wrong one.

 • • • ► Alfonso Molina es el esposo de Mercedes Lanz. (sí)
Es el tío de Luis Miguel. (no)
Es el abuelo de Tere. (sí)

1. Jesús Molina	3. María Elena	5. Mercedes Lanz	7. Pilar
2. Héctor Soler	4. Roberto	6. Luis Miguel	8. Rosita

2.6 Say the relationship and name of no fewer than five members of your family. Add where they are from. Use your family tree or a family photo to illustrate. When done, your **compañero(a)** will try to rephrase what you said.

 • • • ►

UD.:	Mi abuela es Gloria. Es de Los Ángeles. Mi padre es... ...
SU COMPAÑERO(A):	Tu *(Your)* abuela es Gloria. Es de Los Ángeles. Tu padre es... ...

CULTURA

La familia

Tradicionalmente la familia hispana es unida;° el divorcio es raro o no está permitido. A veces° tres generaciones viven° en una casa: los abuelos, los padres y los hijos.° Esto° es menos frecuente hoy día, especialmente en las ciudades.

close
Sometimes
live / children
This

Los abuelos ocupan una posición importante en la familia y cooperan en cuidar° y educar a los niños. En las familias tradicionales los hijos viven en casa hasta casarse.°

take care of
hasta... until they marry

Los niños también tienen padrinos.° Típicamente son un tío o una tía o unos buenos amigos. Los padres y los padrinos se llaman entre ellos° **compadres (el compadre, la comadre).** Los padrinos tienen la obligación de ayudar° a los niños con respecto a la educación, la religión y la ayuda financiera.

tienen... have godparents

se... call each other
to help

Los abuelos

Expand your cultural understanding. Visit the ¡Saludos! / ¡Recuerdos! World Wide Web site
http://www.harcourtcollege.com/spanish/saludosrecuerdos

2.7 Indique Ud. cierto o falso según el contexto. Luego cambie las frases falsas para hacerlas *(to make them)* ciertas.

MODELO   • • • ►   La familia hispana es muy desunida.
Falso.
La familia hispana es muy unida.

1. El divorcio es frecuente.
2. A veces tres generaciones viven en una casa.
3. Los abuelos ocupan una posición insignificante.

4. Los nietos cooperan en cuidar y educar a los abuelos.
5. Los hijos viven en casa hasta casarse.
6. Los padrinos son el padre y la madre.
7. Los padres y los padrinos se llaman **compadres.**

José Leonor Tenorio Suárez (†)
Concepción Gómez de Tenorio

Donald Ray Counts
Betty Lois Neale

Participan el enlace matrimonial de sus hijos

Donaxy　　　y　　　Donald

Y tienen el honor de invitar a Ud. y a su apreciable familia a la Ceremonia que se celebrará el día 7 del presente a las 12:00 horas, en la Misión Unidos en Cristo, Delicias Popo Park, Estado de México.

Sus Padrinos

Juan José Rico Herrera
Rosa María González de Rico

Septiembre de 1996.

¿Cómo se llama la novia? ¿Y el novio? ¿Es una boda *(wedding)* norteamericana?

 **Estructura**　　I. Las descripciones

To describe people and things

A. Adjectives in Spanish are also masculine or feminine, singular or plural, depending on the noun or pronoun they modify.

al<u>o</u>	alt<u>a</u>	*tall*
alt<u>os</u>	alt<u>as</u>	

James es alto, fuerte y joven.　　　*James is tall, strong, and young.*
Pámela es alta, fuerte y joven también.

James y Pámela son altos, fuertes y jóvenes.
Él es rubio y guapo.   *He is light-complected and handsome.*
Ella es morena y bonita.   *She is dark-complected and pretty.*

B. Adjectives ending in **-o** change **-o** to **-a** to modify feminine nouns. Also **-a** is added to adjectives of nationality ending in a consonant and to other adjectives ending in **-dor.**

*The accent mark drops when adding **-a**: **francés / francesa** *(French);* **alemán / alemana** *(German).* Note that adjectives of nationality are not capitalized.*

James es simpático.   Pámela es simpática *(nice person).*
Él es inglés.   Ella es inglesa.*
Es trabajador.   Es trabajadora *(hard-working).*

Most other adjectives do not change in the singular.

El patio es grande.   La casa es grande.
El vocabulario no es fácil. La lección es fácil *(easy).*

C. Descriptive adjectives usually follow the noun, but for emphasis or dramatic effect may precede it. **Bueno** and **malo** drop the **-o** when placed before a masculine singular noun.

Mónica es una estudiante excelente.
¡Qué excelente estudiante!   *What an excellent student!*

Es un buen (mal) ejemplo.   *It's a good (bad) example.*

D. As with nouns, the plural of adjectives is made by adding **-s** to adjectives ending in a vowel and **-es** to those ending in a consonant. A masculine adjective modifies two or more nouns different in gender.

Alicia es simpática.   Ella es joven.
Alicia y José son simpáticos.   Ellos son jóvenes.**

When adding another syllable, a written accent mark preserves the original stress of a word: **jo-ven, jó-ve-nes.

E. Spanish uses the verb **ser** *(to be)* to describe typical characteristics of people or things.

Margarita **es** muy estudiosa.   *Margarita is very studious.*
Las clases **son** difíciles pero interesantes. *The classes are difficult but interesting.*

These descriptive adjectives are often used with **ser** to indicate typical (inherent) qualities of the person or thing.

alto(a)	*tall*	bajo(a)	*short*
bonito(a)	*pretty*	feo(a)	*ugly*
lindo(a)	*pretty*		
guapo(a)	*handsome, good-looking*		
delgado(a)	*thin*	gordo(a)	*fat*
divertido	*funny*	aburrido(a)	*boring*
fuerte	*strong*	débil	*weak*
inteligente	*intelligent*	tonto(a)	*foolish, silly*
mejor	*better*	peor	*worse*
nuevo(a)	*new*	viejo	*old*
ordenado(a)	*orderly*	desordenado(a)	*messy*
rico(a)	*rich*	pobre	*poor*
simpático(a)	*nice (person)*	antipático(a)	*unpleasant*
trabajador(a)	*hard-working*	perezoso(a)	*lazy*
fácil	*easy*	difícil	*difficult*

2.8 Verifique Ud. *(Verify)* con su compañero(a) las descripciones de las personas. Él (Ella) contesta según las indicaciones.

MODELO • • • ► La Sra. Costa   (+)   (−)

simpático   alto

UD.:	¿Es la Sra. Costa simpática?
COMPAÑERO(A):	Sí, es simpática.
UD.:	¿Es alta?
COMPAÑERO(A):	No, no es alta.

1. La Sra. Costa   (+)   (−)

delgado	alto
divertido	moreno
tolerante	viejo
trabajador	feo
	mexicano

2. El Sr. Mendoza   (+)   (−)

muy guapo	bajo
muy inteligente	rubio
curioso	joven
simpático	alemán

3. Berta y Ana   (+)   (−)

muy divertido	aburrido
muy expresivo	perezoso
ordenado	tonto
español	

4. Alex y Cecilia   (+)   (−)

muy puntual	alto
muy espléndido	moreno
trabajador	joven
francés	

2.9 Modifique Ud. *(Modify)* la descripción de Mauricio para incluir a Emilia también.

MODELO • • • ► Mauricio es divertido.
Mauricio y Emilia <u>son</u> divertido<u>s</u>.

Mauricio es un buen amigo. Es africano. Sus lenguas nativas son inglés y swahili. Es estudiante de computación. Es alto, delgado y moreno. Es muy listo y trabajador. Además,° es un muchacho amable y simpático. Es fanático° del fútbol y es un magnífico jugador° también.

In addition

fan / player

2.10 You and your **compañero(a)** scan the following personal ads for the information requested. Guess new words from context and do not worry about those not needed for this activity.

1. años *(age)*
2. descripciones personales
3. origen o nacionalidad
4. actividades que le gustan a él o a ella
5. cualidades que él o ella busca *(qualities that he/she is looking for)*

Los anuncios personales

Damas que buscan caballeros
(Ladies looking for gentlemen)

DAMA SUDAMERICANA
Tengo 55 años, soy sexy, divertida, me gusta salir, bailar, viajar. Quiero conocer caballero fino, emocional y económicamente estable, 55-64. Amistad, fines serios. Broward. Ad# 3693

DIVERSIONES SANAS
Dama de 38 años, divertida. Busca caballero mayor de 35, divertido, para amistad y pasar momentos agradables. Ad# 3186

CUBANA AMERICANA
Alta, delgada, bien parecida, busca caballero, soltero, sin vicios, para relación, seria y estable. Ad# 3690

Caballeros que buscan damas

MI CASA NOS ESPERA
Soltero, 29, profesional, económicamente estable, simpático, romántico. Busca dama soltera, bonita y responsable, para formar familia. ¡Compruébalo! Seriedad OK. Ad# 3509

SANGRE ITALIANA
Joven profesional, 29, nacido en Venezuela, criado en Italia, 5'10", ojos verdes, atlético, bien parecido. Desea conocer dama, 25-35, inteligente. Para relación seria. Ad# 3409

AMISTAD PRIMERO
Caballero Cubano Americano, 44, alto, cabello canoso, ojos azules, honesto, trabajador, buenos sentimientos. Busca dama delgada, atractiva, cariñosa, 32-45, posible relacion. Kendall area. Ad# 3501

2.11 Prepare your own comparable ad and sign it at the bottom. Give the ad to your instructor, who will randomly redistribute them. Read the ad you receive aloud to see if the class can guess who the student is.

2.12 Prepare una descripción de su compañero(a) y vice versa. Mencione: origen, características físicas y cualidades personales. Luego comparen Uds. las descripciones.

 • • • ▶

Ud.:	¿Eres muy estudioso(a)?
Compañero(a):	Sí, (No, no) soy muy estudioso(a). ¿Y tú?
Ud.:	Soy un poco estudioso(a).

 **II. El presente de los verbos regulares -ar**

To talk about activities in the present

A. The basic form (infinitive) of many Spanish verbs ends in **-ar;** for example **hablar** *(to speak, to talk)*. To form the present tense of regular **-ar** verbs, drop the infinitive marker **-ar** and add the following highlighted endings.

hablar		
yo	habl**o**	Hablo español.
tú	habl**as**	Hablas muy rápido.
Ud. él ella	habl**a**	Izumi habla japonés.
nosotros(as)	habl**amos**	Hablamos con Ramón.
vosotros(as)	habl**áis**	Habláis mucho de España.
Uds./ellos/ellas	habl**an**	Ellos hablan luego.

B. Verbs indicate the time *(tense)* of the action. The Spanish present tense has more than one meaning in English.

Hablo por teléfono.   *I speak (I do speak, I am speaking) on the phone.*

The present tense can replace the future tense to express immediate future action.

Estudiamos luego.   *We will study later.*

C. Unlike English, Spanish does not use a helping verb *(do)* to form questions and negative statements. Say **No** before the verb to make a negative statement. Use **No, no** *(No, . . . not)* to answer a question negatively.

No necesito el dinero.	*I **don't** need the money.*
No estoy bien.	*I **don't** feel well. (I'm **not** well.)*
¿Trabajas hoy?	*Do you work today?*
No, no trabajo hoy.	*No, I do **not** work today.*

D. Common **-ar** verbs. Note which have the built-in prepositions: *for* or *at.*

ayudar	*to help*
bailar	*to dance*
buscar	*to look <u>for</u>*
caminar	*to walk*
cocinar	*to cook*
comprar	*to buy*
dar*	*to give*
desayunar	*to have breakfast*

....

* The **yo** form of **dar** is **doy;** the other forms are regular: **das, da, damos, dais, dan.** Common expressions with **dar** are **dar un paseo** *(to take a walk or ride)*; **dar a** *(to face)*.

descansar	to rest
desear*	to wish
enseñar	to teach, to show
escuchar	to listen _to_
esperar	to wait _for_
estudiar	to study
llegar (a)	to arrive (at)
manejar	to drive
mirar	to look _at_
necesitar*	to need
participar	to participate
practicar	to practice, to play
preparar	to prepare
regresar	to return
tomar	to take, to drink
visitar	to visit
usar	to use

....

* **Desear** and **necesitar** often take an infinitive: **Deseo (Necesito) descansar.** (I wish (need) to rest.)

2.13 Which eight verbs in the previous list depict what you do most often in a day? Rank those from most often (1) to least often (8). Compare your choices with those of your **compañero(a).**

2.14 Words could have several meanings depending on context. Look at the dictionary entries for the verb **tomar** and together with your **compañero(a)** write five Spanish sentences that illustrate the different meanings. Later compare your sentences with another group of **compañeros.** Add to your list other interpretations you left out. What other Spanish verb can you use with the meaning _to drink?_

---

tomar _tr_ to take; to get; to seize; to catch; **(beber)** to drink; _____ **a bien** to take in the right spirit; _____ **a mal** to take offense at; _____ **el pelo** to make fun of.

2.15 According to the context, tell what activities these people are doing by:
a. picking and saying the appropriate verb form
b. replacing the subject with the correct pronoun
c. deemphasizing (omitting) the subject pronoun

MODELO • • • ► Marcelo... espaguetis deliciosos. (acompañar, caminar, cocinar)
        a. Marcelo **cocina** espaguetis deliciosos.
        b. **Él** cocina espaguetis deliciosos.
        c. Cocina espaguetis deliciosos.

1. Manuel... la lección de inglés. (bailar, estudiar, llegar)
    a. _____ b. _____ c. _____
2. Sarita... las llaves. (buscar, caminar, escuchar)
    a. _____ b. _____ c. _____

3. Lidia y yo no... café. (ayudar, participar, tomar)
   a. _____ **b.** _____ **c.** _____

4. Los padres... en el sofá. (caminar, descansar, regresar)
   a. _____ **b.** _____ **c.** _____

5. Cristina y su hermano... un auto grande. (cocinar, cooperar, manejar)
   a. _____ **b.** _____ **c.** _____

6. Los Molina (el Sr. y la Sra.)... un taxi. (esperar, practicar, ayudar)
   a. _____ **b.** _____ **c.** _____

7. La profesora Ferrer... las fiestas. (enseñar, celebrar, comprar)
   a. _____ **b.** _____ **c.** _____

8. Ángela y Juliana... luego a casa *(home)*. (usar, desear, regresar)
   a. _____ **b.** _____ **c.** _____

2.16 You're curious to see if your **compañero(a)** does certain activities. Ask each other the questions as cued. Afterwards **(Después)** be ready to share with the class no fewer than five activities your partner does or doesn't do.

 • • • ➤   trabajar hoy *(today)?*   ¿Trabajas hoy?
                                   Sí, (No, no) trabajo hoy. ¿Y tú?

1. estudiar hoy
2. hablar mucho por teléfono
3. desear descansar unos minutos
4. caminar a casa
5. escuchar música popular
6. llegar tarde a clase
7. usar la computadora

8. necesitar cocinar
9. participar en los deportes
10. comprar en Sears o Wal-Mart
11. buscar buenos precios *(prices)*
12. esperar los descuentos *(discounts)*
13. mirar bien el dinero
14. dar un paseo con la familia

Después

 • • • ➤   Mi compañero(a) trabaja hoy.   No desea descansar.

2.17 Ahora hágale a su profesor(a) no menos de cinco preguntas. ¿Usa el pronombre **tú** o **Ud.** con el profesor (la profesora)?

2.18 Refer to the earlier list of common **-ar** verbs and write down at least two activities you do at the times indicated. Circle those you believe your **compañero(a)** might do at the same time you do. Later compare your answers.

Por las mañanas (yo)..., ... *(In, During the morning, I . . .)*
Por las tardes...
Por las noches...

How are you feeling? /
How are you doing?

¿Cómo estás?°

bien

mal

más o menos, regular

triste

excelente

aburrido(a)

Shhh... Silencio

callado(a)

No hay problemas...

relajado(a)

¡Mucho trabajo!

muy ocupado(a)

Ay, ay, necesito descansar.

muy cansado(a)

¡Ah.....chu!

un poco enfermo(a)

muy enojado(a)

muy contento(a)

CULTURA

Colloquial or regional words enrich a language. The expression **(está) chévere** *(it is/looks cool or great)* is popular in countries bordering the Caribbean. In México something great, a hit, is referred to as **(está) padrísimo**—from the word **padre** *(father)*.

Expand your cultural understanding. Visit the *¡Saludos! / ¡Recuerdos!* **World Wide Web site**
http://www.harcourtcollege.com/spanish/saludosrecuerdos

2.19 Pick the response that most clearly shows how you would feel in the following situations. Supplement with another response (**c**) from the previous illustrations. Then compare your responses with at least two classmates. Determine whose answers are most like yours.

1. En una clase divertida _____.
   a. estoy cansado(a)
   b. estoy contento(a)
   c. estoy ¿?
2. En la biblioteca *(library)* estudio y no hablo. _____.
   a. Estoy nervioso(a)
   b. Estoy callado(a)
   c. Estoy ¿?
3. En el hospital _____.
   a. estoy enfermo(a)
   b. estoy excelente
   c. estoy ¿?

4. En un día de mucho trabajo *(work)* _____.
   a. estoy muy ocupado(a)
   b. estoy muy relajado(a)
   c. estoy ¿?
5. En una reunión monótona y larga *(long)* _____.
   a. estoy chévere
   b. estoy super aburrido(a)
   c. estoy ¿?
6. En un restaurante bueno _____.
   a. estoy enojado(a)
   b. estoy relajado(a)
   c. estoy ¿?

2.20 Use the questions below to ask your **compañero(a)** how he or she feels. Keep track of at least three responses so you can later share them with another class member.

	TÚ:	Alicia, ¿estás bien?
	ALICIA:	Sí, estoy muy bien. (No, no estoy bien.)
	TÚ:	Alicia (no) está muy bien; está...

1. ¿Estás cansado(a)?
2. ¿Estás confundido(a) *(confused)?*
3. ¿Estás enamorado(a) *(in love)?*
4. ¿Estás muy ocupado(a)?
5. ¿Estás muy callado(a)?
6. ¿Estás muy entusiasmado(a) *(enthusiastic)?*
7. ¿Estás un poco aburrido(a)?
8. ¿Estás cómodo(a) *(comfortable)?*

2.21 Now ask your instructor five of the previous questions. Would you say: **¿Estás...?** or **¿Está Ud....?**

 **structura** III. El verbo **estar**

To describe conditions

A. Spanish speakers use the forms of the verb **ser** *(to be)* to describe what is typical or characteristic of the subject. By contrast, they use **estar** (also meaning *to be*) to say how someone *feels, looks like,* or *seems to be.* Notice the stressed or accented endings on **estar.**

Lola **es** alegre *(cheerful).*

Lola tiene un día muy malo.
Ella **está** triste *(sad).*

Pero *(But)* Lola **es**
definitivamente alegre.

estar					
Singular			**Plural**		
yo	es**toy**	*I am (I feel, I'm doing . . .)*	nosotros(as)	est**amos**	*We are*
tú	est**ás**	*You (familiar) are*	vosotros(as)	est**áis**	*You (familiar) are*
Ud./él/ ella	est**á**	*You (formal) are, He, She is*	Uds./ellos/ ellas	est**án**	*You (formal) are, they are*

Alex **es** nervioso.	*Alex is nervous. (He is a nervous person by nature.)*
Rita **está** nerviosa.	*Rita is (looks) nervous.*

Los zapatos **son** nuevos.	*The shoes are (brand) new.*
Las botas **están** nuevas.	*The boots are (look) new. (They seem new despite wear.)*

B. A few adjectives change the meaning of the sentence, depending on whether they are used with **ser** or **estar**. With **ser** they describe a trait or inherent quality, but with **estar** they describe *looks* or *conditions*. Note **aburrido, sabroso,** and **listo.**

El programa es aburrido.	*The program is **boring.***
Gloria está aburrida.	*Gloria is **bored.***

El helado es sabroso.	*The ice cream **is (usually) delicious.***
La comida está sabrosa.	*The meal **tastes delicious.** (It's better than you thought.)*

Ellos son listos.	*They are **clever.***
Estamos listos.	*We're **ready** (to do something).*

These adjectives often appear with **estar** because they describe *conditions* and *not* inherent qualities.

With things; for example: **El auto (La puerta) está...**

abierto(a)	*open*	cerrado(a)	*closed*
limpio(a)	*clean*	sucio(a)	*dirty*
roto(a)	*broken*		

With people: **Él (Ella) está...**

cansado(a)	*tired*
contento(a)	*happy*

enfermo(a)	*sick, ill*
enojado(a)	*angry*
ocupado(a)	*busy*
preocupado(a)	*worried*

2.22 Describa Ud. las diferentes situaciones en la universidad. Escoja *(Choose)* entre las formas de **ser** o **estar.**

 • • • ► Mis compañeros... triste hoy.
　　　　　　　　Mis compañeros <u>están</u> tristes hoy.

1. Mario... aburrido con la lección.
2. La profesora no... una persona aburrida.
3. Linda... lista y muy inteligente también.
4. ¿... Uds. listos para *(for)* el examen?
5. Nosotros... muy ocupados ahora.
6. Los estudiantes... callados unos minutos.
7. ¿... tú enojado(a) con la computadora?
8. La computadora... rota.
9. ¡La comida en la cafetería... sabrosa hoy!
10. La pizza... generalmente sabrosa aquí.

2.23 Describa cómo **es** Ud. típicamente. Después describa cómo **está** Ud. en un día bueno y otro malo. Use no menos de tres adjetivos para cada *(each)* descripción. Luego compare las descripciones con su compañero(a). ¿Cuáles de las descripciones son idénticas?

1. Típicamente soy..., ... y ...
2. En un día malo estoy..., ... y ...
3. En un día super bueno estoy..., ... y ...

 **structura** IV. El verbo **estar** + en un lugar°

en... in a place

To express location

Spanish also uses **estar** to say where someone (something) is located.

| ¿Dónde está el correo? | *Where's the post office?* |
| Está en la plaza. | *It's in the square.* |

| ¿Dónde estás a las cinco? | *Where are you at five o'clock?* |
| Estoy en casa. | *I'm at home.* |

These are common phrases that indicate location:

aquí	*here*
allí	*there*
a la derecha	*to the right*
a la izquierda	*to the left*
todo derecho	*straight ahead*

2.24 Pregúntele a su compañero(a) dónde están las personas a las horas indicadas. Él (Ella) contesta con la información a continuación *(following)*.

MODELO • • • ► tú / 9:00   ¿Dónde estás a las nueve?
                                Estoy en la universidad.

1. tú / 11:00	**3.** Julia / 9:00	**6.** Andrés y Linda / 9:00
2. tú / 12:00	**4.** Julia / 10:00	**7.** ellos / 10:00
	5. ella / 12:00	**8.** ellos / 11:00

la información:

	tú	Julia	Andrés y Linda
9:00	universidad	trabajo	casa
10:00	gimnasio	cafetería	clase de español
11:00	aquí	oficina	biblioteca
12:00	casa	trabajo	allí

2.25 Su compañero(a) le pregunta dónde están los siguientes lugares en la universidad. Contéstele según la información indicada.

MODELO • • • ► la administración / todo derecho
                    ¿Dónde está la administración?
                    Está todo derecho.

1. la cafetería / a la izquierda
2. la biblioteca / allí
3. el gimnasio / a la derecha
4. la enfermería / todo derecho
5. los laboratorios de ciencia *(science)* / a la derecha
6. los estacionamientos *(parking)* / allí, a la izquierda

2.26 Take turns in telling where several places are on your campus from different starting points. Use the places under **De aquí** as starting points and those under **destino** as destinations.

MODELO • • • ►

De aquí	destino
(la biblioteca)	la cafetería → Desde aquí la cafetería está...

De aquí	destino
1. (la clase de español)	el gimnasio
2. (la administración)	los estacionamientos
3. (los laboratorios de ciencia)	la librería *(bookstore)*
4. (la librería)	la cafetería
5. (el gimnasio)	el edificio... *(building)*
6. ¿...?	¿...?

¡OJO!

Note that *la biblioteca* means *library,* but *la librería* refers to *bookstore.*

Estructura V. Resumen de **ser** y **estar**

To contrast uses of **ser** and **estar**

A. **Ser:**

1. to identify *who* or *what* the subject is

ser + sustantivo *(noun)*

La Sra. Lara es **maestra** y **consejera.**   *Mrs. Lara is a teacher and adviser.*

2. with adjectives: to describe typical, inherent qualities

Ella es alta y atractiva.   *She's tall and attractive.*
Es simpática y amable.   *She's nice and kind.*

3. to say where the subject *is from*

La señora es **de** Granada, España.

   You can also express origin using ser + nationality.

Ella es española.   *She's Spanish.*

B. **Estar:**

1. to give the location of the subject

La señora Lara está **en** California.   *Mrs. Lara is in California.*

2. with adjectives: to describe how the subject looks or appears to you.

Hoy la señora está cansada y un   *Today the lady is (looks) tired*
poco enferma.   *and a bit sick.*

2.27 Describa la familia de Patricia y sus vacaciones. Use la forma correcta de **ser** o **estar.**

   1. Patricia y su familia _____ expresivos y sociables.
   2. Cristina y Alberto _____ sus padres.
   3. Miguelito _____ su hermano.
   4. Ellos _____ de Nueva York
   5. Pero ahora *(But now)* _____ en Cancún, México.
   6. Ellos _____ turistas.
   7. La playa *(beach)* de Cancún _____ muy bonita.
   8. Ellos _____ contentos y relajados allí.
   9. No _____ aburridos ni *(nor)* preocupados.
   10. En resumen, Cancún _____ una ciudad ideal para las vacaciones.

2.28 Imagínese que Ud. está de vacaciones *(on vacation)*. Escriba dos tarjetas postales de diferentes lugares a sus amigos. Mencione: **dónde está, cómo está, cómo es el lugar** *(place)*.

MODELO • • • ► Queridos amigos,
Aquí estoy en... Estoy... El lugar es...
Tu amigo(a)

Vamos a leer

2.29 Cristina es una de las personalidades más conocidas *(best known)* de la televisión hispanoamericana. Sus programas son informativos y provocativos. ¿Cómo es su personalidad? Lea Ud. el siguiente artículo.

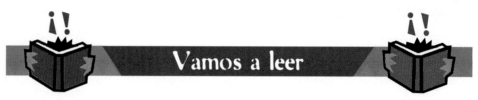

CRISTINA

No necesita su apellido Saralegui. Es la única mujer en los Estados Unidos con un programa diario en español al estilo de los famosos *talk-shows* de la televisión en inglés.

network
lifestyle
sure of herself

Su programa, *Cristina,* se trasmite desde Miami por la cadena° Univisión para una audiencia de 100 millones. Fascinante en su personalidad y en su estilo de vida,° es una mujer extrovertida, directa, incisiva y segura de sí misma,° que explora los problemas (anti)convencionales.

(Adaptación de *Éxito,* 18 de junio, 1997)

Our Father, Who art in Heaven

2.30 *Padre nuestro que estás en los cielos°*

Chile, a stable democracy, suffered political oppression during the 1970s. Notice in the following brief scene how the theme of oppression plays out between the innocence of a little boy and the manipulation of a captain. What two plays on words does Urbina use?

Practice saying **las palabras esenciales** in Spanish several times aloud. Then take turns with two other classmates in acting out the scene: The first one is **el/la comentarista** who reads the opening and closing lines, the second is **el capitán,** and the third, **el niño.** Use appropriate voice intonation and gestures.

Las palabras esenciales	**Essential words**		
el cielo	*heaven, ceiling*	dar a	*to face, lead to*
el entretecho	*attic*	descubrir	*to discover*
la vista	*(eye)sight*	interrogar	*to ask, interrogate*
mientras	*while*	levantar	*to lift*
bajar	*to come down*	llevar	*to take*
comer	*to eat*		

Padre nuestro que estás en los cielos
(Adaptación)
José Leandro Urbina

Mientras el sargento° interroga a la madre y a su hermana, el capitán lleva al niño a otro cuarto.°

sargeant
a... to another room

CAPITÁN: ¿Dónde está tu padre?

NIÑO: (*En voz baja°*) Está en el cielo.

CAPITÁN: (*Asombrado°*) ¿Cómo? ¿Está muerto?°

NIÑO: No. Todas las noches° él baja a comer con nosotros.

En... In a low voice
Astonished / dead
Todas... Every night

El capitán levanta la vista y descubre la pequeña puerta que° da al entretecho.

that

2.31 Conteste Ud. cierto o falso.

1. El sargento interroga al niño.
2. La mamá está en otro cuarto.
3. El padre está en la casa.
4. El padre está muerto.
5. Él baja a comer con el capitán.
6. **Padre** significa en inglés: *father/God.*
7. **Cielo** significa: *heaven/soul.*
8. El niño es inocente y el capitan es manipulador.

2.32 Retell the story to your **compañero(a)** in narrative form. Fill in the missing words from your recollection of the story. Later ask him (her) to do likewise, but glancing at the clues below only if necessary.

Mientras el _____ interroga a la _____ y a su

_____, el capitán _____ al niño a otro _____. El

capitán le pregunta al niño dónde _____ su _____.

El niño, en voz _____, le contesta que su padre está en el

_____.

El capitán está asombrado y le pregunta ¿Cómo? ¿Está _____?

El niño le contesta que no y que todas las _____ baja a _____

con ellos.

El capitán _____ la vista y descubre la pequeña _____ que

_____ al entretecho.

 **Vamos a escuchar**

2.33 Preview the questions on this page to help you focus your attention. Then listen on your CD to a young woman describe her **abuelito.** Remember, you don't need to know every single word to get the gist of the description. Rely on context and surrounding words.

1. El abuelo se llama _____
   a. Ramiro González.
   b. Nicolás Ramírez.
   c. Nacho Rodrigo.
2. El abuelo es de _____
   a. San Jacinto.
   b. San José.
   c. San Juan.
3. El abuelito está ahora en _____
   a. Nueva York.
   b. Puerto Rico.
   c. la Florida.
4. El abuelito está _____
   a. aburrido.
   b. cansado.
   c. ni *(neither)* **a** ni *(nor)* **b.**

5. Él *no* es _____
   a. tímido.
   b. amable.
   c. expresivo.

6. Él coopera con _____
   a. la casa
   b. los niños.
   c. **a** y **b.**

7. Al abuelo le gusta _____
   a. leer.
   b. escuchar música.
   c. **a** y **b.**

8. Su guitarrista favorito es _____
   a. Andrés Segovia.
   b. Joaquín Rodrigo.
   c. Carlos Montoya.

9. El abuelo tiene *(has)* _____
   a. muchas guitarras.
   b. muchos discos compactos (CDs).
   c. muchos videos.

10. El abuelito también practica _____
   a. el fútbol.
   b. el tenis.
   c. ni **a** ni **b.**

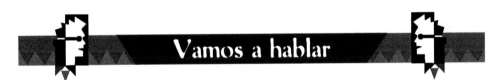

Vamos a hablar

2.34 You want to know if your classmate does the same things you do in a day. Choose the ten activities you do most often from the list. Mention each to your classmate and then ask if he/she does the same.

 • • • ► trabajar   Trabajo. Y tú, ¿trabajas?
                           Sí, (No, no) trabajo.

estudiar	visitar la biblioteca
cocinar	usar el correo electrónico
desayunar	ayudar en casa
enseñar	tomar vitaminas
manejar	comprar refrescos *(sodas, soft drinks)*
practicar deportes	hablar por teléfono
dar un paseo	bailar
escuchar música	

Next, tell another classmate what activities you and your first classmate have in common.

 • • • ►   Él (Ella) y yo trabajamos.

2.35 Imagine you and your classmate are familiar with Mario's family. Complete the missing portions of his family (as you wish) in the following grid. Then, take turns describing each of Mario's relatives.

 **MODELO** • • • • ➤   Manolo Toledo es el padre de Mario.
                                 Está en el trabajo.
                                 Es serio.
                                 Está ocupado.

	relación	está(n) en	es (son)	está(n)
Manolo Toledo	el padre	el trabajo	¿...?	ocupado
Clara Toledo	¿...?	la oficina	simpática	¿...?
Rita	la medio hermana	la universidad	¿...?	enojada
Nelson	¿...?	¿...?	guapo	¿...?
Rosario y Andrés	los primos	Venezuela	¿...?	contentos

  Vamos a escribir

2.36 Describe in as much detail as possible who you are. Mention origin and personality traits. Say where you are now and how you feel. Include what activities and things you like or don't like.

2.37 Describe one member of your family in as much detail as you did in the previous **Actividad.** Mention what activities and things that person likes or doesn't like: **Le gusta(n)... No le gusta(n)...**

2.38 Refer to the following list of activities and write down eight you probably do on weekends.

 **MODELO** • • • • ➤   escuchar música → Escucho música.

trabajar en casa   hablar por teléfono
cocinar para la familia   tomar café
comprar en el supermercado   practicar deportes (sports)
preparar un buen desayuno   visitar a la familia
estudiar para las clases   manejar un poco
dar un paseo   descansar en casa
escuchar música   usar la computadora

_____   _____
_____   _____
_____   _____
_____   _____

Compare your activities with those of your **compañero(a)** and write down five he/she does similarly.

MODELO • • • ► Mi compañero(a) escucha música también.

_____   _____
_____   _____
_____   _____

Now rewrite those activities you and your **compañero(a)** have in common.

MODELO • • • ► (Nosotros/as) escuchamos música.

_____   _____
_____   _____
_____   _____

http://www.harcourtcollege.com/spanish/saludosrecuerdos

Vamos a explorar el ciberespacio

THE FAMILY

Many people in the Spanish-speaking world have home pages on the Web. The importance of the family among Hispanics is evidenced by the many home pages that have photographs and information about the site owner's family. In a family-sponsored site, it is common to find links to photographs of the family and to the relatives. Remember that personal Web pages are subject to the same technical problems as commercial ones.

Some useful words to know when viewing family-sponsored Web pages.

Lic. _abbreviation of_ **Licenciado,** _title usually used for a lawyer_
la boda _wedding_
la mascota _pet_
el jefe de familia _head of the family_

The World Wide Web offers many fascinating sites throughout the Spanish-speaking world dealing with the cultural topics in this lesson. Take a virtual field trip. Go to http://www.harcourtcollege.com/spanish/saludos recuerdos to discover more.

EN VIVO – CULTURA

Before viewing the cultural video segment for this lesson, please study the following **Vocabulario** and **Preparación** sections. Then view the video (several times if necessary) and answer the questions or do the activities in the **Comprensión** section.

Vocabulario

Video *vocabularios* are simply for recognition purposes to help you more fully understand the segments. You are not expected to produce the vocabulary shown here.

además	*besides*	la llaman	*they call it*
la belleza	*beauty*	más antiguas	*oldest*
el bosque	*forest*	muchas	*many*
el castillo	*castle*	muy	*very*
construida	*built*	orgulloso	*proud*
el destino	*destination*	la perla	*pearl*
el edificio	*building*	la playa	*beach*
encantadora	*enchanting*	el ponceño	*inhabitant of Ponce*
el encanto	*enchantment*		
los españoles	*the Spanish*	raros	*rare*
la flor	*flower*	se encuentra	*is found*
la fortaleza	*fortress*	la segunda ciudad más grande	*second-largest city*
grande	*great*		
hacen juego con	*to match*	el siglo	*century*
hoy	*today*	el sur	*south*
la isla	*island*	viejo	*old*

Preparación

Guess the meaning of the following words. While watching the video, circle each one as you hear it.

animales
capital
colores
especies
espectacular
espléndida
históricos
monumentos
multicolores
naturales
refugio
turístico

Comprensión

A.   Select the word or phrase that best completes each statement, according to what you understood.

1. El Yunque es (una playa, un bosque) espectacular.
2. San Felipe del Morro es (un castillo, una ciudad).
3. Hoy San Juan es un importante (destino, bosque) turístico.
4. Ponce es (una ciudad, una fortaleza).

B. Read the following statements. After watching the video, circle **C** (Cierto) or **F** (Falso), according to what you understood.

C F **1.** Puerto Rico es una isla.
C F **2.** San Felipe del Morro está en el viejo San Juan.
C F **3.** Ponce es la capital de Puerto Rico.
C F **4.** San Juan se llama «la Perla del Sur».

SELF-TEST

How well have you mastered this lesson? To find out, take the self test found on the ¡Saludos! Web site at http://www.harcourtcollege.com/spanish/saludos recuerdos.

Las comidas

3

Comunicación
- Order food in a restaurant
- Express destination and future actions
- Talk about other activities in the present
- Ask routine information questions
- Express acquaintance and knowing
- Talk about dates, weather, and seasons

Estructuras
- Sounds of **s, z, c**
- **ir a/ir a** + infinitive
- **a + el = al**
- Present tense of regular **-er/-ir** verbs
- Question words
- The personal **a**
- **conocer** vs. **saber**
- The calendar

Visit the *¡Saludos!* World Wide Web site:
http://www.harcourtcollege.com/spanish/saludosrecuerdos

Cultura
- Regional Hispanic foods
- Climate and seasons
- Perspectives on Velázquez's *La vieja cocinera*

Conexiones
- *Vamos a leer*
  Schedules and meals
  Una fábula de Esopo: «La mujer y la gallina»
- *Vamos a escuchar*
  Gathering biographical data
- *Vamos a hablar*
  Listing foods
- *Vamos a escribir*
  Writing a restaurant dialogue scene
- *Vamos a explorar el ciberespacio*
  Restaurants

The *¡Saludos!* CD-ROM offers additional language practice and cultural information.

CD-ROM
CD-ROM

¡Adelante!

Sara es de los Estados Unidos y ahora estudia español en México. Ella invita a almorzar *(to have lunch)* a Rosario, su amiga mexicana de la universidad. Las dos jóvenes conversan en el restaurante.

Listen	
¡Ay,... Gee, I'm starved!	ROSARIO: Oye,° Sara. Aquí preparan unos chilaquiles... umm, umm, muy deliciosos. ¡Ay, qué hambre tengo!°
no... I don't know	SARA: Y yo también. Perdón, Rosario, pero no sé° qué son **chilaquiles.**
little pieces / sauce / cheese	ROSARIO: Pues, son pedacitos° de tortilla mexicana con salsa° y queso.°
Voy... I'm going to ask for them	SARA: Está bien. Voy a pedirlos° y también unas fajitas.
yo... I'm going to eat	ROSARIO: Y yo voy a comer° unos chilaquiles y unas enchiladas. Bueno, aquí viene el mesero.° Tú lo conoces, ¿no?°
aquí... here comes the waiter / Tú... You know him, don't you?	
right?	SARA: Oh, sí. Es compañero de la universidad. Es guapo, ¿verdad?°
¡Chis,... Sh, sh!	ROSARIO: ¡Chis, chis!° No sé... no sé...

¡OJO!

1. La palabra comida significa *food* y también *the (main) meal of the day.*
2. Generally in Spanish invitar *(to invite)* implies that the one who extends the invitation also pays the bill (pagar la cuenta).
3. En México se dice *mesero(a) (waiter, waitress)* pero en otros países se usa *camarero(a)/mozo(a).*

Actividades

3.1 Complete Ud. las frases. Use la información en el diálogo y otra *(other)* que Ud. invente. Léale a su compañero(a) las frases completas. Él (Ella) dice *(says)* cierto o falso según el diálogo. Su compañero(a) necesita cambiar las frases falsas a ciertas. Prepare no menos de tres frases falsas.

 • • • ►   UD.:   Sara es de (Colombia).
COMPAÑERO(A):   Falso. Sara es de <u>los Estados Unidos.</u>

1. Sara estudia _____.
2. Su amiga se llama _____.
3. Las dos jóvenes están en _____.
4. Sara no sabe *(doesn't know)* qué son _____.
5. Los chilaquiles son _____.
6. Sara va a pedir *(is going to ask for)* también _____.
7. Rosario va a comer _____.
8. El mesero es _____.

Las verduras y las legumbres (vegetables)

el aguacate	*avocado*	el maíz	*corn*
el arroz	*rice*	las papas	*potatoes*
la cebolla	*onion*	el tomate	*tomato*
los frijoles	*beans*	la zanahoria	*carrot*
la lechuga	*lettuce*		

Las frutas

el coco	*coconut*	el plátano	*banana*
las fresas	*strawberries*	la toronja	*grapefruit*
la guayaba	*guava*	las uvas	*grapes*
el limón	*lemon*		
la manzana	*apple*	el jugo	*juice*
la naranja	*orange*	de naranja	*orange juice*
la pera	*pear*	de toronja	*grapefruit juice*
la piña	*pineapple*		

Las carnes y los pescados (meat and fish)

el bistec	*steak*	los mariscos	*shellfish*
la carne de res	*beef*	el pavo	*turkey*
la carne de ternera	*veal (calf)*	el pollo (frito)	*(fried) chicken*
el chorizo	*Spanish sausage*	el puerco (asado)	*(roast) pork*

Otras comidas

la empanada	*turnover*	el pastel (México)	*cake*
la ensalada	*salad*	el potaje	*stew*
la galleta	*cracker*	el queso	*cheese*
la galleta dulce	*cookie*	la sopa	*soup*
el huevo	*egg*	de pollo	*chicken soup*
el jamón	*ham*	de tomate	*tomato soup*

Los condimentos (seasonings)

el aceite	*oil*		la sal	*salt*
el azúcar	*sugar*		la salsa	*sauce*
la mantequilla	*butter*		el vinagre	*vinegar*
la pimienta	*pepper*			

¡OJO!

Food names could vary by region; for example:

	México	**Otros Lugares**
peach	el durazno	el melocotón
string bean	el ejote	la habichuela
tomato	el jitomate	el tomate
peanut	el cacahuate	el maní
turkey	el guajolote	el pavo

Los utensilios

la copa	*wine glass*		la servilleta	*napkin*
la cuchara	*tablespoon*		la taza	*cup*
la cucharita	*teaspoon*		el tenedor	*fork*
el cuchillo	*knife*		el vaso	*(drinking) glass*
el plato	*dish*			

Los días de la semana y los meses del año

el lunes	*Monday*		<u>la primavera</u>	*spring*
el martes	*Tuesday*		marzo	*March*
el miércoles	*Wednesday*		abril	*April*
el jueves	*Thursday*		mayo	*May*
el viernes	*Friday*			
el sábado	*Saturday*		<u>el verano</u>	*summer*
el domingo	*Sunday*		junio	*June*
el fin de semana	*weekend*		julio	*July*
			agosto	*August*
ayer	*yesterday*			
hoy	*today*		<u>el otoño</u>	*fall*
mañana	*tomorrow*		septiembre	*September*
			octubre	*October*
<u>el invierno</u>	*winter*		noviembre	*November*
diciembre	*December*			
enero	*January*			
febrero	*February*			

¿Qué tiempo hace? (How's the weather?)

Hace buen tiempo.	*The weather is fine.*
Hace mal tiempo.	*The weather is bad.*
Hace (mucho) sol.	*It's (very) sunny.*
Hace (mucho) calor.	*It's (very) hot.*
Hace fresco.	*It's cool.*
Hace (mucho) frío	*It's (very) cold.*

Hace (mucho) viento.	*It's (very) windy.*
Está lloviendo ahora.	*It's raining now.*
Llueve frecuentemente.	*It rains frequently.*
Está nevando.	*It's snowing.*
Nieva.	*It snows.*

Palabras y frases interrogativas

¿Cómo?	*How?*	¿A quién(es)	*Whom?*
¿Dónde?	*Where?*	¿De quién(es)	*Whose?*
¿De dónde?	*Where (from)?*	¿Cuál(es)	*Which (ones)?*
¿Adónde?	*Where (to)?*	¿Cuánto(a)?	*How much?*
¿Cuándo?	*When?*	¿Cuántos(as)?	*How many?*
¿Qué?	*What?*	¿Por qué?	*Why?*
¿Quién(es)?	*Who?*	(porque)	*(because)*

Verbos

abrir	*to open*	deber + *infinitive*	*should, ought to*
aprender	*to learn*	escribir	*to write*
asistir a	*to attend*	leer	*to read*
comer	*to eat*	recibir	*to receive*
compartir	*to share*	saber (sé)	*to know facts,*
comprender	*to understand*		*to know how to*
conocer	*to know a person,*	vender	*to sell*
(conozco)	*a thing; to be*	ver (veo)	*to see, to watch*
	acquainted with	vivir	*to live*
creer	*to believe*		

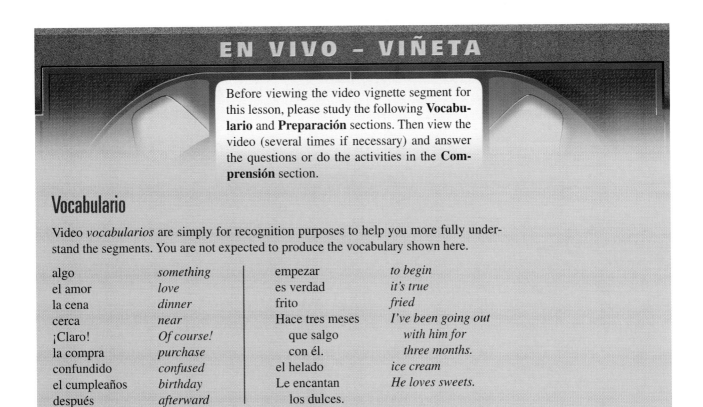

EN VIVO – VIÑETA

Before viewing the video vignette segment for this lesson, please study the following **Vocabulario** and **Preparación** sections. Then view the video (several times if necessary) and answer the questions or do the activities in the **Comprensión** section.

Vocabulario

Video *vocabularios* are simply for recognition purposes to help you more fully understand the segments. You are not expected to produce the vocabulary shown here.

algo	*something*	empezar	*to begin*
el amor	*love*	es verdad	*it's true*
la cena	*dinner*	frito	*fried*
cerca	*near*	Hace tres meses	*I've been going out*
¡Claro!	*Of course!*	que salgo	*with him for*
la compra	*purchase*	con él.	*three months.*
confundido	*confused*	el helado	*ice cream*
el cumpleaños	*birthday*	Le encantan	*He loves sweets.*
después	*afterward*	los dulces.	

Les va a gustar.	*You're going to like it.*	rico	*delicious*
ligero	*light* (adj.)	servir	*to serve*
¿Me puedes	*Can you*	sólo	*only*
ayudar?	*help me?*	Tengo hambre.	*I'm hungry.*
el pescado	*fish*	la tienda	*store*
el postre	*dessert*	¿Tienes tiempo?	*Do you have time?*
recomiendo	*I recommend*	todo	*everything*
el refresco	*soft drink*	trabajar	*to work*
		voy a...	*I'm going to...*

Preparación

Imagine that you are going to prepare a special dinner for someone. Make a list in Spanish of things to buy at the grocery store and then circle the ones you see or hear as you watch the video.

Comprensión

A. Read the following statements. After watching the video, circle C (cierto) or F (falso), according to what you understood.

C F **1.** A Javier le gustan los dulces.
C F **2.** Mónica trabaja en la tienda.
C F **3.** Andrea compra pasteles.
C F **4.** Lalo conoce toda la tienda.
C F **5.** Mónica recomienda el pescado.

B. Match the people's names with what they say in the video.

a. Andrea   b. Mónica   c. Lalo

_____ **1.** No sé... pescado o bistec con papas fritas.
_____ **2.** Conozco toda la tienda. ¿Necesitas algo?
_____ **3.** ¡Ay, qué frío!
_____ **4.** Un amor grande necesita un postre grande.
_____ **5.** Y una cuchara grande.

Pronunciación

The sounds **s, z,** and **c-** before **-e** or **-i** in Latin America are pronounced like **s** in *sit.* *

salsa   sí   solo   diez   Arizona   **ce**ro   **ci**nco   San Fran**ci**sco

Unlike English, the **-s-** between vowels is *not* voiced (the *z* sound of English). This also applies to **z.**

*In Spain **z** and **c-** before **-e** or **-i** are pronounced like *th* in *thin.*

casa	azúcar	Venezuela	presidente	cerveza *(beer)*
lazo	mesa	música	razón *(reason)*	clase

Make sure you keep the **s** sound in the endings **-sión** and **-ción** and avoid the English *-shun.*

can**ción**   na**ción**   esta**ción**   confu**sión**   mi**sión**   pa**sión**

c before **-a, -o,** and **-u** has a hard **k** sound like *c* in *Coca-Cola.*

café   ¿cómo?   curva

Gestos relacionados con comer

¡Delicioso!
¡Sabroso!

Tengo (mucha) hambre.
(I'm [very] hungry.)

¡Vamos a comer!
(Let's eat!)

3.2 Dramaticen Ud. y su compañero(a) el diálogo anterior. Usen sus nombres y otras comidas favoritas. Incluyan los gestos apropiados.

Tomatillos
Café y Cantina

Antojitos
(Appetizers)

Tomatillos Quesadillas 6.95
Grilled flour tortillas filled with beef or chicken fajitas and Monterrey Jack cheese, served with guacamole, pico de gallo, sour cream and jalapeños

Tomatillos Nachos Especial 5.50
Your choice of beef or chicken fajitas atop our traditional bean and cheese nachos

with guacamole 6.50

Mas Grande Appetizer Platter 11.95
A great sampling of Tomatillos' best appetizers!

1 vegetable quesadilla, 4 fajita nachos, 4 taquitos, 4 stuffed jalapeños and chili con queso, served with guacamole, sour cream and pico de gallo
Enough for 4 or more!

En un restaurante de San Antonio, Texas. ¿Qué antojitos *(appetizers)* le gustan más a Ud.?

¿Le gusta la salsa picante *(spicy)* o no picante?

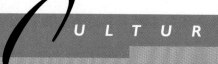

Los chilaquiles

La palabra **chilaquiles** significa **viejo sombrero roto**° en la lengua de los aztecas. Pero **vieja tortilla rota** es más exacto porque los chilaquiles se preparan con pedacitos de tortilla vieja. Se fríen en aceite° y luego se cubren° con salsa y queso. Hay diferentes versiones con pollo° o chorizo.°

viejo... old worn hat

Se... are fried in oil / se... are covered / chicken / Spanish sausage

**Expand your cultural understanding. Visit the ¡*Saludos!* / ¡*Recuerdos!* World Wide Web site
http://www.harcourtcollege.com/spanish/saludosrecuerdos**

3.3 Escriba una lista de todas las comidas (tejanas) mexicanas que conoce *(you are familiar with)*. A la derecha de cada comida indique cuánto *(how much)* le gusta cada una. Use esta clasificación a continuación para expresar su gusto:

Me gusta(n) muchísimo.
Me gusta(n) mucho.
Me gusta(n) un poco.
No me gusta(n) nada *(at all).*

 los nachos con salsa
Me gustan mucho.

Luego, pregúntele a su compañero(a) cuánto le gustan las comidas que Ud. tiene en su lista.

 ¿Cuánto te gusta(n)... ?

CULTURA

Las comidas

la paella
Es de arroz, pollo y mariscos.
(It's made of rice, chicken, and shellfish.)

las empanadas *(turnovers)*
Son de carne *(meat).*

la parrillada
(grilled meats)

La comida de los hispanos varía de una región a otra. No todos comen tortillas de maíz° y comida picante. Por ejemplo, los tacos y las enchiladas son típicos de México y no de España. Los españoles prefieren el pescado,° los potajes° y la paella, que se prepara con arroz, pollo y mariscos.

corn

fish / stews

Continued

CULTURA

Las comidas cont'd

el puerco asado
(roast pork)

*En México y
España **plátano**
significa *banana.*
En Hispanoa-
mérica se dis-
tingue entre *(be-
tween)* la banana,
que se come
cruda *(raw)* y el
plátano *(plan-
tain),* que se
cocina.

Los latinoamericanos comen carne con papas,° arroz o pasta.
En particular, los argentinos comen parrilladas. En cambio,° a
los españoles les gusta la carne de ternera.° También muchos
hispanos preparan empanadas de distintas carnes.

El arroz con pollo, el puerco asado, los plátanos,* los frijoles°
y los aguacates° son típicas comidas sabrosas del Caribe.
Además, en las zonas tropicales se cultivan naranjas,°
limones, mangos, papayas, coco,° guayabas° y muchas otras
frutas. Las frutas se sirven° frecuentemente en dulce.°

potatoes
En... On the other hand
veal (calf)

beans
avocado
oranges
coconut / guavas
se... are served / pre-
serves

melocotón

mango

banana

piña

toronja

limón

uvas

manzana

naranja

Las frutas

 **Expand your cultural understanding. Visit the ¡Saludos! /
¡Recuerdos! World Wide Web site
http://www.harcourtcollege.com/spanish/saludosrecuerdos**

3.4 Refiérase a la siguiente lista y escriba todas las comidas que tienen carne. Luego compare su lista con la (lista) de su compañero(a).

las enchiladas   la carne de ternera
los plátanos   los nachos con queso
el puerco asado   la parrillada
los frijoles   los tamales
los potajes   el dulce de coco
el arroz con pollo   las papayas
la paella   los mangos y las guayabas
el coctel de aguacate

3.5 Túrnense *(Take turns)* para indicar cuáles *(which)* de las comidas anteriores son típicas de Hispanoamérica y cuáles de España.

En un restaurante muy mediocre.

EL MESERO: En el menú usted puede ver° prácticamente toda la comida que preparamos.   *usted... you can see*

EL CLIENTE: Sí, eso veo.° Pero, ¿puede traerme° un menú limpio°?   *veo... I see that / bring me / clean*

3.6 Escuche Ud. a su profesor(a) pronunciar los nombres de los utensilios. Repita los nombres cinco o seis veces *(times)* mientras señala cada utensilio en su libro. Luego su compañero(a) y usted cubren los nombres y se turnan para nombrar y señalar los utensilios.

1. la pimienta   4. la copa   7. el plato   10. la cucharita
2. la sal   5. el pan*   8. la servilleta   11. la cuchara
3. el vaso   6. el tenedor   9. el cuchillo   12. la taza y el platillo**

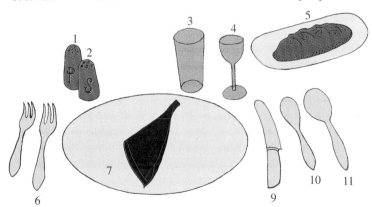

Ponemos la mesa *(We set the table).*

....

* Except for breakfast, Spanish speakers generally eat bread without butter (**mantequilla**).

** The cup and saucer are not on the table because coffee is an after-dinner drink.

3.7 A continuación escoja la respuesta correcta entre paréntesis según el contexto. Después comparta las respuestas con su compañero(a), excepto que en tres o cuatro frases Ud. le dice *(say)* la respuesta incorrecta. Él (Ella) debe corregir *(should correct)* los errores.

MODELO • • • • ►

UD.:	Necesitamos (el vaso, el cuchillo) para cortar *(to cut)* la carne. Necesitamos el vaso para cortar la carne.
COMPAÑERO(A):	¡No! Necesitamos el cuchillo para cortar la carne.

1. Necesitamos (la taza, el tenedor) para la ensalada *(salad)*.
2. Necesitamos (el cuchillo, la cuchara) para la sopa *(soup)*.
3. Usamos (el tenedor, el vaso) para los espaguetis.
4. Usamos la sal y (la servilleta, la pimienta) para dar mejor sabor *(flavor)*.
5. Tomamos café en (una copa, una taza).
6. Tomamos agua *(water)* en (un plato, un vaso).
7. Cortamos el bistec *(steak)* con (el cuchillo, la cuchara).
8. Usamos (la mantequilla, la servilleta) para limpiarnos la boca *(to wipe our mouth)*.
9. Necesitamos (una cucharita, un tenedor) para el azúcar *(sugar)*.

Estructura I. Ir a / Ir a + infinitivo

To express destination and future actions

A. Use the verb forms of **ir** *(to go)* + **a** + *place* to say where someone is going. Note that generally the verb endings follow the basic pattern.

ir					
yo	**voy**	*I go, I do go, I'm going*	nosotros(as)	**vamos**	
tú	**vas**		vosotros(as)	**vais**	
Ud./él/ella	**va**		Uds./ellos/ellas	**van**	

¿Adónde vas?	*Where are you going?*
Voy al correo.	*I'm going to the post office.*

¡OJO!

When *a* is followed by the definite article *el*, both contract to *al*.

a + el = al   Vamos <u>al</u> banco y no a las tiendas.

B. Use the forms of **ir a** + *infinitive* to say *what someone is going to do*.

¿Qué vas a hacer luego?	*What are you going to do later?*
Voy a estudiar y comer.	*I'm going to study and eat.*

> **Vamos a + infinitive** may either express a future action or a suggestion (in the affirmative) equivalent to **Let's . . .!**

Vamos a esperar.   *We're going to wait.*
¡Vamos a comer!   *Let's eat!*

3.8 Pregúntele a su compañero(a) si va a estos lugares hoy. Luego comparta *(share)* las respuestas con la clase.

 • • • ► el cine *(the movies)*   Julia, ¿vas al cine hoy?
Sí, (No, no) voy al cine.

1. el correo
2. las tiendas
3. la farmacia
4. el mercado *(market)*
5. el banco

6. la iglesia *(church)* / el templo
7. las clases
8. la biblioteca
9. el gimnasio
10. el partido *(game)* de baloncesto

Luego

 • • • ►   Julia (no) va al cine hoy.

3.9 Ud. y su compañero(a) elijan (choose) cinco lugares adónde *(to where)* van o no van hoy. Luego, compartan la información con la clase.

MODELO • • • ►   Mi compañero(a) y yo vamos al trabajo.
No vamos al cine.

3.10 Pregúntele a su compañero(a) cuándo las personas mencionadas a continuación van a hacer diferentes actividades. Él (Ella) contesta con la información indicada. Hágale no menos de tres preguntas por cada *(per each)* grupo.

MODELO • • • ►   ¿Cuándo va a estudiar Lorenzo?
(Él) va a estudiar luego.

¿Cuándo vas a descansar?
Voy a descansar el fin de semana *(weekend)*.

¿Cuándo van a practicar deportes tus amigos y tú?
Vamos a practicar (deportes) mañana.

Grupos:	Lorenzo	Sara y Rosario	tú	tú y tus amigos
luego	estudiar	ver *(watch)* la televisión	regresar aquí	usar la computadora
esta tarde *(this afternoon)*	ir de compras *(go shopping)*	necesitar ayuda	trabajar	dar un paseo
mañana	hablar con la familia	estar en casa	pagar las cuentas *(pay the bills)*	practicar deportes
el fin de semana	correr	comer en un restaurante	descansar	lavar la ropa *(wash clothes)*

 3.11 Piense Ud. en *(Think about)* cinco actividades que va a hacer *(do)* el fin de semana. Mencione las actividades a su compañero(a) y pregúntele si él (ella) también va a hacer las actividades.

> Ud.:   Voy a comer en un restaurante el fin de semana.
>   ¿Y tú? ¿Vas a comer también en un restaurante?
> Su compañero(a):   Sí, (No, no) voy a comer en un restaurante.

II. El presente de los verbos regulares -er, -ir

To talk about other activities in the present

A. In addition to **-ar** verbs, Spanish has two other smaller—but important—groups of infinitives that end in **-er** and **-ir.** To form the present tense of these verbs, drop the infinitive marker and add the following set of endings below. Note that the endings are the same for the two types of verbs except for the **nosotros(as)** and **vosotros(as)** forms.

comer *(to eat)*			
yo	como	nosotros(as)	com**emos**
tú	comes	vosotros(as)	com**éis**
Ud./él/ella	come	Uds./ellos/ellas	com**en**

vivir *(to live)*	
vivo	viv**imos**
vives	viv**ís**
vive	viv**en**

Me gusta vivir pobre, pero
con mucho dinero.
—Pablo Picasso

¿Cuál es la contradicción
aquí?

Other Common *-er* and *-ir* Verbs:

abrir	*to open*	**¿A qué hora abren Uds.?**
aprender	*to learn*	**Aprendemos el vocabulario.**
asistir a	*to attend*	**Asisto a las clases.**
compartir	*to share*	**Compartimos la papas fritas *(French fries).***
comprender	*to understand*	**¿Comprendes la carta *(letter)*?**
creer	*to believe*	**Creo que ellos no están en casa.**
deber + infinitive	*should, ought to*	**Uds. deben probar *(to try)* las enchiladas.**
escribir	*to write*	**Pámela escribe las tarjetas postales.**
leer	*to read*	**¿Lees el periódico *(newspaper)*?**
recibir	*to receive*	**No recibo revistas *(magazines).***
vender	*to sell*	**¿Dónde venden refrescos *(refreshments)*?**
ver	*to see, to watch*	**Veo la televisión.**

Ver retains the *-e-* in the *yo* form: *veo, ves, ve, vemos, veis, ven.*

¡OJO!

3.12 Escoja Ud. cinco de los verbos anteriores relacionados con actividades que Ud. hace *(do)* en la clase de español. Escriba no menos de cinco frases. Luego pregúntele a su compañero(a) si él (ella) hace esas actividades.

MODELO • • • ➤ (Yo) aprendo el vocabulario.
Y tú, ¿aprendes también el vocabulario?

3.13 Usted está en un café al aire libre *(open air)* en México. Escoja el verbo más apropiado según el contexto. Exprese el verbo en la forma que corresponde al sujeto.

 •••► Celina (vivir, leer, creer) el menú.
Celina lee el menú.

1. Irma (abrir, vivir, comer) unos tacos.
2. Yo (ver, aprender, deber) a varias personas en el café.
3. Los señores están confundidos. No (escribir, asistir a, comprender) el menú.
4. Mis amigos y yo (creer, recibir, permitir) que la salsa está deliciosa.
5. María Dolores y Elsa (aprender, compartir, leer) unas enchiladas.
6. Un joven (vender, deber, asistir a) periódicos.
7. El mesero (escribir, deber, aprender) la cuenta.
8. Nosotros (deber, ver, recibir) darle una propina *(tip)* al mesero.

 3.14 Ud. desea conocer mejor a otro(a) compañero(a). Hágale preguntas con los elementos a continuación. Use las opciones entre paréntesis y otras que Ud. sabe.

 •••►   escribir (poemas, cuentos...)

Uᴅ.:   ¿Escribes poemas?
Sᴜ ᴄᴏᴍᴘᴀñᴇʀᴏ(ᴀ):   Sí, escribo poemas. / No, no escribo poemas.

1. recibir (cartas, tarjetas...)
2. comer (fajitas, quesadillas...)
3. ver (la televisión, los videos...)
4. asistir a (la clase de inglés, a un club...)
6. aprender (inglés, francés...)
7. leer (el periódico, la revista...)
8. comprender (las lecciones, el vocabulario...)
9. compartir (un apartamento, una casa...)

Ahora su compañero(a) debe hacerle a Ud. las mismas *(same)* preguntas. Después compartan con la clase las actividades que Uds. tienen en común y las que no tienen en común.

 •••► Mi compañero(a) y yo comemos...
No vemos el programa...

Estructura   III. Las preguntas

To ask questions

A. **Yes / No questions.** The most common way of asking a question is to put the subject after the verb. If the subject is a noun, it often appears at the end of the question. In yes / no questions the voice rises slightly toward the end of the question.

¿Comen Uds. en casa?	*Do you eat at home?*
¿No trabaja él los fines de semana?	*Doesn't he work weekends?*
¿Deben ellos regresar?	*Should they return?*
¿Leen en inglés los López?	*Do the Lopezes read in English?*

Sometimes the normal word order can be turned into a question. The voice rises toward the end to indicate a question.

¿Ud. habla español? *Do you speak Spanish?*

B. **Tag questions.** To verify a statement, add the tags **¿no?** or **¿verdad?** Use **¿verdad?** after a negative statement.

Ellos comprenden, ¿no? *They understand, don't they? (right?)*
No trabajas mañana, ¿verdad? *You don't work tomorrow, do you?*

C. **Information questions.** Questions asking for specific information begin with question words such as **¿cómo?, ¿qué?,** and **¿cuándo?** followed by the verb. With these words the voice falls at the end of the question.

Question Words		
¿Cómo?	How?	¿Cómo estás?
¿Qué?	What?	¿Qué preguntan ellos?
¿Cuándo?	When?	¿Cuándo es la reunión?
¿Por qué?	Why?	¿Por qué no esperas un minuto?
¿Dónde?	Where?	¿Dónde viven Uds.?
¿Adónde?	Where (to)	¿Adónde vas?
¿De dónde?	Where (from)?	¿De dónde son ellos?
¿Quién?	Who (sing.)?	¿Quién es ella?
¿Quiénes?	Who (pl.)?	¿Quiénes son ellos?
¿A quiénes?	(For) Whom?	¿A quiénes esperan Uds.?
¿Cuál(es)?	Which (ones)?	¿Cuáles son tus comidas favoritas?
¿Cuánto(a)?	How much?	¿Cuánto cuesta? ¿Cuánto dinero necesitas?
¿Cuántos(as)?	How many?	¿Cuántas personas hay aquí?

Notice that **cuánto (-a, -os, -as)** agrees in gender (masc. or fem.) and number (sing. or pl.) with the noun it precedes.

3.15 En grupos de tres túrnense *(take turns)* Uds. en hacer las preguntas de tres maneras diferentes.

 • • • ► Ellos viven aquí.
1. *the normal word order* ¿Ellos viven aquí?
   (voice rising at the end)
2. *the tags* ¿no? / ¿verdad? Ellos viven aquí, ¿no?
3. *the more common inverted order* ¿Viven ellos aquí?

1. Uds. abren hoy.
2. Él busca las llaves.
3. Carlos es estudiante.
4. Ellos no aprenden la lección.
5. Ud. lee las cartas.
6. Tú no esperas en casa.
7. Los estudiantes deben asistir a la reunión.
8. Uds. comparten la comida.
9. La niña come una hamburguesa.
10. La joven no toma café.

¡OJO!

1. Spanish uses *qué + noun* and *qué + ser* mainly to ask for specifications or defi-
nitions.

¿Qué clases tienes?   *What classes do you have?*
¿Qué es paella?   *What's paella?*

By contrast it uses *cuál(es) + ser* to ask *which one(s).*

¿Cuál es tu cuaderno?   *Which is your notebook?*
¿Cuáles son tus libros?   *Which (ones) are your books?*

These are set expressions: *¿Cuál es el número de teléfono? ¿Cuál es la dirección? ¿Cuál es la capital de... ?*

2. Variations of the question words—without written accent marks—serve to join
two clauses or thoughts.

que   *that, who, (ø nothing)*

Creo que David va al mercado.   *I believe (that) David is going to the market.*
Ella es la joven que sabe la respuesta.   *She's the young woman who knows the
answer.*

porque   *because*

Voy a comer ahora porque tengo hambre.   *I'm going to eat now because I'm
hungry.*

3.16 Ud. necesita entrevistar *(to interview)* a una estudiante de Centroamérica. Escoja
el interrogativo *(question word)* apropiado a la derecha que evoca *(evokes)* la respuesta a la
izquierda. Después haga la pregunta. Use la forma familiar **(tú).**

MODELO • • • • ▶   Me llamo Consuelo Villa   qué / cómo
                                              ¿Cómo te llamas?

1. Soy de El Salvador.   de dónde / adónde
2. Mi cumpleaños *(birthday)* es el once de abril.   cuánto / cuándo
3. Vivo en la Avenida Bolívar, 350.   de dónde / dónde
4. Mi teléfono es 7 - 23 - 56 - 68.   qué / cuál
5. García Marquéz es mi autor favorito.   quién / cómo
6. Los fines de semana voy al cine.   dónde / adónde
7. Mis comidas favoritas son los frijoles y las empanadas.   cuáles / cuántos
8. Hay cinco personas en mi familia.   cuántas / cuáles
9. Admiro *(I admire)* a mis padres.   quiénes / a quiénes
10. Admiro a los dos porque son buenos y responsables.   por qué / cuándo

3.17 Ud. desea conocer *(to be acquainted with)* mejor a otro(a) estudiante de la clase.
Hágale las preguntas anteriores a él (ella).

 **structura**   IV. La «a» personal

To specify «whom»

Spanish uses the personal **a** before a direct object to specify that a person—not a thing—receives the action of the verb. English has no equivalent.

Invitamos <u>a</u> la familia.	*We invite the family.*
Debes ver <u>al</u> médico.	*You should see the doctor.*
¿Esperan Uds. <u>a</u> Andrés.	*They're looking for Andrés.*
but: ¿Esperan Uds. una llamada?	*Are you waiting for a call?*

> **1. Remember:** *a + el = al.*
> **2.** Preface *¿quién(es)?* with the personal *a* when used as direct objects.

¿A quién buscas?	*Whom are you looking for?*
¿A quiénes llamas?	*Whom (pl.) are you calling?*

3.18 Mencione Ud. las actividades de las siguientes personas. Use la «a» personal según el contexto.

1. Pepe come _____ un sándwich.

2. Iván busca _____ la amiga.

3. Yo leo _____ el periódico.

4. Tú invitas _____ Tere, ¿no?

5. Los estudiantes ven _____ (el) profesor.

6. Ellos comparten _____ unos nachos con queso.

7. ¿ _____ quién mira Yolanda?

8. Escuchamos _____ música.

3.19 Pregúntele a su compañero(a) a quién(es) busca, espera... Su compañero(a) debe contestar con las personas indicadas o inventar otras.

 **M O D E L O** • • • ►   buscar en la clase / la profesora, la estudiante nueva...
¿A quién buscas en la clase?
Busco a la estudiante nueva.

1. esperar en la biblioteca / el estudiante nuevo, la asistenta...

2. ver en la cafetería / mi profesor de inglés, mi amiga...

3. ayudar con la tarea *(homework)* / Miguel, Julia...

4. necesitar llamar por teléfono / el médico, la especialista...

5. visitar los fines de semana / mis padres, mis abuelos...

6. no comprender bien / mis compañeros / mis vecinos *(neighbors)*...

Estructura   V. Conocer y saber

To distinguish between «being acquainted with» and «knowing»

Conocer and **saber** loosely translate to *to know*. However, each has a specific meaning.

Both **conocer** and **saber** have an irregular **yo** form in the present.

conocer		saber	
yo cono**zco**	conocemos	yo **sé**	sabemos
conoces	conocéis	sabes	sabéis
conoce	conocen	sabe	saben

Conocer means *to meet or to be acquainted with a person, place, or thing.* (It takes the personal «**a**» when referring to people.)

Los Ferrer desean conocer a tus amigos.	*The Ferrers want to meet your friends.*
Yo conozco a Rita y a Luis.	*I know (am acquainted with) Rita and Luis.*
No conocemos la ciudad.	*We aren't acquainted with (familiar with) the city.*

Saber indicates *to know information (facts, numbers, school subjects, etc.)* Used with an infinitive it means *to know how to do something.*

No sé la respuesta.	*I don't know the answer.*
Catalina sabe química.	*Catalina knows chemistry.*
¿Sabes cocinar?	*Do you know how to cook?*

3.20 Complete con la forma correcta de saber o conocer según el contexto. Después traduzca *(translate)* al inglés las frases 2, 4, 6 y 8.

1. Yo _____ a la administradora.

2. Ella _____ jugar bien al golf.

3. Conocemos la canción pero no _____ la letra *(lyrics).*

4. Tú _____ el número de mi teléfono, ¿no?

5. Yo _____ que te gustan mucho los deportes.

6. Uds. no _____ el Museo de Arte, ¿verdad?

7. Mis amigos _____ álgebra y geometría.

8. ¿Qué lugares interesantes deseas _____?

3.21 Pregúntele esta información a dos compañeros(as). Escriba las respuestas. Después Ud. debe compartir con la clase la información que los (las) dos tienen en común.

	compañero(a) 1	compañero(a) 2

1. ¿Qué comidas mexicanas
   sabes cocinar?
   ¿Y comidas italianas?

2. ¿Conoces un buen restaurante?
   ¿Cómo se llama? ¿Dónde está?
   ¿Qué sabes de estos lugares?

	compañero(a) 1	compañero(a) 2

3. ¿Conoces a un(a) estudiante de
otra ciudad? ¿Qué ciudad?
¿Y de otro país? ¿Qué país?

4. ¿Sabes en qué calle *(street)*
está el correo?
¿Y el centro comercial *(mall)?*

5. ¿Sabes usar el internet?
¿Y el correo electrónico?

6. ¿Qué programas de computadora
sabes bien?

7. ¿Qué programas conoces un poco?

3.22 Ud. y su compañero(a) juntos *(together)* deben escribir los nombres de tres estudiantes que conocen. A la derecha de cada nombre escriban una actividad que Uds. creen que él (ella) sabe hacer. Luego compartan la información con la clase. Cada estudiante decide si la información es verdad o no.

 • • • ► Conocemos a Jennifer Guzmán.
Ella sabe jugar al baloncesto.

actividades posibles: bailar, cantar *(to sing)*, nadar, esquiar, montar *(to ride)* bicicleta, manejar, enseñar, ayudar, compartir, hablar..., cocinar..., escribir bien, dibujar *(to draw)*...

3.23 Los refranes *(sayings)* son observaciones o comentarios populares. ¿Puede Ud. asociar estos refranes en español y en inglés?

Ver es creer. _____	*A tree is known by its fruit.*
El árbol se conoce por su fruto. _____	*Knowledge is more important than possessions.*
Vale más saber que tener. _____	*Seeing is believing.*

 VI. El calendario

To talk about dates

A. **Los días de la semana** y **los meses del año** *(the days of the week and the months of the year)*

el lunes	*Monday*	enero	*January*	julio	*July*
el martes	*Tuesday*	febrero	*February*	agosto	*August*
el miércoles	*Wednesday*	marzo	*March*	septiembre	*September*
el jueves	*Thursday*	abril	*April*	octubre	*October*
el viernes	*Friday*	mayo	*May*	noviembre	*November*
el sábado*	*Saturday*	junio	*June*	diciembre	*December*
el domingo*	*Sunday*				

ayer *yesterday*   hoy *today*   mañana *tomorrow*

• •

* el fin de semana *the weekend*

HOY NO CIRCULAN

EN EL DISTRITO FEDERAL

LUNES/Monday
5 y 6.
MARTES/Tuesday
7 y 8.
MIERCOLES/Wednesday
3 y 4.
JUEVES/Thursday
1 y 2.
VIERNES/Friday
9 y 0.

El smog y la contaminación del aire en México,
D.F. son serios. ¿Qué día no circulan autos con
la placa *(plate)* que empieza *(that begins)* con
#7 y 8?

B. The days of the week and months of the year are generally not capitalized in Spanish.

¿Qué día es hoy?	*What day is today?*
Hoy es lunes.	*Today is Monday.*
¿Cuál es la fecha de hoy?	*What's the date today?*
Hoy es el treinta de septiembre.	*Today is the 30th of September.*
Mañana es el primero de octubre.	*Tomorrow's the first of October.*

Cardinal numbers are used with the dates (**el dos, el tres...**) with the exception of the first
of the month—**primero,** abbreviated as **1°.**

C. The definite article **el** or **los** *is* used to indicate *on:*

La reunión es el sábado.	*The meeting is on Saturday.*
Tengo clases los viernes.	*I have classes on Fridays.*

D. The date precedes the month.

1 / 6	el primero de junio
18 / 12	el dieciocho de diciembre

ENERO
January

DOMINGO SUNDAY	LUNES MONDAY	MARTES TUESDAY	MIERCOLES WEDNESDAY	JUEVES THURSDAY	VIERNES FRIDAY	SABADO SATURDAY
Luna Nueva Día 08 / New Moon 08 th ●	C. Creciente Día 15 / First Quarter 15 th ◗	Luna Llena Día 23 / Full Moon 23 th ○	**1** AÑO NUEVO NEW YEAR'S DAY	**2** San Gregorio N.	**3** Sta. Genoveva	**4** San Prisciliano
5 Sta. Amelia	**6** LOS SANTOS REYES	**7** San Luciano	**8** San Apolinar	**9** San Julián	**10** San Nicanor	**11** San Higinio
12 San Alfredo	**13** San Gumersindo	**14** Sta. Macrina	**15** San Mauro	**16** San Marcelo	**17** San Antonio Abad	**18** San Leobardo
19 San Mario	**20** San Fabián MARTIN LUTHER KING DAY	**21** Sta. Inés	**22** San Gaudencio	**23** San Ildefonso	**24** N. Sra. de la Paz	**25** Sta. Elvira
26 Sta. Paula	**27** S. Jn. Crisóstomo	**28** San Pedro N.	**29** San Aquilino	**30** Sta. Martina	**31** Sta. Virginia V.	C. Menguante Día 01-31 / Last Quarter 01-31 th ◖

Los hispanos consideran el lunes el primer *(first)* día de la semana y no el domingo. Calendarios hispanos en los EE. UU. no siempre siguen esa costumbre. ¿Qué día es el primero de enero? ¿El 6? ¿El 20? ¿El 31?

¡feliz cumpleaños!

Invitación a una Fiesta

Fecha: el 12 de octubre
Hora: 8:30 de la noche
Lugar: San Martín #365
Firma: Pilar González

place

signature

3.24 Pregúntele a su compañero(a) cuándo es el cumpleaños de estas personas.

 **● ● ● ●►** Silvia 17 / 2
¿Cuándo es el cumpleaños de Silvia? *(When is Silvia's birthday?)*
Es el diecisiete de febrero. *(It's the 17th of February.)*

1. Clara 12 / 5　　　　**3.** Nora 1 / 2
2. Fernando 25 / 11　　**4.** Tere 6 / 7

5. José Luis 30 / 3   **7.** Marta Inés 15 / 8
6. Roberto 9 / 10   **8.** Iván 21 / 4

3.25 Pregunte a cinco compañeros cuándo es su cumpleaños. Luego debe compartir la información con la clase, pero primero debe poner *(put)* la información en orden cronológico.

El cinco de mayo conmemora la victoria de los mexicanos contra la ocupación francesa en Puebla, en 1862. ¿Cuáles son las fechas patrióticas en otros países?

 • • • • ▶

UD.:	¿Cuándo es tu cumpleaños, Tina?
COMPAÑERO(A):	Mi cumpleaños es el veinte de febrero.
UD.:	El cumpleaños de Tina es el veinte de febrero.

¿Qué tiempo hace?

How's the weather?

Hace buen tiempo.   *The weather is fine.*   Hace mal tiempo.   *The weather is bad.*

Hace (mucho) sol.*   *It's (very) sunny.*   Hace (mucho) calor.   *It's (very) hot.*

¡Uf, qué calor!

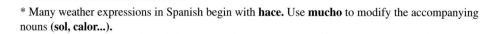

* Many weather expressions in Spanish begin with **hace.** Use **mucho** to modify the accompanying nouns (**sol, calor...**).

Hace fresco.   *It's cool.*   Hace (mucho) frío.   *It's (very) cold.*

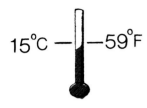   

Hace (mucho) viento.   *It's (very) windy.*

Está lloviendo ahora.   *It's raining now.*   Está nevando.   *It's snowing.*
Llueve frecuentemente.   *It rains frequently.*   Nieva mucho   *It snows a lot*
                                                       en Canadá.   *in Canada.*

Las estaciones *(seasons):*   el verano   *summer*
                               el otoño   *fall*
                               el invierno   *winter*
                               la primavera   *spring*

3.26 Cubra Ud. *(Cover)* las expresiones del tiempo. Ahora mencione una expresión en español y su compañero(a) señala la ilustración correspondiente. Túrnense para mencionar y señalar.

MODELO • • • ►   UD.:   Hace sol.
                        COMPAÑERO(A):   *(señala la ilustración con el sol)*

El clima

En Norteamérica y España hace calor en los meses de junio, julio y agosto. Pero en Sudamérica es invierno y hace frío. Muchas de las capitales en la América Latina están situadas en las montañas:° la ciudad de México; Bogotá, Colombia; La Paz, Bolivia; Quito, Ecuador. Generalmente allí hace fresco, pero no nieva. El clima° de la América Latina es variable. Hace frío en los Andes y calor en el Caribe. Allí, en la región tropical, llueve frecuentemente de mayo a noviembre.

mountains

climate

Expand your cultural understanding. Visit the ¡Saludos! / ¡Recuerdos! World Wide Web site
http://www.harcourtcollege.com/spanish/saludosrecuerdos

3.27 Imagínese Ud. que su compañero(a) es estudiante de la Argentina y le pregunta cómo es el tiempo en su ciudad en los meses de enero, abril, junio y octubre. Contéstele con el nombre de la estación y dos expresiones de tiempo apropiadas.

 • • • ► ¿Qué tiempo hace aquí en enero?
Es invierno.
Hace... y hace...

3.28 Los hispanos expresan la temperatura en grados centígrados y no en Fahrenheit.

C	−14	−05		0	5	10		15	20		25	30		35	
F	14	22		32	41	50		59	68		77	86		95	
hace mucho frío				**hace frío**				**hace fresco**			**hace calor**			**hace mucho calor**	

Note Ud. en el mapa las temperaturas altas en la Argentina para fines *(end)* de enero. Escoja cinco ciudades y describa el tiempo allí, usando *(using)* tres frases para cada lugar. Luego pregúntele a su compañero(a) qué tiempo hace en esas ciudades.

 • • • ► En Posadas no hace sol.
Hace mal tiempo.
Está lloviendo.
Hace calor, 34 centígrados.

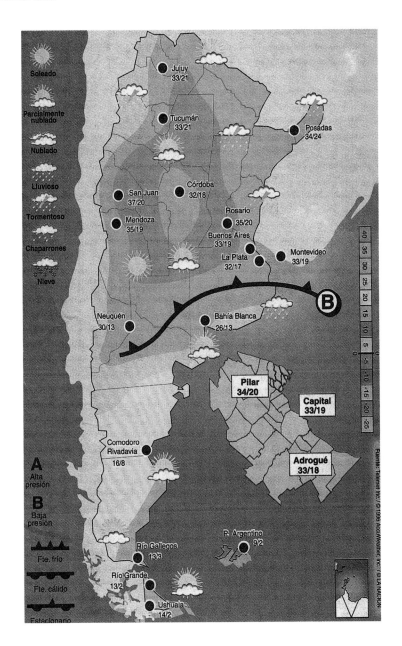

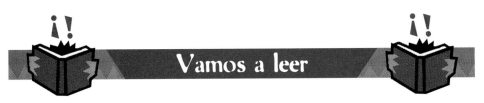

Vamos a leer

3.29 Scan the reading and underline typical Hispanic foods and drinks for **el desayuno** *(breakfast)*, **el almuerzo** *(lunch)*, and **la cena** *(dinner)*. How many of the following **palabras esenciales** do you know? How do the meals and eating times differ from yours?

las palabras esenciales

el flan	*custard*	el pastel (México)	*cake*
la galleta	*cracker*	el postre	*dessert*
la galleta dulce	*cookie*	el pudín de pan	*bread pudding*

El flan es un postre sabroso y tradicional para los hispanos. Es de huevos *(eggs)*, leche *(milk)*, azúcar y vainilla.

tortilla española

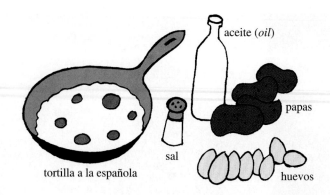

aceite (oil)

papas

sal

tortilla a la española

huevos

La tortilla (*omelet*) española es sabrosa y nutritiva y es un plato muy popular. ¿Cuáles son los ingredientes?

Los horarios y las comidas°

Los... Schedules and meals

butter / at
Puede... It can include / soup / vegetables / snack
más... lighter

wine

Los horarios y las comidas son diferentes en los países hispanos. El desayuno es generalmente frutas, café con leche y pan con mantequilla.° El almuerzo es más fuerte, y es a° la una o a las dos de la tarde. Puede incluir:° sopa,° carne, arroz o verduras,° ensalada y de postre: frutas, flan o pudín de pan. Por las tardes las personas toman una merienda:° café, té o chocolate con galletas o pastel. La cena es más ligera° y es a las ocho o a las nueve de la noche. Puede incluir: sopa, sándwiches, frutas o quesos y tortilla española. El café se sirve después de comer. El vino° es parte de las comidas y no es sólo para las ocasiones especiales. Excepto en el desayuno, la leche no se sirve con las comidas.

Ahora complete Ud. las frases con la mejor respuesta.

1. El desayuno de los hispanos es generalmente _____.
   a. fuerte
   b. ligero
   c. abundante
2. Usualmente la comida más fuerte (principal) es _____.
   a. el desayuno
   b. el almuerzo
   c. la cena
3. El almuerzo es _____.
   a. a las once o a las doce
   b. a la una o a las dos
   c. a las ocho o a las nueve
4. El almuerzo consiste en _____.
   a. sólo pan y mantequilla
   b. una merienda
   c. carne, verduras y ensaladas

5. No es parte de la cena hispana _____.
   a. la leche
   b. el vino
   c. la sopa

3.30

Una fábula de Esopo: «La mujer y la gallina»
Adaptation of an Aesop fable: "The Woman and the Hen"

La fábula es una narración que presenta un pequeño evento *(event)*. Enseña y da buenos consejos *(advice)*. Frecuentemente los protagonistas son animales. Esopo es un antiguo fabulista griego *(ancient Greek fabulist)*. Sus fábulas representan partes de la vida diaria *(daily life)*. Él cree que la moderación y la prudencia son muy importantes en la vida. ¿Qué pasa cuando una persona es avariciosa *(greedy, avaricious)?* Túrnense para repetir las palabras esenciales varias veces y subrayarlas *(underline them)* en la narración. ¿Qué otra palabra hay a la derecha o a la izquierda de las esenciales en la fábula? Finalmente, léanse *(read to each other)* la fábula tres o cuatro veces.

las palabras esenciales

el consejo	*advice*
el huevo	*egg*
poner (pongo, pone(s)...)	*to put*
poner un huevo	*to lay an egg*
tener (tengo, tiene(s)...)	*to have*
poder (puedo, puede(s)...)	*to be able, can*
avaricioso(a)	*greedy*
gordo(a)	*fat*
si	*if*
entonces	*then*

Una mujer tiene una gallina que cada día pone un huevo. La mujer cree que si le da° °*le... gives it*
más comida, la gallina va a poner más huevos. Entonces la mujer le da más y más
comida. Pero ahora la gallina está muy gorda y no puede poner más huevos.

El consejo: Puedes perder todo cuando eres muy avaricioso.

3.31 Ud. y su compañero(a) deben turnarse para decidir entre *cierto* o *falso* para cada frase según el contexto. Cambien las frases falsas para hacerlas ciertas.

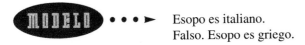

MODELO • • • ► Esopo es italiano.
Falso. Esopo es griego.

1. La mujer tiene unos pollos.
2. La gallina pone cinco huevos cada día.

3. La mujer le da menos y menos comida a la gallina.
4. Ahora la gallina está delgada.
5. La gallina no puede poner más huevos.
6. La mujer es prudente.
7. La persona avariciosa puede perder todo.
8. El consejo recomienda la moderación.

3.32 Su compañero(a) y Ud. deben turnarse para resumir *(summarize)* de memoria la fábula. Usen y modifiquen estos segmentos en el resumen.

MODELO • • • ▶ mujer / tener / gallina
Una mujer tiene una gallina.

1. gallina / poner / huevo
2. mujer / creer / le dar comida
3. gallina / ir a poner / huevo
4. mujer / le dar / comida
5. gallina / estar / gordo
6. (gallina) no poder poner / huevo
7. consejo: (tú) poder perder / ser / avaricioso

3.33 El pintor español Velázquez (1599–1660) as famoso por la perspectiva que usa en sus cuadros *(paintings)*. En este cuadro *(La vieja cocinera)* vemos los objetos de arriba abajo *(top to bottom)*. Estudie Ud. el cuadro y conteste las preguntas. Luego compare las respuestas con su compañero(a).

1. ¿Cree Ud que la cocinera es seria o está seria?
2. En su opinión, ¿es vieja o está vieja?

La vieja cocinera
(The Old Cook)

3. ¿Es una persona avariciosa o generosa?
4. ¿Va a compartir ella la comida con el joven?
5. ¿Qué objetos puede nombrar Ud. en el cuadro?
6. ¿Es el cuadro real o irreal?
7. ¿Es Velázquez un pintor mexicano o español?
8. ¿Es él un pintor clásico o moderno?
9. ¿Le gusta a Ud. la perspectiva que usa Velázquez?
10. ¿Cuál es su pintor(a) favorito(a)?

Ahora hágale las preguntas a su compañero(a) y comparen las respuestas. ¿En cuáles respuestas están Uds. de acuerdo *(do you agree)?* ¿Con cuáles no?

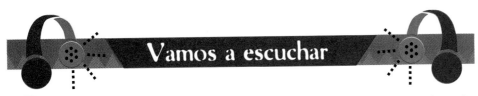

3.34 Preview the following questions and then listen as a Miami radio host salutes the person of the week, a famous Cuban-American singer **(cantante).** Rely on context and surrounding words. Note the expressions: **De niño... De joven...** *(As a child . . . As a young person . . .)* Afterwards, answer the questions.

1. Jon Secada canta en _____.
   a. español
   b. inglés
   c. a y b
2. Jon es originalmente de _____.
   a. Miami
   b. Tampa
   c. La Habana
3. De niño le gusta _____.
   a. el teatro
   b. el cine
   c. la música
4. Jon escucha los discos de _____.
   a. Stevie Wonder
   b. Rubén Blades
   c. Plácido Domingo
5. De joven, Jon es _____.
   a. jugador de fútbol
   b. chofer de taxi
   c. mesero
6. A Jon le gusta _____.
   a. la tortilla
   b. el arroz con pollo
   c. la enchilada
7. Jon admite que no _____.
   a. sabe cocinar bien
   b. le gusta la guitarra
   c. habla bien el inglés
8. Jon obtiene su diploma en _____.
   a. arte
   b. comercio internacional
   c. música vocal

9. Jon tiene la oportunidad de escribir junto *(together)* con _____.
   a. Andy García
   b. Julio Iglesias
   c. Gloria Estefan

10. Jon es _____.
   a. compositor de música
   b. cantante
   c. a y b

Vamos a hablar

3.35 You and your classmate want to compare what you generally eat for breakfast **(para el desayuno),** for lunch **(para el almuerzo),** and for dinner **(para la cena).** Refer to the following foods and make a list of what you would eat for each meal. Then, ask one another if you eat those foods. Find what foods you eat in common.

MODELO • • • ➤ Para el desayuno yo como jamón y huevos.
Y tú, ¿comes jamón y huevos?
Para el almuerzo yo como...
Para la cena yo como...

Las comidas

el desayuno	el almuerzo	la cena
cereal	un sándwich	bistec
panqueques	una ensalada	pollo
wafles	una hamburguesa	puerco
donuts	unos tacos	pescado *(fish)*
jamón	sopa de pollo	espaguetis
huevos	galletas	frijoles
chorizos	pizza	maíz
tortilla	una manzana	papas
pan y mantequilla	yogur	brócoli
plátano *(banana)*	queso	pastel
¿...?	¿...?	¿...?

3.36 Your classmate wants to apply for a credit card from you, the loan officer. Ask him/her at least eight typical questions posed in that situation.

3.37 Tell your classmate when your birthday is and mention at least five activities you are going to do on that day.

3.38 Prepare a weather report for your town on an average day in January and July. Compare your report with your classmates' reports.

Vamos a escribir

3.39 Ud. y dos de sus compañeros(-as) están en México y prefieren desayunar en su habitación *(room)*. Ud. debe escribir tres listas de comidas —una para cada uno de Uds.— según las siguientes preferencias: Uno(a) no come mucho y está a dieta; otro(a) tiene hambre y le gusta la comida americana; y el otro (la otra) también tiene hambre, pero prefiere la comida mexicana. Refiérase al menú PARA EL DESAYUNO. Luego compare su lista con los otros compañeros.

3.40 Por la tarde Ud. y sus dos amigos(as) van a almorzar en un restaurante. Refiérase al MENÚ, y escriba un diálogo que debe incluir a Uds. tres y al mesero (a la mesera). Mencione un pequeño problema, por ejemplo: Ud. no tiene servilleta; la carne está fría; la cucharita está sucia...

Compare su diálogo con otros tres compañeros (compañeras) y decidan cuál de las versiones Uds. pueden adaptar para presentarla a la clase. Deben incluir las expresiones: ¿Qué desean Uds. comer (tomar)? Puede traerme (traernos)... *(You can bring me (us) . . .);* Le(s) recomiendo...; Por favor, la cuenta *(the bill).*

PARA EL DESAYUNO...

FAVOR COLGAR EN LA PUERTA ANTES DE ACOSTARSE

PARA DESAYUNO EN SU CUARTO

Buenas Noches
Que tengan un Confortable Descanso

FAVOR MARCAR LO DESEADO E
INDICAR EL NUMERO DE ORDENES

20% de Servicio con Cargo a su Cuarto

CONTINENTAL
- ☐ Jugo Fresco de Naranja
  o
- ☐ Jugo de Tomate
  o
- ☐ Plato de Frutas
- ☐ Pan Dulce o ☐ Pan Tostado o
- ☐ Cuernitos

Mantequilla - Mermelada

☐ Café o ☐ Té o ☐ Leche

$ 140.00

AMERICANO
- ☐ Jugo Fresco de Naranja o
- ☐ Jugo de Tomate o ☐ Plato de Frutas
- Dos Huevos ☐ Tibios o ☐ Revueltos o
  ☐ Fritos o ☐ Escalfados o
  ☐ Hot Cakes o ☐ Waffles
- con ☐ Salchichas o ☐ Tocino o ☐ Jamón
- ☐ Pan Tostado o ☐ Bolillos

Mantequilla - Mermelada

☐ Café o ☐ Té o ☐ Leche

$ 275.00

RANCHERO
- ☐ Jugo Fresco de Naranja o
- ☐ Jugo de Tomate o ☐ Plato de Frutas
- ☐ Huevos Rancheros
- ☐ Jamón o ☐ Salchichas o
- ☐ Tocino
- ☐ Pan Tostado o ☐ Bolillos o
- ☐ Tortillas

Mantequilla - Mermelada

☐ Café o ☐ Té o ☐ Leche

$ 300.00

REFORMA
- ☐ Jugo Fresco de Naranja o
- ☐ Jugo de Tomate o
- ☐ Plato de Frutas
- ☐ Steak Desayuno con Huevo Frito
  y Cebolla Rebanada Saute
- ☐ Pan Tostado o ☐ Bolillos o
- ☐ Tortillas

Mantequilla - Mermelada

☐ Café o ☐ Té o ☐ Leche

$ 360.00

Deseos Especiales _____

Cuarto No._____ Fecha _____

FIRMA DEL HUESPED _____

---

gramos (1 gram = 0.035 ounces)

Brochette, skewer

bacon

Ribs

MENÚ

Hamburguesa 125 grs.°	$14.70
Hamburguesa 175 grs.	$16.90
Hamburguesa de Pollo	$14.70

Brocheta° de Filete — $26.80
Jugoso Filete de Res marinado con pimiento, cebolla, tocino° y acompañado de papas al horno

Filete de Atún	$27.20

Costillas° B-B-Q — $29.70
El Plato Fuerte: suculentas costillas de cerdo preparadas con el grandioso sabor de nuestra salsa

Fajitas de Res	$26.80
Fajitas de Pollo	$24.20
Fajitas Combinadas	$26.00
Sopa° de la Casa	$ 7.10
Sopa del Día	$ 7.10

Ensalada Mardi-Gras — $20.90
Una deliciosa ensalada preparada con carnes frías, queso, lechuga y tomate

Sándwich de Pollo	$15.90
Hot Dog de Res	$ 8.90

http://www.harcourtcollege.com/spanish/saludosrecuerdos

Vamos a explorar el ciberespacio

RESTAURANTS

Some restaurant Web pages contain menus. Find a restaurant site, look through it, and then read the menu. It might be a good idea first to look over the 26th Street Restaurant (Palatine, Illinois) or the Mamá Vieja bilingual menus in order to learn the words for different foods in Spanish.

Vocabulary

para empezar	*to begin*
la carta	*menu*
La mesa está puesta.	*The table is set.*
la parrilla	*grill*

The World Wide Web offers many fascinating sites throughout the Spanish-speaking world dealing with the cultural topics in this lesson. Take a virtual field trip. Go to http://www.harcourtcollege.com/spanish/saludosrecuerdos to discover more.

EN VIVO – CULTURA

Before viewing the cultural video segment for this lesson, please study the following **Vocabulario** and **Preparación** sections. Then view the video (several times if necessary) and answer the questions or do the activities in the **Comprensión** section.

Vocabulario

Video *vocabularios* are simply for recognition purposes to help you more fully understand the segments. You are not expected to produce the vocabulary shown here.

a la plancha / a parrilla	*grilled*	la cena	*dinner*
la aceituna	*olive*	cenar	*to have dinner*
la anchoa	*anchovy*	la cerveza	*beer*
antes de	*before*	charlar	*to chat*
el aperitivo	*appetizer*	la costumbre	*custom*
la bebida	*drink*	el desayuno	*breakfast*
el bizcocho	*cake*	dulce	*sweet, dessert*
la cafetería	*cafe, cafeteria*	el horario	*schedule*
el calamar	*squid*	el jerez	*sherry*
		merendar	*to snack*

la pastelería	*pastry shop*		la sepia	*cuttlefish (squid)*
la patata	*potato (Spain)*		las tapas	*assortment of appetizers*
probar	*to try, taste*		la tasca	*bar*
reunirse	*to get together*		la tortilla	*(Spanish) omelet*
salado	*salty*		el vino	*wine*
el salón de té	*tearoom*			

Preparación

Guess the meaning of the following words. While watching the video, circle each one as you hear it.

bares	infinitas
deliciosas	momento
diferente	normalmente
exactamente	popular
favorita	posibilidades
generalmente	variedad

Comprensión

A. Read the following statements. After watching the video, Circle **C** (Cierto) or **F** (Falso), according to what you understood.

C F 1. En España comen tarde.
C F 2. Muchos españoles se reúnen con los amigos para comer tapas.
C F 3. La sepia es patata con tomate.
C F 4. Hay muchas tapas diferentes.

B. Select the word or phrase that best completes each statement, according to what you understood.

1. Los horarios de comer en España y los Estados Unidos son muy (similares, diferentes).
2. Los españoles comen tapas con (una bebida, el desayuno).
3. Una tapa es (un aperitivo, un pastel).
4. En la Cafetería Royal hay (cuarenta y cinco, treinta y cinco) tapas.

SELF-TEST

How well have you mastered this chapter? To find out, take the self test found on the ¡Saludos! Web site at http://www.harcourtcollege.com/spanish/saludosrecuerdos.

Las actividades diarias

Comunicación
- Express possession
- Talk about daily schedules and home activities
- Tell time

Estructuras
- Sounds of **j, g, qu**
- Possessive adjectives
- **de + el = del**
- Present tense of stem-changing verbs: **e > ie, o > ue**
- Reflexive pronouns

Cultura
- Hispanic universities
- Concepts of time

Conexiones
- *Vamos a leer*
  Requesting information
  Describing a homestay
- *Vamos a escuchar*
  Sequencing events
- *Vamos a hablar*
  Listing class objects; describing daily routine
- *Vamos a escribir*
  Responding to a school ad
- *Vamos a explorar el ciberespacio*
  University life

Visit the *¡Saludos!* World Wide Web site:
http://www.harcourtcollege.com/spanish/
saludosrecuerdos

The *¡Saludos!* **CD-ROM** offers additional language practice and cultural information.

El... *Ramón Blas's schedule*

¡Adelante!

El horario de Ramón Blas° en la Universidad de Panamá . . . .

Lea bien el horario de Ramón Blas: lunes a viernes. Después use las cuatro categorías a continuación para indicar lo difícil *(how difficult)* que es cada clase, según la opinión de Ud. Luego compare sus resultados con su compañero(a).

muy difícil   difícil   fácil *(easy)*   muy fácil

Horario de Ramón Blas — Universidad de Panamá

	lunes	martes	miércoles	jueves	viernes
9:00 10:00 11:00	matemáticas inglés educación física	historia	matemáticas inglés educación física	historia	matemáticas inglés educación física
12:00 1:00	almuerzo (cafetería)	biología		biología	
2:00 3:00	biblioteca comunicaciones		biblioteca comunicaciones		biblioteca comunicaciones

Primero, estudie Ud. las palabras esenciales. Luego escuche mientras *(while)* su profesor(a) lee en voz alta «Las actividades diarias de Ramón». Observe los diferentes verbos. ¿Cuáles se repiten? También observe el enlace *(linking)* de palabras; por ejemplo: **para hacer ejercicios...**

Las actividades diarias

las palabras esenciales

levantarse (me levanto)	*to get up (I get up)*
hacer (hago) la tarea, ejercicios	*to do (I do) the homework, exercises; to make*
jugar (juego) al...	*to play a sport (I play . . .)*
cenar	*to dine*
a la(s) + *time*	*at + time*
a las nueve	*at nine*
a la una	*at one*
al mediodía	*at noon*
nuestro(a)(os)(as)	*our*
junto(a)(os)(as)	*together*

Las actividades diarias de Ramón

Los lunes, miércoles y viernes me levanto a las siete y media. Desayuno y voy a la universidad. Estudio matemáticas a las nueve de la mañana. Luego tengo la clase de inglés. A las once tengo educación física en el gimnasio. Después, a la una de la tarde, almuerzo y descanso un poco. Luego voy a la biblioteca y hago la tarea. A las tres asisto a la clase de comunicaciones.

Los martes y jueves me levanto un poco más tarde. Tengo la clase de historia a las diez y media de la mañana. Al mediodía estudio biología.

Normalmente regreso a casa más o menos a las cuatro. Descanso un poco y ayudo a mi hermanito con su tarea. Después, todos nosotros cenamos juntos y hablamos de nuestras actividades del día.

Los fines de semana trabajo en un supermercado y juego al fútbol. También voy al cine o a una fiesta con mis amigos. Los domingos mis padres, mi hermanito y yo visitamos a nuestros abuelos. Pasamos una tarde alegre con ellos.

Actividades

4.1 Complete Ud. unas frases correctamente y otras incorrectamente. Refiérase a la información en «Las actividades diarias de Ramón» y otra que Ud. invente. Léale a su compañero(a) las frases completas. Él (Ella) dice cierto o falso según el verdadero *(true)* contexto. Su compañero(a) debe cambiar las frases falsas a ciertas.

MODELO • • • ►

UD.: El apellido de Ramón es (García).
COMPAÑERO(A): Falso. El apellido es Blas.

1. Los lunes Ramón estudia matemáticas y _____.
2. Él estudia inglés a las _____.
3. Ramón va al gimnasio los lunes, _____ y _____.
4. Él almuerza *(has lunch)* a la _____.
5. Ramón tiene clase de historia a las diez y media (10:30) los martes y _____.
6. A las tres de la tarde Ramón asiste a la clase de _____.
7. Ramón ayuda a su hermanito con _____.
8. Ramón y su familia cenan _____.

9. Los fines de semana Ramón trabaja en _____.
10. También va _____.
11. A Ramón le gusta jugar al _____.
12. Los domingos Ramón visita a sus _____.

4.2 Tome Ud. dos minutos para estudiar bien «Las actividades diarias de Ramón». Luego cierre *(close)* el libro y escriba todas las actividades que Ud. recuerda de memoria. Finalmente, compare su lista con dos compañeros para ver quién recuerda correctamente más de la información.

4.3 A continuación examine Ud. el plan de estudios —semestre por semestre— en áreas humanístico-administrativas. Conteste las preguntas y luego hágale las mismas *(same)* preguntas a su compañero(a) para ver si él (ella) tiene las mismas respuestas.

BACHILLERATO EN AREAS HUMANISTICO-ADMINISTRATIVAS

Al finalizar su bachillerato, el egresado estará preparado para continuar estudios de Licenciatura en: Derecho, Economía, Contaduría Pública y todas las licenciaturas en las áreas humanística y administrativa.

Contará con conocimientos en otro idioma extranjero y con amplio sentido emprendedor, creatividad, formación cultural y un significativo desarrollo en el contexto de los valores éticos y humanos.

PLAN DE ESTUDIOS

PRIMER SEMESTRE
- Matemáticas I
- Química I
- Geografía
- Biología I
- Introducción a la ciencias sociales
- Lengua adicional al Español I
- Taller de lectura y redacción I
- Taller de técnicas de estudio y métodos de investigación
- Actividades estético-deportivas I

SEGUNDO SEMESTRE
- Matemáticas II
- Química II
- Física I
- Biología II
- Estructura socioeconómica de México
- Lengua adicional al Español II
- Taller de lectura y redacción II
- Seminario de formación humana
- Actividades estético-deportivas II

TERCER SEMESTRE
- Matemáticas III
- Física II
- Historia de México I
- Lengua adicional al Español III
- Informática I
- Literatura I
- Individuo y sociedad
- Temas selectos de Química I
- Actividades estético-deportivas III

CUARTO SEMESTRE
- Educación ambiental y ecología
- Filosofía
- Historia de México II
- Informática II
- Literatura II
- Matemáticas IV
- Orientación profesional
- Lengua adicional al Español IV
- Actividades estético-deportivas IV

QUINTO SEMESTRE
- Creatividad
- Historia del arte
- Cálculo numérico
- Administración de empresas
- Economía
- Matemáticas financieras
- Antropología
- Idiomas I
- Actividades estético-deportivas V

SEXTO SEMESTRE
- Emprendedores
- Psicología
- Temas selectos de Biología
- Probabilidad y Estadística
- Contabilidad
- Ciencias de la comunicación
- Introducción al Derecho
- Idiomas II
- Actividades estético-deportivas VI

Catálago de la Universidad de Celaya, México

Spanish speakers do not readily use ordinal numbers after *décimo (tenth)*, but instead rely on the cardinal numbers *once, doce,* and so on.

primer(o)* *(first)*	**cuarto** *(fourth)*	**séptimo** *(seventh)*
segundo *(second)*	**quinto** *(fifth)*	**octavo** *(eighth)*
tercer(o)* *(third)*	**sexto** *(sixth)*	**noveno** *(ninth)*
		décimo *(tenth)*

*Just like **un(o)**, **primer(o)** and **tercer(o)** drop the **-o** ending before a masculine singular noun: **un (primer, tercer) año, semestre...** but **una (primera, tercera) semana, clase...**

Conteste Ud.

1. ¿Cuántos semestres de matemáticas necesitan tomar los estudiantes?
   ¿En qué semestres toman ellos matemáticas?
2. ¿Cuántos semestres de biología necesitan estudiar ellos?
   ¿En qué semestres estudian biología?
3. ¿Cuántos semestres de otra lengua *(language)* adicional van a tomar ellos?
   ¿En qué semestres toman la lengua adicional?
4. ¿Cuántos semestres de historia mexicana deben estudiar?
   ¿En qué semestre deben estudiar historia mexicana?
5. ¿Cuántos semestres de informática *(computer science)* estudian ellos?
   ¿En qué semestres estudian informática?
6. Y por fin, ¿en qué semestre estudian ellos economía? ¿Y psicología?
7. Y ahora Ud., ¿en qué semestre estudia psicología? ¿Matemáticas? ¿Historia?

4.4 Prepare Ud. su propio *(own)* horario día por día. Refiérase al horario de Ramón, al plan de estudios anterior y a la siguiente lista de cursos. Incluya también sus actividades para los fines de semana. Luego compare su horario con su compañero(a) para ver qué actividades tienen en común. Haga un círculo alrededor de *(Circle)* las actividades en común.

lista de cursos: arte, antropología, comercio *(business),* contabilidad *(accounting),* economía, educación física, filosofía, geografía, informática, química *(chemistry),* sociología

4.5 Para hablar más específicamente de los horarios, primero, conteste Ud. las preguntas. Después hágale las mismas preguntas a su compañero(a), pero use la forma familiar **tú**.

 **MODELO** • • • ► ¿Tiene Ud. clase de filosofía?
Sí, (No, no) tengo clase de filosofía.
Y tú, ¿tienes clase de filosofía?

1. ¿Tiene Ud. clase de historia (de arte, de...)
2. ¿Qué clases tiene Ud. los martes y jueves?
   ¿Y los lunes, miércoles y viernes?
3. ¿Regresa Ud. a casa antes *(before)* de las cuatro?
4. ¿Cena Ud. con su familia?
5. ¿Trabaja Ud. los fines de semana? ¿Dónde?
6. ¿Qué días va Ud. al cine? ¿Y al supermercado?
7. ¿Qué día visita Ud. a su familia?
8. ¿A quiénes visita específicamente?

4.6 Lea Ud. la primera parte de la selección *Las universidades hispanas* y haga una lista de las palabras más importantes para comprender bien la información. También subraye *(underline)* la frase más significativa. Luego compare su lista con su compañero(a) y decidan Uds. juntos cuáles son las cinco palabras más importantes y cuál es la frase más significativa.

Repitan Uds. la misma estrategia con la segunda parte.

CULTURA

Las universidades hispanas

"Germinación" de M. Felguerez; mosaic de O'Gorman at La Universidad Nacional Autónoma de México (UNAM). UNAM se fundó *(was founded)* el 20 de septiembre de 1551. Hoy tiene más de 400.000 estudiantes. ¿Cuántos estudiantes más o menos tiene la universidad de Ud.?

Primera parte

Las universidades nacionales o públicas en Hispanoamérica y España son relativamente baratas° en comparación con los Estados Unidos. En cambio, los estudiantes necesitan aprobar° primero un examen extensivo. Después de la escuela secundaria° los estudiantes asisten un año a la preparatoria antes de entrar° en la universidad. Frecuentemente los números de estudiantes en las universidades son excesivos y las condiciones no siempre son ideales. La Universidad Nacional Autónoma de México (la UNAM), fundada en 1551, hoy día tiene una ciudad universitaria moderna con más de 400.000 estudiantes.

inexpensive
to pass

Después... After high school / antes... before entering

CULTURA

La Universidad de Salamanca se fundó en el siglo *(century)* trece. Es famosa por su profesorado *(faculty)* y estudios de derecho *(law)* y humanidades. ¿Sabe Ud. cuándo se fundó la universidad de Ud.? ¿Es su universidad famosa por su profesorado? ¿Por sus estudiantes? ¿Por sus deportes?

Segunda parte

También hay numerosas universidades privadas° con menor número de estudiantes. Los programas varían de generales a específicos con énfasis en estudios profesionales; por ejemplo: ingeniería, arquitectura o medicina. El Instituto Tecnológico de Monterrey es privado y tiene 26 *campuses* en México. Los *campuses* varían en su misión según la región y las necesidades locales.

private

Los estudiantes empiezan° los estudios especializados inmediatamente. Es un programa rígido con pocas opciones. Las universidades usualmente no tienen residencias o dormitorios. La vida° social de los estudiantes es aparte de la universidad. Las fiestas o reuniones son más frecuentes en casa, los cafés o las discotecas. Generalmente no hay equipos deportivos,° pero hay excepciones especialmente hoy día con el fútbol.

begin

life

equipos... sports teams

Expand your cultural understanding. Visit the *¡Saludos! / ¡Recuerdos!* World Wide Web site
http://www.harcourtcollege.com/spanish/saludosrecuerdos

4.7 Indique Ud. si *(if)* es más típico de los Estados Unidos o de los países hispanos.

1. Las universidades públicas son relativamente baratas.
2. Los estudiantes asisten a la preparatoria.
3. Los estudiantes necesitan aprobar un examen rígido de ingreso (admisión preparatoria).
4. Tienen universidades nacionales y no estatales (del estado).
5. Los estudiantes empiezan sus estudios profesionales inmediatamente.
6. Los estudiantes tienen varias opciones en sus programas.
7. Celebran fiestas y reuniones en la universidad.
8. Usualmente hay residencias o dormitorios.

4.8 Imagínese que Ud. regresa de México y ahora le describe a su compañero(a) no menos de tres diferencias que hay entre *(between)* las universidades mexicanas y las (universidades) de su país.

 **MODELO** • • • ▶ En primer lugar... En segundo lugar... Y en tercer lugar...

V O C A B U L A R I O

Las materias (school subjects)

la antropología	*anthropology*	la historia	*history*
el arte	*art*	la informática	*computer science*
la biología	*biology*		
las comunicaciones	*communications*	el inglés	*English*
la contabilidad	*accounting*	las lenguas extranjeras	*foreign languages*
la economía	*economics*		
la educación física	*physical education*	las matemáticas	*mathematics*
		la psicología	*psychology*
el español	*Spanish*	la química	*chemistry*
la filosofía	*philosophy*	la sociología	*sociology*
la geografía	*geography*		

Otras cosas (other things)

el chicle	*chewing gum*	el reloj	*clock; watch*
los dulces	*candies*	el reloj pulsera	*wrist watch*
los quehaceres	*chores*		

Adjetivos

barato(a)	*cheap*	otro(a)	*another, other* (omit **un[a]** with **otro[a]**)
difícil	*difficult*		
fácil	*easy*	pintoresco(a)	*picturesque*
juntos(as)	*together*	privado(a)	*private*

Posesivos

mi, mis	*my*	tu, tus	*your (familiar)*
nuestro(a)(os)(as)	*our*	vuestro(a)(os)(as)	*your (fam. pl.)*
su, sus	*his, her, its, your (formal), their*	¿De quién es?	*Whose is it?*

Verbos

acostarse (**ue**)	*to go to bed*		pensar +	*to plan to*
afeitarse	*to shave*		infinitive	
almorzar (**ue**)	*to have lunch*		poder (**ue**)	*to be able (can)*
bañarse	*to bathe*		ponerse	*to put on*
cerrar (**ie**)	*to close*		(me pongo)	
contar (**ue**)	*to tell, to relate;*		preferir (**ie**)	*to prefer*
	to count		preocuparse	*to worry (about)*
cortar	*to cut*		(por)	
despertarse (**ie**)	*to wake up*		quedarse	*to stay,*
divertirse (**ie**)	*to have a good*			*to remain*
	time		querer (**ie**)	*to want*
dormir (**ue**)	*to sleep*		quitarse	*to remove;*
dormirse (**ue**)	*to fall asleep*			*to take off*
empezar (**ie**)	*to begin*		recordar (**ue**)	*to remember*
entender (**ie**)	*to understand*		sacudir	*to dust*
hacer (hago)	*to do, to make*		salir (salgo)	*to go out*
irse (me voy)	*to leave*		secarse	*to dry oneself*
jugar (**ue**) a	*to play (game,*		sentarse (**ie**)	*to sit down*
	sport)		tocar	*to play an*
lavarse	*to wash oneself*			*instrument or*
maquillarse	*to put on makeup*			*record; to*
pasar	*to vacuum*			*touch*
(la aspiradora)			traer (traigo)	*to bring*
peinarse	*to comb one's hair*		venir (vengo)	*to come*
pensar (**ie**) en	*to think about*		volver (**ue**)	*to come back*

Expresiones

en punto	*o'clock*		¿Qué hora es?	*What time is it?*
entonces	*then*		Son las...	*It's (for times with two*
entre	*between,*			*o'clock and after)*
	among		Es la...	*It's (for times with*
hasta	*even, until*			*one o'clock)*
poco a poco	*little by little*		¿A qué hora es?	*At what time is it?*
por fin	*finally*		Es a la(s)...	*It's at . . .*

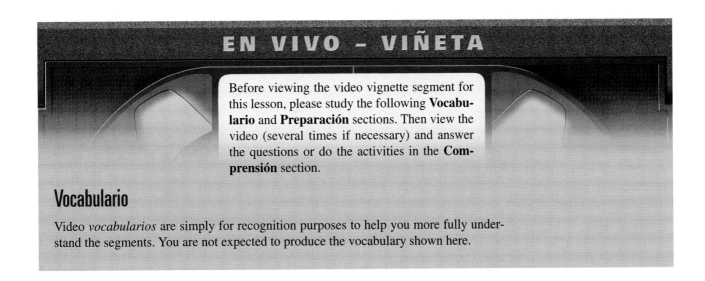

EN VIVO – VIÑETA

Before viewing the video vignette segment for this lesson, please study the following **Vocabulario** and **Preparación** sections. Then view the video (several times if necessary) and answer the questions or do the activities in the **Comprensión** section.

Vocabulario

Video *vocabularios* are simply for recognition purposes to help you more fully understand the segments. You are not expected to produce the vocabulary shown here.

antes de	*before*	levantarse	*to get up*
la cara	*face*	maquillarse	*to put on makeup*
la cita	*appointment*	el pelo	*hair*
despedirse	*to say good-bye*	perezoso	*lazy*
el despertador	*alarm clock*	primero	*first*
después de	*after*	la ropa	*clothes*
ducharse	*to take a shower*	la sala	*living room*
en vivo desde	*live from*	sin	*without*
la sala	*the living room*	el sobrino	*nephew*
encontrar	*to find*	suena	*goes off (sounds)*
enfrente de	*in front of*	tengo mucha	*I'm in a big hurry*
la escuela	*(elementary)*	prisa	
	school	tiene que	*has to*
el espejo	*mirror*	todas las	*every morning*
esperar	*to wait*	mañanas	
el fin de semana	*weekend*	vestirse	*to get dressed*
hablar	*to speak*	la vida	*life*

Preparación

Make a list in Spanish of things you do in the morning before leaving for class or work. Then circle the ones you hear or see as you watch the video.

Comprensión

A. Read the following statements. After watching the video, circle **C** (Cierto) or **F** (Falso), according to what you understood.

C F 1. Marta es la tía de Lucas.
C F 2. Teresa se levanta primero.
C F 3. Después de ducharse, Lucas se afeita.
C F 4. Teresa tiene mucha prisa en la mañana.
C F 5. Sofía tiene hoy una cita con el médico.

B. Select the word or phrase that best completes each statement, according to what you understood.

1. El despertador de Teresa suena a las (seis y media, siete y media).
2. A (Lucas, Teresa) no le gusta levantarse.
3. (Sofía, Papá) se levanta primero.
4. (Lucas, Papá) desayuna sin afeitarse los fines de semana.
5. (Sofía, Teresa) se peina y se maquilla antes de hacer el desayuno.

Pronunciación

Repita Ud. las palabras modelo después de su profesor(a).

G before **-e** or **-i** and **j** before **-a, -e, -i, -o, -u** are pronounced approximately like the English *h* in *hat*.

julio	bajo	general	jamón
mujer	jefe	Jiménez	jovial
gente	gimnasio	genio	página

G is pronounced like the English *g* in *go* before **-a, -o, -u.**

garaje	gas	gato	golfo
Gómez	gusto	supongo	tengo

Note that **-u** is not pronounced in the letter groups **-gue** and **-gui.**

guitarra	(gui-ta-rra)	Guillermo (Gui-ller-mo) pague (pa-gue)
guía	(guí-a)	guerra (gue-rra)

Qu is pronounced like *k* and appears before **-e** or **-i.**

que   quince   quien   parque   yanqui

But notice the /k/ for **c** with other vowels.

café   cosa   cuánto   Caracas

Estructura   I.   Los adjetivos posesivos

To express possession

A. Possessive adjectives in Spanish agree with the noun they modify and *not with the possessor.* The possessives **mi, tu,** and **su** have only two forms—singular and plural. **Nuestro** and **vuestro** have four forms: **-o, -a, -os,** and **-as.**

mi, mis padre(s)	*my*	**nuestro, nuestra primo(a)**	*our*
		nuestros, nuestras primos(as)	
tu, tus hermano(s)	*your (fam.)*	**vuestro, vuestra tío(a)**	*your*
		vuestros, vuestras tíos(as)	*(fam.*
su, sus abuelo(s)	*your (formal)*		*pl.)*
	his, her, its, their		

For clarification or emphasis, Spanish rephrases **su** or **sus** by using: **...de** + *possessor* (noun or pronoun).

Es su familia.   Es la familia de Mario (de él).
                         ...de Luisa (de ella).
                         ...de Ud.
                         ...de los estudiantes (de ellos).

4.9 Ud. le enseña a su compañero(a) las fotos de su familia. Dígale *(Tell him/her)* quienes son los miembros de su familia.

 •••►   (hermanas)
                    Es la foto de **mis** hermanas.

(hermanos, tíos, abuelos, primo, sobrina, hijos, padre, familia)

Ahora su compañero(a) le explica a otro miembro de la clase las fotos de su familia (la familia de Ud.). Debe usar los mismos miembros de la familia.

> (hermanas)
> Es la foto de **sus** hermanas.

4.10 Pregúntele a su compañero(a) si tiene estas cosas *(things)*.

> los libros
> ¿Tienes **tus** libros?
> Sí, (No, no) tengo **mis** libros.

los cuadernos, el manual *(textbook),* la calculadora, la tarea, las respuestas, el diccionario, los lápices, el horario, los exámenes, las cosas, la grabadora *(tape recorder)*

Ahora pregúntele a dos compañeros(as) si tienen esas mismas cosas. Los compañeros(as) pueden turnarse para contestar.

> los libros
> ¿Tienen Uds. **sus** libros?
> Sí, (No, no) tenemos **nuestros** libros.

B. Possession and relationship are never expressed with *'s* in Spanish. Instead Spanish speakers use:

article + noun + de + owner				
los	padres	de	la muchacha	*the girl's parents (the parents of the girl)*
la	dirección	del	Sr. Romero	*Mr. Romero's address*
las	cosas	de	Sonia	*Sonia's things*

¡OJO!

The preposition *de (of, from)* plus the article *el* becomes *del.*

No recuerdo el nombre *del* señor. | *I don't remember the man's name.*
                                     | *(. . . the name of the man)*

Vengo *del* correo. | *I'm coming from the post office.*
but: Es el auto *de los* Villa. | *It's the Villas' car.*
Venimos *de la* oficina. | *We're coming from the office.*

4.11 Complete con la forma correcta: del, de los, de la, de las.

1. David es _____ Estados Unidos.
2. Soy amigo _____ Sr. Ruiz.
3. Raúl es el tío _____ niñas.
4. Hablamos _____ familia.
5. ¿Cuál es la dirección _____ restaurante?
6. No sé el nombre _____ señora.
7. Vengo _____ trabajo.
8. Son los papeles _____ muchacho.

4.12 Pregúntele a su compañero(a) de quién *(whose)* son estas cosas. Él (Ella) contesta con la persona indicada.

 • • • ►

el bolígrafo / el profesor	¿De quién es el bolígrafo? El bolígrafo es del profesor.
los cuadernos / la estudiante	¿De quién son los cuadernos? Los cuadernos son de la estudiante.

1. el reloj / el señor
2. la calculadora / la chica
3. las sillas / el vecino *(neighbor)*
4. la mesa / la amiga
5. los videos / la tienda
6. los manuales / el estudiante
7. la llave / la profesora
8. los CDs / el hermano de Rosita

4.13 Secretamente pida prestadas *(borrow)* dos cosas a su profesor(a) y dos a sus compañeros(as) más cercanos(nas) *(close)*. Luego hágales estas preguntas a sus compañeros: **¿De quién es (son)... ?**

Estructura   II. **Verbos con cambios en el presente**

To talk about several activities in the present

A. Certain verbs change the **-e** or **-o-** in their stem (**e** to **ie** and **o** to **ue**) when the stem is stressed. The stem is the part of the verb left after dropping the infinitive markers: **-ar, -er,** or **-ir.** The type of stem change will be indicated in parentheses next to the infinitive. To help you remember their pattern, use the "boot" visual that includes the four forms with changes.

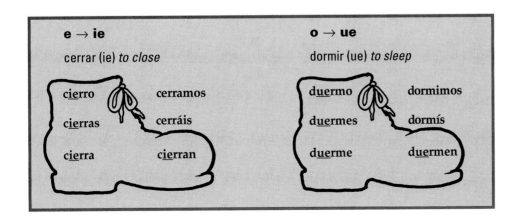

e → ie

cerrar (ie) *to close*

cierro	cerramos
cierras	cerráis
cierra	cierran

o → ue

dormir (ue) *to sleep*

duermo	dormimos
duermes	dormís
duerme	duermen

B. It's helpful to learn infinitives together with the **yo** form of the verb. Verbs with **-e** to **-ie**:

empezar (emp**ie**zo)	*to begin*
entender (ent**ie**ndo)	*to understand*
pensar* (p**ie**nso)	*to think*
preferir (pref**ie**ro)	*to prefer*
querer (qu**ie**ro)	*to want*
tener (**tengo, tie**nes, t**ie**ne	*to have*
tenemos, tenéis, t**ie**nen)	
venir (**vengo,** v**ie**nes, v**ie**ne	*to come*
venimos, venís, v**ie**nen)	

*Pensar en** means *to think of, to think about.*

Pienso en Uds. *I think of you.*

Pensar + infinitive means *to plan to, to intend to.*

¿Qué piensas hacer luego? *What do you plan to do later?*

C. Certain verbs take the **-go** ending in the **yo** form.

Tener (tengo) and **venir (vengo)** have an irregular **yo** form. Other verbs with this **-go** ending, but not stem-changing, are

hacer *to do, to make*   hacer una pregunta *to ask a question*

ha**go**, haces, hace, hacemos, hacéis, hacen

poner *to put; to turn on (appliance)*

pon**go**, pones, pone, ponemos, ponéis, ponen

salir *to go out*

sal**go**, sales, sale, salimos, salís, salen

traer *to bring*

tra**igo**,* trae, traemos, traéis, traen   * Note that traer adds -igo.

D. Verbs with **-o** to **-ue**:

almorzar (alm**ue**rzo)	*to have lunch*
poder (p**ue**do)	*to be able, can*
recordar (rec**ue**rdo)	*to remember*
volver (v**ue**lvo)	*to come back*

Jugar *(to play)* changes its stem vowel from **-u-** to **-ue-** when stressed.

j**ue**go, j**ue**gas, j**ue**ga, jugamos, jugáis, j**ue**gan

---

¡OJO!

Jugar means to *play a game or sport* and takes the preposition *a* + the definite article.

Juego a las cartas *(cards).*
Jugamos al sóftbol.

With musical instruments or records use *tocar.*

¿Tocas la guitarra?   *Do you play the guitar?*
¡Vamos a tocar el CD nuevo! *Let's play the new CD!*

4.14 ¿Puede Ud. combinar el refrán en español y en inglés?

1. Quien mucho duerme, poco aprende.
2. Querer es poder.
3. La caridad empieza con nosotros mismos.
4. Lo que no se empieza no se termina.
5. No dejes para mañana lo que puedes hacer hoy.

a. Don't put off till tomorrow what you can do today.
b. What is not begun is not finished.
c. Where there's a will there's a way.
d. He who sleeps much, learns little.
e. Charity begins at home.

Los quehaceres°

Chores

¿Qué piensan hacer ellos?

| lavar la ropa | pasar la aspiradora | sacudir los muebles | cortar el césped |

4.15 Escoja la opción correcta entre paréntesis para describir lo que van a hacer estas personas.

1. Luis Miguel _____ cocinar. (almuerza, quiere)
2. Gisela _____ lavar la ropa. (prefiere, cierra)
3. Ramón _____ cortar el césped ahora. (duerme, viene a)
4. Tú _____ pasar la aspiradora, ¿no? (tocas, puedes)
5. Olga y Silvana _____ sacudir los muebles. (juegan a, empiezan a)
6. Claudio _____ limpiar *(to clean)* el baño luego. (piensa, entiende)
7. Nosotros _____ (salimos, hacemos) la cama.
8. Yo _____ muchos quehaceres también (vengo, tengo)
9. y por eso *(for that reason)* yo no _____ la televisión (pongo, hago)
10. Cuando terminamos, todos nosotros _____ un poco de música (venimos, tocamos)
11. y _____ (jugamos, podemos) a un juego con los niños.

> **Venir** and **empezar** take the preposition *a* before an infinitive: **Vengo (Empiezo) a estudiar.**

¡OJO!

4.16 Ud. y su compañero(a) tienen planes para el sábado. Su compañero(a) quiere saber si Jaime, amigo de Uds. dos, también tiene los mismos planes. En la mayoría de los casos *(Most of the time)* Jaime quiere hacer las mismas cosas.

MODELO • • • ► **Queremos** comer en el centro.

COMPAÑERO(A): ¿Y Jaime **quiere** comer en el centro?

UD.: Sí, (él) **quiere** comer en el centro.

1. **Podemos** almorzar comida mexicana.
2. **Traemos** unos cupones de descuento *(discount coupons)*.
3. Después **pensamos** ir al cine.
4. **Preferimos** ver un film nuevo.
5. Por la tarde **venimos** al gimnasio y
6. **jugamos** un poco al baloncesto.
7. Luego **volvemos** a casa.
8. Por la noche **ponemos** la televisión un poco.

4.17 Ud. se preocupa por el bienestar *(well-being)* de su compañero(a). Hágale estas preguntas y escriba sus respuestas para luego compartirlas con la clase.

MODELO • • • ► cuántas horas **preferir** trabajar

¿Cuántas horas **prefieres** trabajar?

Prefiero trabajar cinco (seis...) horas.

1. cuándo **poder** estudiar
2. cuáles de las materias **entender** bien y cuáles no
3. cuántas veces *(how many times)* a la semana **hacer** ejercicios
4. a qué deportes **jugar**
5. con quién(es) **salir** los fines de semana
6. en qué cosas buenas **pensar**
   en quién(es) **pensar** frecuentemente
7. cuántas horas **dormir** de noche
8. qué dulces *(candies)* **traer** a las clases o al trabajo
   qué chicles *(gum)* **traer**

Ahora con el permiso *(permission)* de su compañero(a) comparta las respuestas con la clase.

MODELO • • • ► Mi compañero(a) prefiere trabajar...

Estructura III. Los pronombres reflexivos

To talk about daily routines

A. Spanish speakers often talk about daily routines using reflexive verbs; for example: **Me levanto** *(I get up)*. **Carmen se baña** *(Carmen bathes)*. In a reflexive construction the subject does the action to itself. The subject, the verb, and the reflexive pronouns all refer to the same person. In vocabulary lists the **-se** attached to the infinitive shows that reflexive pronouns accompany the verb forms. English often uses words like *up, down, get,* or *take* rather than the reflexive pronouns: *myself, yourself,* and so on.

nonreflexive:	(Yo) baño al bebé.	*I bathe the baby.*
reflexive:	**(Yo) me** baño.	*I take a bath. (I bathe myself.)*
nonreflexive:	Mamá peina a la niña.	*Mom combs the girl's hair.*
reflexive:	**Mamá se** peina.	*Mom combs her (own) hair.*

Here is the verb **levantarse** *(to get up)* in the present tense.

yo	**me** levanto	nosotros(as)	**nos** levantamos
tú	**te** levantas	vosotros(as)	**os** levantáis
Ud./él/ella	**se** levanta	Uds./ellos/ellas	**se** levantan

B. Reflexive pronouns go before the conjugated verb form.

Yo no **me** levanto temprano.	*I do not get up early.*
Diego **se** va a bañar primero.	*Diego is going to bathe first.*

They may also be attached to the end of the infinitive.

Los Velasco quieren sentar**se** aquí.   *The Velascos want to sit (down) here.*

C. The following verbs are often used reflexively. Memorize their meanings and make up an original question or statement as you learn each verb.

acostarse (ue)	*to go to bed*	Me acuesto a las once.
afeitarse	*to shave*	¿Te afeitas por la mañana?
despertarse (ie)	*to wake up*	¿Se despiertan Uds. temprano?
divertirse (ie)	*to have a good time*	Me divierto mucho aquí.
lavarse	*to wash*	Nos lavamos las manos.
maquillarse	*to put on makeup*	Rosa se maquilla mucho.
peinarse	*to comb one's hair*	¿No vas a peinarte hoy?
preocuparse por	*to worry about*	Ellos se preocupan por los hijos.
quedarse	*to stay, to remain*	¿Por qué no nos quedamos unos días más?
sentarse (ie)	*to sit down*	Pepe y Carla se sientan a la mesa.

D. Some verbs change meaning when used reflexively.

dormir (ue)	*to sleep*	Duermo más los sábados.
dormirse	*to fall asleep*	¿Te duermes en clase?
ir	*to go*	¿Quién va al cine?
irse	*to leave*	Nos vamos ahora.
llamar	*to call*	Llamo por teléfono.
llamarse	*to be named*	Ella se llama Matilda.
poner (pongo, pones)	*to put, to set*	¿Dónde pones los platos?
ponerse	*to put on*	Me pongo los zapatos.

¡OJO!

With parts of the body and clothing, Spanish generally uses the definite article, not the possessives. Compare:

Nos lavamos las manos   *We wash our hands.*
Me corto las uñas.   *I cut my (finger) nails.*
Él no se quita los zapatos.   *He doesn't remove his shoes.*

4.18 Escoja la frase que describe la actividad de Marisol en cada dibujo *(drawing)*.

Primero Marisol...	Entonces ella...	Luego *(Then)*...

1a. se duerme a las siete.
 b. se acuesta a las siete.
 c. se despierta a las siete.

2a. se sienta.
 b. se levanta.
 c. se queda en la cama.

3a. se baña.
 b. se acuesta.
 c. se maquilla.

Después...	Más tarde...

4a. se lava las manos.
 b. se peina.
 c. se seca *(dries)*.

5a. se peina.
 b. se pone la ropa.
 c. se maquilla.

<u>**Entonces...**</u>   <u>**Durante unos minutos ella ve la televisión y...**</u>

6a. se sienta a desayunar.   7a. se duerme.
 b. se levanta de la mesa.   b. se enoja *(gets angry)*.
 c. se quita la ropa.   c. se divierte.

<u>**Luego...**</u>   <u>**Por fin *(Finally)* a las ocho...**</u>

8a. se afeita.   9a. se queda en casa.
 b. se lava los dientes *(teeth)*. b. se acuesta un poco.
 c. se maquilla.   c. se va al trabajo.

Ahora repita la actividad anterior tres veces con diferentes sujetos: primero con **yo,** después con **tú** y por fin con **nosotros.** Use **maquillarse y afeitarse** según el sexo de la persona.

MODELO • • • ► Primero yo me... a las siete.

4.19 Ud. quiere conocer mejor a otro(a) compañero(a) de clase. Hágale estas preguntas. Escriba sus respuestas para luego compartirlas con otro(a) compañero(a). Note que **a la(s) + hora** significa *at + time:* a las siete *(at seven o'clock).*

1. ¿Cómo te llamas?
2. ¿A qué hora *(At what time)* te levantas los lunes? ¿Los domingos?
3. ¿Qué te preparas de desayuno? ¿De almuerzo? ¿De cena?
4. ¿A qué hora te vas al trabajo? ¿A la universidad?
5. ¿Dónde te diviertes más? ¿Dónde menos?
6. ¿Te preocupas por tu familia? ¿Por quién específicamente?

7. ¿Qué días te quedas tarde en el trabajo? ¿En la universidad?

8. ¿A qué hora te acuestas entre semana? ¿Los fines de semana?

Ahora comparta Ud. la información con otro(a) compañero(a).

4.20 Prepare una lista de las actividades que lógicamente hace en las diferentes partes de su casa. Luego compare la lista con su compañero(a) para ver quién hace más y quién menos. Puede usar verbos reflexivos y no reflexivos también.

En la sala *(living room)* (yo)...   En la cocina-comedor *(kitchen-dining room)*...

En el baño *(bathroom)*...   En el dormitorio *(bedroom)*...

What time is it?

E s t r u c t u r a   **IV. ¿Qué hora es?⁰**

To express time

A. To ask *What time is it?* say **¿Qué hora es?** To answer, say **Son las...** and then give the hour. For times dealing with one o'clock use **Es la una...**

¡OJO!

El reloj means both *watch* and *clock*. To specify a wristwatch say *el reloj pulsera*.

Son las dos.   Son las once.   Son las doce.   Es la una.
(en punto)   (en punto)   (Es mediodía.)   (en punto)
(o'clock)   (Es medianoche.)

B. From the hour to the half hour you add minutes (+ **y**). Use **cuarto** *(quarter)* for fifteen minutes and **media** *(half)* for thirty.

Son las siete y   Son las ocho y   Son las nueve y   Es la una y
diez.   cuarto (quince).   media (treinta).   media (treinta).

C. After the half you subtract the minutes (− **menos**).

Son las seis menos
veinticinco.

Son las once menos
cuarto.

Es la una menos
diez.*

*Remember that for times
with one o'clock (12:31–1:30)
say **Es la una (menos / y...)**
then the minutes.

D. To help distinguish between A.M. and P.M. use:

de la mañana	after midnight to noon
de la tarde	from noon until around 8:00 P.M.
de la noche	from around 8:00 P.M. until midnight

Business hours and time schedules often appear written in the twenty-four-hour system.
This means that after noon, hours are counted from 13 to 24; for example: 13:15 would be
1:15 P.M.

Son las cinco de la tarde.　　　　*It's five P.M.*
Son las diecisiete horas (17 h.).

¿Cómo se dice 14:00 de otra manera? ¿Y 23:05?

4.21　Con su compañero(a), túrnense para decir las diferentes horas.

1. 8:05 A.M.	**5.** 4:50 P.M.	**9.** 6:30 P.M.
2. 11:20 A.M.	**6.** 9:45 P.M.	**10.** 10:00 P.M. o'clock
3. 12:00 P.M.	**7.** 8:35 P.M.	**11.** 7:45 A.M.
4. 3:15 P.M.	**8.** 12:50 A.M.	**12.** 2:10 P.M.

E. Ask **¿A qué hora es?** to find out *at what time* something happens.

¿A qué hora es la reunión?
Es a las tres de la tarde.

La televisión de Argentina.

Hora	Canal 2 AMERICA	Canal 7 ATC	Canal 9
06:00 a 12:00	A las 15 Cine Casero	6:00. **ATC 24**, informativo. 7:00. **Hora 7**, revista de noticias. 8:00. **Buena salud.** 9:00. **La mañana**, periodístico. 11:00. **33 millones de consumidores.** 11:30. **Dibujos animados.**	A las 15 Indiscreciones
12:00 a 17:00	12:00. **Mork y Mindy**, serie. 12:30. **Lazos familiares**, serie. 13:00. **América noticias**, noticiero; Cond.: Karin Cohen y Ricardo Testa. 14:00. **Vivir mejor**, de interés para la salud. Cond.: Dr. Alberto Cormillot. 15:00. **Cine Casero, para comer sandía a la hora de la siesta.** Conducido por Alfredo Casero. Hoy: **Fulmine**, con Pepe Arias, Julia Renato y Pierina Dealessi. Dirección de Luis Bayon Herrera.	12:00. **Veraneando en colores**, infantil. 13:00. **ATC noticias**, conducido por Nicolás Kasansew y Marisa Caccia. 14:00. **Cine argentino: Allá en el setenta y tantos**, con Silvana Roth, Carlos Cores y Alberto Bello. 15:25. **Video moda**, Cond.: R. Giordano. 15:30. **Entre amigas con Teresa**, de interés para la mujer. Conducido por Teresa Calandra.	12:00. **Nuevediario**, conducido por Guillermo Andino y Mabel Marchesini. 13:00. **El espejo**, de interés general. Conducido por Víctor H. Morales. Móviles: Silvina Chediek, María Belén Aramburu y Juan Segundo Stegman. 15:00. **Indiscreciones de verano**, del espectáculo; Cond.: Adriana Salgueiro y Marcelo Medina. 16:00. **Yo me quiero casar...¿y usted?**, conducido por Roberto Galán.
17:00	17:00. **Magic Kids**, dibujos animados.	17:00. **Dibujitos bañados con chocolate.** 17:30. **A jugar con Teddy y Carlos Balá.**	17:00. **90-60-90**, telenovela con Raúl Taibo, Silvia Kutica y elenco.
18:00	18:00. **Sin vueltas**, periodístico. Conducido por Lía Salgado.	18:00. **Verano azul**, miniserie con Antonio Ferrandiz y Mario Garralon.	18:00. **El paparazzi...,increíble pero Rial**, periodístico del espectáculo.
19:00	19:00. **Tomalo con soda**, magazine periodístico. Cond.: Diego Díaz y L. Montero.	19:00. **ATC 24**, con noticias nacionales e internacionales.	19:00. **La nena**, telecomedia con Rodolfo Ranni y Valeria Britos.
20:00	20:00. **Power Rangers**, serie de acción.	20:00. **Anochecer con Mauro Viale**, de interés general con invitados.	20:00. **Nuevediario**, informativo conducido por Guillermo Andino y Mabel Marchesini
21:00	21:00. **América noticias**, informativo. Conducido por Karin Cohen y N. Esclauzero.	21:00. **El ecológico**, periodístico. Cond.: Roberto Vacca.	21:00. **Por siempre mujercitas**, telenovela con Virginia Lago, Pablo Alarcón y elenco.
22:00 a 24:00	22:00. **Informe especial**, investigaciones periodísticas. Cond.: Alejandro Rial. 23:00. **Las patas de las mentiras**, periodístico. Cond.: Lalo Mir. 24:00. **América noticias**, informativo; Cond.: Horacio Embón. *info*	22:00. **Especial de Osvaldo Pugliese**, musical. 24:00. **ATC noticias**, con la información nacional e internacional.	22:00. **Memoria**, periodístico. Conducción de Samuel Gelblum.
Trasnoche		1:00. **Cine argentino: Tres millones de amor**, con Santiago Gómez Cou, Delfy de Ortega, Raimundo Pastore, Homero Cárpena y Elena Soto. Dirección de Luis Bayon Herrera.	23:55. **Reporter Esso**, conducido por D. López.

4.22 Pregúntele a su compañero(a) a qué hora son los siguientes programas. Él (Ella) consulta la guía de televisión argentina para buscar la hora. **El canal** se refiere a *channel* en inglés.

MODELO • • • ▶ **Canal 2** Magic Kids
UD.:   ¿A qué hora es Magic Kids?
SU COMPAÑERO(A):   Es a las cinco de la tarde.

Canal 2

1. Tómalo con soda
2. América noticias (*News*)

Canal 7

3. Video moda
4. Verano azul *(blue)*
5. Cine argentino

Canal 9

6. La nena *(baby)*

4.23 Refiéranse Ud. y su compañero(a) a la guía argentina y decidan individualmente en cinco programas interesantes y cinco no interesantes. Escriban el nombre y la hora. Luego comparen sus selecciones. ¿Cuáles de los programas les gustan más? ¿Cuáles menos? Incluyan la hora. ¿Prefieren Uds. ver algunos *(some)* de esos programas a otra hora? ¿A qué hora específicamente?

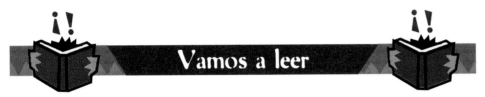

Vamos a leer

4.24 Antonio necesita informes para los cursos de verano. Complete Ud. la carta de él. Subraye la mejor respuesta entre paréntesis.

25 de enero

Sr. Secretario de
Programas Internacionales
Universidad de Querétaro
76000 Querétaro, Qro.
México

Muy estimado Señor:

En junio (cierro, pienso, traigo) viajar a México para estudiar español y (conocer, saber, creer) los lugares históricos (mes, mis, más) importantes (de la, del, de las) país. (Soy, Voy, Estoy) Bachiller en Ciencias Políticas y (salgo, quiero, aprendo) tomar clases de historia y economía.

(Con permiso, De nada, Por favor), envíeme° informes referentes (a la, a los, al) plan de estudios, costo de la matrícula y el alojamiento,° (cumpleaños, puertas, horarios) y días de clase.

Muy atentamente,°
Antonio Lanza

send me

costo... registration and lodging costs

Sincerely

Una casa colonial en Querétaro, México.

El acueducto de Querétaro es impresionante de día y de noche.

4.25 Jennifer Osborne estudia en Querétaro, México y le escribe una carta a su profesora de español en los Estados Unidos. ¿Qué observa Jennifer en cuanto a *(regarding)* la universidad y la familia en México? Primero, note el horario de ella.

Horario de Jennifer	
8:00 h.	Desayuno con la familia
9:00 h.	Español para extranjeros°
10:45 h.	Descanso
11:00 h.	Cultura y civilización
12:00 h.	Literatura mexicana
13:00 h.	Almuerzo con la familia
14:00 h.	Siesta
15:00 h.	Excursiones

foreigners

23 de junio

Estimada Sra. Riley:

¿Cómo está Ud.? Yo estoy muy bien en México. Me gusta mucho Querétaro. En particular, me fascina la arquitectura —modernos edificios y pintorescas° casas coloniales. Poco a poco me adapto a la altitud y a la comida mexicana.

picturesque

Mi familia mexicana es muy amable. Salimos frecuentemente a las tiendas, al cine, a los museos y a las casas de los amigos. Los fines de semana damos un paseo por las plazas o el campo. El antiguo acueducto° y las montañas son especialmente impresionantes.

antiguo... old aqueduct

Vivimos cerca del centro. El papá, el Sr. Morales, trabaja en un banco. La señora es ama de casa.° Son estrictos, pues no me permiten salir sola de noche con un amigo. La abuelita, la mamá de la señora, vive con la familia. Ella es muy amable y simpática. Me enseña a cocinar varios platos sabrosísimos. Los hijos de los Morales viven en casa y estudian en la universidad. Consuelo (19 años) se especializa en medicina y Eduardo (21 años) en arquitectura. Los tres somos buenos amigos.

ama... housewife

El sistema acádemico aquí es diferente. Los estudiantes no escogen° las materias.° Toman sólo las materias en su especialización. La asistencia no es obligatoria. Hay estudiantes que sólo asisten a clases los días de examen o cuando quieren, pero no sacan buenas notas.° También creo que los estudiantes participan más activamente en la política del país en sus reuniones y manifestaciones.

pick / subjects

grades

Los exámenes son pocos pero largos.° Generalmente los profesores prefieren los exámenes de ensayo° y no los de múltiples-respuestas.

long

essay

Todos los días aprendo algo nuevo y fascinante de México y hasta° de los Estados Unidos. Tomo español para extranjeros, cultura y civilización y literatura mexicana. Me gustan todas mis clases, pero necesito estudiar mucho para la clase de literatura porque mi profesor es muy exigente.° Estudio horas y horas para esa clase con mis compañeros.

even

demanding

Bueno, hasta otro día. Necesito hacer la tarea de mañana.

Afectuosamente,

Jennifer Osborne

Imagínese que Ud. recibe la carta de Jennifer. Dígale a su compañero(a) la información más importante. Por ejemplo:

1. Tengo carta de...
2. A ella le gusta mucho...
3. Su familia mexicana...
4. Vive cerca de...
5. El papá, el Sr. Morales, trabaja...
6. La señora es...
7. Son estrictos porque no le permiten...
8. La abuelita...
9. Los hijos...
10. Los estudiantes toman sólo...

11. Los exámenes son...

12. A Jennifer le gustan todas...

En grupos de tres compañeros tomen tres minutos para aprender de memoria las frases más importantes de la carta. Cierren el libro y empiecen a contar *(tell)* la información. Luego, comparen sus recuerdos *(recollections)* con otro grupo en clase. ¿Quiénes recuerdan más información correctamente?

Vamos a escuchar

4.26 Preview the questions on this page to help you focus your attention on the sequence of events. Then listen on your CD to María Carmen talk about her daily activities. Remember, you don't need to know every single word to get the gist of the talk. Rely on context and surrounding words.

1. María Carmen se levanta _____
  a. a las siete.
  b. a las ocho.
  c. a las nueve.

2. María Carmen estudia toda *(all)* _____
  a. la mañana.
  b. la tarde.
  c. la noche.

3. Ella _____
  a. desayuna muchísimo.
  b. desayuna mucho.
  c. no desayuna mucho.

4. Ella almuerza _____
  a. sola.
  b. con su familia.
  c. con sus amigos.

5. A las tres de la tarde, María Carmen _____
  a. practica el baloncesto en el gimnasio.
  b. trabaja en la tienda.
  c. va a la biblioteca.

6. María Carmen regresa a casa a las _____
  a. cinco en punto.
  b. cinco más o menos.
  c. seis menos cinco.

7. Cuando María Carmen regresa a casa, ella primero _____
  a. descansa un poco.
  b. se baña.
  c. ayuda con la cena.

8. Finalmente ella _____
  a. habla con su novio *(fiancé)*.
  b. sale con sus amigos.
  c. hace ejercicios.

Vamos a hablar

4.27 Ask your classmate if he/she brings these items to class. Later tell a second classmate what the first one brings or does not bring.

 • • • ►   el libro de español   ¿Traes tu libro de español?
Sí, (No, no) traigo mi libro de español.
Él/Ella (no) trae su libro de español.

el libro de inglés   el manual de español
el diccionario   los discos compactos
el bolígrafo   el teléfono celular
los lápices   la mochila
los cuadernos   los problemas
la calculadora   los apuntes *(class notes)*

4.28 Tell your classmate what you do hour by hour on your busiest day of the week. Then, ask if he/she does those activities at the same time.

 • • • ►   Yo me despierto a las seis de la mañana.
¿A qué hora te despiertas tú?

4.29 Imagine your classmate is from a Spanish-speaking country and wants to find out what you do on weekends. Tell him/her what you do in the morning, afternoon, and evening.

Vamos a escribir

4.30 Write out your daily schedule. Put the days across the the top of the page and the hours seven to midnight in the left margin. Fill in with activities you normally do during those times. Then in paragraph form describe, in as much detail as possible, what and when you do those activities.

Use these transition words: **primero, luego, después, más tarde, entonces** *(then),* **por fin.**

Refer to these verbs and others that you know already:

despertarse, levantarse
desayunar, comer, tomar
hacer ejercicios, correr
bañarse, ducharse, ponerse la ropa
ir(se) a, manejar a, caminar a, asistir a
estudiar, leer, escribir
trabajar, jugar a
cocinar, preparar, hacer

divertirse (con), salir (con), hablar, ver, dar un paseo
acostarse, dormirse

4.31 Escriba una carta similar a la de Antonio Lanza (véase 4.24) donde Ud. pide *(ask for)* informes referente al siguiente anuncio. Incluya su especialización y sus intereses.

Cursos de verano

—Durante los meses de junio, julio y agosto
—Niveles:° elemental, bajo, alto y avanzado°
—5 horas diarias:
   2 horas de gramática y ejercicios
   1 hora de cultura o literatura
   2 horas de conversación

• ALOJAMIENTO
• EXCURSIONES
• DEPORTES
• ACTIVIDADES SOCIALES

Universidad de Querétaro
76000 Querétaro, Qro. México
Tel: 52 (42) 11-0013. ext. 104.215
E-mail: achirino@campus.qro.itesem.mx

Levels / advanced

http://www.harcourtcollege.com/spanish/saludosrecuerdos

Vamos a explorar el ciberespacio

University Life

What would it be like to study at a Mexican university? To get acquainted with the Universidad Autónoma de Chihuahua, a Mexican state that borders on Texas and New Mexico, visit their site at http://www.uach.mx.

Look over this Web site: Pick a link that interests you and explore it. Cognates will help you recognize most of the names of the subjects. After examining the site, ask yourself: How are Mexican courses of study similar to those found at an American university?

The most famous Mexican university is the Universidad Nacional Autónoma de México (often called **la UNAM**) in Mexico City. Here is the Web address for this huge campus, *http://www.unam.mx.*

The World Wide Web offers many fascinating sites throughout the Spanish-speaking world dealing with the cultural topics in this lesson. Take a virtual field trip. Go to http://www.harcourtcollege.com/spanish/saludosrecuerdos to discover more.

EN VIVO – CULTURA

> Before viewing the cultural video segment for this lesson, please study the following **Vocabulario** and **Preparación** sections. Then view the video (several times if necessary) and answer the questions or do the activities in the **Comprensión** section.

Vocabulario

Video *vocabularios* are simply for recognition purposes to help you more fully understand the segments. You are not expected to produce the vocabulary shown here.

a través de	*through*	el metro	*subway*
antes que	*before*	miles	*thousands*
arraigado	*rooted*	el mundo	*world*
azteca	*Aztec*	el museo	*museum*
la cara	*face*	ofrecer	*to offer*
el centro	*center*	por medio de	*by means of*
se encuentra	*is found*	la sociedad	*society*
la escena	*scene*	el teatro	*theater*
esta	*this*	tiene	*has*
existió	*existed*	teotihuacana	*of Teotihuacán*
incluyendo	*including*	tolteca	*Toltec*
se inspira	*is inspired*	se viaja	*one travels*
el medio de transporte	*means of transportation*	viajar	*to travel*
el mercado	*market*	la vida	*life*

Preparación

Guess the meaning of the following words. While watching the video, circle each one as you hear it.

avanzada	eficiente
cosmopolita	futuro
cultural	indígenas
culturas	mucho
dinámica	restaurantes
económico	ruinas

Comprensión

A. Select the word or phrase that best completes each statement, according to what you understood.

1. El valle de México se encuentra en el (centro, futuro) de México.
2. El arte del valle de México se inspira en las ricas (escenas, culturas) indígenas.
3. La ciudad de México es una ciudad (cosmopolita, económica).
4. La ciudad de México tiene mucho que (ofrecer, viajar).

B. Read the following statements. After watching the video, circle C (Cierto) or F (Falso), according to what you understood.

C F **1.** La ciudad de México es la ciudad más grande del mundo.

C F **2.** En la ciudad de México se viaja mejor en taxi.

C F **3.** Las ruinas de Teotihuacán nos hablan de una sociedad muy antigua.

C F **4.** El Valle de México tiene miles de años de historia.

SELF-TEST

How well have you mastered this lesson? To find out, take the self test found on the ¡Saludos! Web site at http://www.harcourtcollege.com/spanish/saludosrecuerdos.

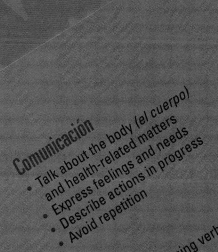

La salud y el cuerpo

Comunicación
- Talk about the body (*el cuerpo*) and health-related matters
- Express feelings and needs
- Describe actions in progress
- Avoid repetition

Estructuras
- Present tense of stem-changing verbs: **e → i**
- Expressions with **tener** + noun
- Present progressive
- Direct object pronouns

Cultura
- Health care

Conexiones
- *Vamos a leer*
  Interpreting health ads
- *«Eres una maravilla»* de Pablo Casals
- *Vamos a escuchar*
  Pinpointing the problem in a narrative
- *Vamos a hablar*
  Listing foods and beverages; describing infirmities
- *Vamos a escribir*
  The hospital admissions questionnaire
- *Vamos a explorar el ciberespacio*
  The five senses

The *¡Saludos!* CD-ROM offers additional language practice and cultural information.

Visit the *¡Saludos!* World Wide Web site:
http://www.harcourtcollege.com/spanish/saludosrecuerdos

¡Adelante!

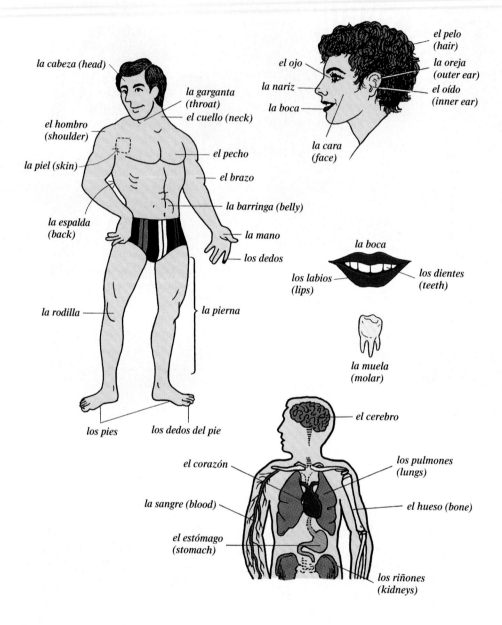

la cabeza (head)

la garganta
(throat)

el cuello (neck)

el hombro
(shoulder)

el pecho

la piel (skin)

el brazo

la barringa (belly)

la espalda
(back)

la mano

los dedos

la rodilla

la pierna

los pies

los dedos del pie

el pelo
(hair)

el ojo

la oreja
(outer ear)

la nariz

el oído
(inner ear)

la boca

la cara
(face)

la boca

los labios
(lips)

los dientes
(teeth)

la muela
(molar)

el cerebro

el corazón

los pulmones
(lungs)

la sangre (blood)

el hueso (bone)

el estómago
(stomach)

los riñones
(kidneys)

Actividades

5.1 ¿Qué partes del cuerpo asocian Ud. y su compañero(a) con estas acciones? Túrnense para mencionar las diferentes partes.

MODELO ····▶
leer: **los ojos**
nadar: **los brazos y las piernas**

1. ver
2. escuchar
3. correr
4. respirar *(to breathe)*
5. hablar

6. bailar
7. sonreír *(to smile)*
8. pensar
9. escribir
10. besar *(to kiss)*

5.2 Su compañero(a) no está bien. Pregúntele si tiene estos síntomas. Note que aquí el español no usa los artículos **un(a), el (la)...**

 **• • • ➤**

¿Tienes dolor de oído?
(Do you have an earache?)
Sí, tengo dolor de oído.

1.

5.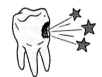

2.

6.

3.

7.

4.

8.

En la clínica

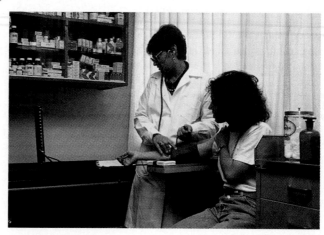

Claudia se siente *(feels)* muy mal y va a la clínica de la doctora Obregón.

Qué... What's wrong?

fever / me... hurting me
Tampoco... Neither can I breathe

dizzy / No... I don't feel like
Estoy... I'm coughing and sneezing often / esto... this is worse than a cold

flu

podría... would you prescribe for me

tengo... I have to

DRA. OBREGÓN:	Buenos días, señorita. ¿Qué le pasa?°
CLAUDIA:	Ay, doctora... tengo fiebre° y me duelen° mucho los oídos y la garganta. Tampoco puedo respirar° bien.
DRA. OBREGÓN:	Ajá, entiendo. ¿Y qué otros síntomas tiene?
CLAUDIA:	Pues, estoy un poco mareada.° No tengo ganas de° comer nada. Estoy tosiendo y estornudando a menudo.° Creo que esto es peor que un catarro.°
DRA. OBREGÓN:	De acuerdo. Puede ser la gripe° o un virus.
CLAUDIA:	Entonces, ¿podría Ud. recetarme° un antibiótico fuerte o ponerme una inyección?
DRA. OBREGÓN:	Calma, calma. Primero tengo que° examinarle la garganta y los oídos.
CLAUDIA:	Está bien, pero... Perdone... ¡Ah... chú!
DRA. OBREGÓN:	¡Salud!

°C   °F
100 — 212

36.9 — 98.6

0 — 32

Claudia tiene 39° C de temperatura. ¿Tiene ella la temperatura alta o normal?

¡OJO!

1. Spanish uses more than one negative in a sentence, but negatives can precede the verb, precluding the use of *no*:

_No_ puedo _tampoco_.   *I can't either.*
Tampoco puedo.   *Neither can I.*

2. En español se dice *(one says)* «¡Salud!» o «¡Jesús!» cuando una persona estornuda *(sneezes)*. También se dice «¡Salud!» para ofrecer un brindis *(toast)*. La salud significa *health*.

5.3 Claudia describe los síntomas que tiene a menudo *(often)*. Indique Ud. qué síntoma en inglés corresponde al síntoma en español.

1. Tengo dolor de estómago. _____
2. Toso mucho. _____
3. Estornudo mucho. _____
4. No me siento nada bien. _____
5. Vomito. _____
6. Me duelen los oídos. _____
7. Estoy ronca. No puedo hablar. _____
8. Tampoco puedo mover el cuello. _____
9. Sufro de fiebre del heno. _____
10. Estoy mareada. _____

a. *Neither can I move my neck.*
b. *I have a stomachache.*
c. *I am dizzy.*
d. *I vomit.*
e. *I am hoarse. I can't talk.*
f. *I don't feel well at all.*
g. *I suffer from hay fever.*
h. *I sneeze a lot.*
i. *My ears hurt.*
j. *I cough a lot.*

5.4 Ud. está de vacaciones y no se siente bien. Ahora decide ver al médico. Traduzca Ud. *(Translate)* las líneas del (de la) paciente para completar el mini-drama en español. Incluya otra información que Ud. ya *(already)* sabe. Después decidan Ud. y su compañero(a) qué versión del drama van a presentar a la clase.

DR.: Buenas tardes. ¿Qué le pasa?

PACIENTE: *(Greet the doctor. Say you have a stomachache and don't feel well.)*

DR.: ¿Qué otros síntomas tiene?

PACIENTE: *(Answer that you are dizzy and have a fever. Also say you don't feel like eating anything.)*

DR.: Puede ser una intoxicación, la carne, el pescado...

PACIENTE: *(Say you think it's the fish. Ask what you have to do or take.)*

DR.: Primero, tengo que examinarle y después recetarle la medicina. Pero, debe descansar más y comer sopas o puré de papas.

PACIENTE: *(Say it's fine and that you want to get better* **[mejorarse]** *soon.)*

5.5 En español hay varias expresiones figuradas que mencionan partes del cuerpo, pero en inglés pueden referirse a otras. ¿Puede Ud. asociar las expresiones correspondientes? Luego aprenda Ud. de memoria tres de las expresiones. Dígale a su compañero(a) las dos primeras palabras de cada una para ver si él (ella) recuerda el resto de la expresión.

1. ¡No me tomes el pelo! _____
2. Cuesta un ojo de la cara. _____
3. En un abrir y cerrar de ojos. _____
4. Tiene un corazón de oro. _____
5. Habla hasta por los codos *(elbows)*. _____
6. ¡Manos a la obra *(task)*! _____

a. *In a blink of an eye.*
b. *Don't pull my leg!*
c. *He talks your ear off.*
d. *Get to work! Hands on task!*
e. *She has a heart of gold.*
f. *It costs an arm and a leg.*

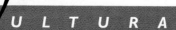

CULTURA

Clínicas y farmacias

La farmacéutica habla con la clienta y le recomienda una medicina.

La mayoría de los países hispanos tiene un plan médico que paga los gastos° de los pacientes en los hospitales afiliados con el gobierno. También hay clínicas particulares° donde los miembros pagan cuotas,° pero reciben un servicio más personal.

> expenses
> private
> fees

Los enfermos hispanos típicamente van a los hospitales o a las clínicas sólo como° último recurso, pues prefieren recuperarse en casa con su familia. A veces° los parientes usan hierbas° medicinales o miel° para curar a los enfermos.

> as
> A... At times
> herbs / honey

Los enfermos menos graves van a la farmacia. Los farmacéuticos escuchan los problemas de los enfermos y recetan° medicinas o remedios.° Por lo general, las farmacias se limitan a productos de la salud y no venden gran° variedad de otros artículos como en los Estados Unidos.

> prescribe
> remedies
> great

Las farmacias se turnan durante la noche para servir al público. Los periódicos y los avisos° en las farmacias indican qué farmacias están de turno o guardia° y de qué hora a qué hora están abiertas.°

> notices
> on duty
> open

Expand your cultural understanding. Visit the ¡Saludos! / ¡Recuerdos! World Wide Web site
http://www.harcourtcollege.com/spanish/saludosrecuerdos

5.6 ¿Cuáles de estas observaciones se refieren más a los Estados Unidos y cuáles a los países hispanos?

1. Hay clínicas particulares donde los miembros pagan cuotas.
2. El enfermo considera el hospital como último recurso.
3. La mayoría es miembro de un plan médico particular y no del gobierno.
4. Los parientes usan hierbas medicinales.
5. Los farmacéuticos no recetan medicinas.
6. Los farmacéuticos escuchan más los problemas de los enfermos.
7. Hay farmacias de guardia durante la noche.
8. Las farmacias venden muchas cosas que no son medicinas.

FARMACIAS DE GUARDIA

De las 10 de la noche a
las 9,30 de la mañana están
de guardia las farmacias en
Plaza de España # 35,
Puerta del Sol # 98
y Goya # 150 (al lado de
Galerías Preciados).

El cuerpo humano

la barriga	*belly*	el hueso	*bone*
la boca	*mouth*	los labios	*lips*
la cabeza	*head*	la mano	*hand*
la cara	*face*	la muela	*molar*
el cerebro	*brain*	la nariz	*nose*
el corazón	*heart*	el oído	*ear (inner)*
el cuello	*neck*	la oreja	*ear (outer)*
los dedos	*fingers*	el pecho	*chest*
los dedos del pie	*toes*	el pelo	*hair*
los dientes	*teeth*	el pie	*foot*
la espalda	*back*	la piel	*skin*
el estómago	*stomach*	el riñón	*kidney*
la garganta	*throat*	la rodilla	*knee*
el hombro	*shoulder*	la sangre	*blood*

Las bebidas (drinks)

el agua (mineral)	*(mineral) water*	el ponche	*punch*
el café (descafeinado)	*(decaffeinated) coffee*	los refrescos	*refreshments*
		el té helado (caliente)	*iced (hot) tea*
la cerveza	*beer*		
el chocolate (caliente)	*chocolate (hot)*	el vino blanco (tinto)	*white (red) wine*
el jugo	*juice*		
la leche	*milk*		

Agua is a feminine noun but takes *el* in the singular: *el agua fría, las aguas.* The preposition *de* connects two nouns: *jugo de naranja; sopa de pollo.*

Adjetivos

digno(a)	*worthy*	ronco(a)	*hoarse*
gran(de)	*great (big, large)*	único(a)	*unique, sole*
mareado(a)	*dizzy*		

Grande becomes *gran* before a singular noun. Note the change in meaning when preceding and following a noun: *una gran persona (a great person); unos grandes festivales (great festivals); una persona grande (a big person); unos festivales grandes (big festivals).*

Verbos

besar	*to kiss*	tener (tengo)...	
decir (i) (digo)	*to say, to tell*	calor	*to be hot*
llevar	*to take, to wear*	cuidado	*to be careful*
mejorarse	*to get better*	frío	*to be cold*
pedir (i)	*to ask for, to request*	ganas de + inf.	*to feel like (doing something)*
recetar	*to prescribe*	hambre	*to be hungry*
repetir (i)	*to repeat*	miedo (de)	*to be afraid (of)*
respirar	*to breathe*	prisa	*to be in a hurry*
seguir (sigo, sigues...)	*to continue, to follow*	que + inf.	*to have to (do something); must*
servir (i)	*to serve*		
sentirse (ie)	*to feel*	razón	*to be right*
tener (tengo)...		sed	*to be thirsty*
años	*to be . . . years old*	sueño	*to be sleepy*
		toser	*to cough*

Expresiones

a menudo	*frequently*
cada (uno[a])	*each (one)*

La salud y el cuerpo

como	like, as
entre	between, among
gratis	free (no charge)
¿Podría Ud. + inf.?	Could you + inf.?
¿Qué le pasa?	What's wrong?
Tengo catarro.	I have a cold.
Tengo dolor de...	I have a . . . ache
¡Salud!	(after someone sneezes) God bless you!; To your health!

Palabras afirmativas y negativas

algo	something	nada	nothing
alguien	someone	nadie	no one
siempre	always	nunca	never
también	also, too	tampoco	neither, not either

EN VIVO – VIÑETA

Before viewing the video vignette segment for this lesson, please study the following **Vocabulario** and **Preparación** sections. Then view the video (several times if necessary) and answer the questions or do the activities in the **Comprensión** section.

Vocabulario

Video *vocabularios* are simply for recognition purposes to help you more fully understand the segments. You are not expected to produce the vocabulary shown here.

abre	open (command)	oye	listen (command)
¡Ahora sí que tengo fiebre!	Now I do have a fever!	pero	but
bueno	well	por lo menos	at least
cuidando	taking care of	profundo	deeply
débil	weak	¿Qué le pasa a...?	What's the matter with . . .?
di	say (command)		
durmiendo	sleeping	¿Qué opinas tú?	What's your opinion?
la escuela	(elementary) school		
estar resfriado	to have a cold	¡Qué va!	No way!
la fiebre	fever	recetando	prescribing
la gripe	flu	el remedio	remedy
hay	there are	la sala de espera	waiting room
listo	ready	sano	healthy
lo siento	I'm sorry	el síntoma	symptom
el muchacho	boy	todavía	still

Preparación

Guess the meaning of the following words. While watching the video, circle each one as you hear it.

completamente	grave
completo	náusea
curarte	paciente
examen	posible
favorito	recepcionista

Comprensión

A. Read the following statements. After watching the video, circle C (Cierto) or F (Falso), according to what you understood.

C F **1.** A Lucas le gusta esperar en la sala de espera.
C F **2.** Lucas tiene dolor de estómago y náusea.
C F **3.** Lucas abre la boca y dice «ahhh».
C F **4.** Lucas tiene ganas de asistir a la escuela mañana.

B. Select the word or phrase that best completes each statement, according to what you understood.

1. Lucas (está, no está) resfriado.
2. El doctor Guevara escucha (el pecho, la espalda).
3. Lucas (tiene, no tiene) que asistir a la escuela mañana.
4. (Mañana, Hoy) es sábado.

Estructura

I. Otros verbos con cambio en el presente

To ask and request

A few **-ir** verbs change the **-e** of their stem to **-i** in all forms except those for **nosotros** and **vosotros** when the stem is stressed.

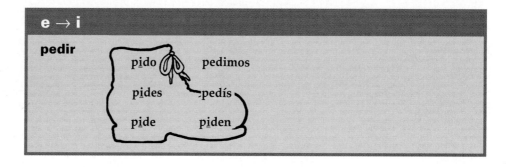

e → i		
pedir		
	pido	pedimos
	pides	pedís
	pide	piden

¿Qué piden Uds?	*What are you asking for?*
Pedimos un descuento.	*We're asking for a discount.*

Pedir means *to ask for, to request* something, as in a restaurant or store. Note that **pedir** does not use the prepositions **por** or **para** to complete its meaning.

Remember that **preguntar** means *to ask a question.* The expression **hacer una pregunta** also means *to ask a question.*

Tú siempre preguntas, ¿por qué?	*You're always asking why.*
¿Quién hace las preguntas?	*Who asks the questions?*

Other stem-changing **-ir** verbs (**e → i**) include:

decir*	to say, to tell	Yo no digo nada. *(I don't say anything.)* (nada = *nothing*)
repetir	to repeat	¿Repites la pregunta?
seguir**	to continue,	Seguimos estudiando. *(We continue studying.)*
	to follow	Yo sigo a Manuel. *(I follow Manuel.)*
servir	to serve	Sirven una comida sabrosísima.

Decir is an irregular verb: **digo, dices, dice, decimos, decís, dicen.*

The command forms are **¡Diga Ud.!, ¡Digan Uds.!**

****Seguir** drops the **-u-** in the **yo** form: **sigo, sigues, sigue, seguimos, seguís, siguen.** (The **-u-** serves to maintain the "hard" **g** sound, not needed in the endings **-go** and **-ga**.)

5.7 Diga Ud. lo que *piden* estas personas en una farmacia.

1. Yo _____ unas aspirinas.
2. Cristina _____ unas vitaminas.
3. Los señores _____ un antibiótico.
4. ¿ _____ tú Alka Seltzer®?
5. Mi amiga y yo _____ algo *(something)* para el catarro.
6. El joven _____ unas curitas *(Band-Aids®)*.

5.8 Ud. y su compañero(a) están en un restaurante. Use **preguntas** o **pides** para hacerle estas preguntas.

 • • • • ► la ensalada
¿Pides la ensalada?
Sí, (No, no) pido la ensalada.

¿cómo hacen (ellos) el pollo?
¿Preguntas cómo hacen el pollo?
Sí, (No, no) pregunto cómo hacen el pollo.

1. bistec con papas fritas.
2. un sándwich de rosbif
3. cuáles son los platos especiales
4. cuánto cuesta la comida
5. café con leche
6. qué sopas sirven
7. si aceptan tarjetas de crédito
8. a qué hora sirven el desayuno
9. la cuenta

5.9 Refiérase a la lista de bebidas *(drinks)* y pregúntele a su compañero(a) qué sirve con las comidas.

Té helado

Leche

Jugo de naranja

Refrescos

Café
¿Descafeinado o no?

MODELO • • • ► la comida china
¿Qué sirves con la comida china?
Sirvo té caliente.

1. la comida italiana
2. la comida mexicana
3. el bistec
4. el pollo
5. el pescado
6. las galletitas *(cookies)*
7. el desayuno
8. la cena

5.10 Pregúntele a su compañero(a) si sigue haciendo *(continues doing)* estas activi-dades. (Consulte Ud. **Estructura III** en esta lección para la explicación de **-ando:** estu-di**ando**, hac**iendo**, etc.)

MODELO • • • ► estudiando todos los días
¿Sigues estudiando todos los días?
Sí, (No, no) sigo estudiando todos los días.

1. trabajando mucho
2. jugando al golf (tenis...)
3. haciendo ejercicios

4. corriendo por las mañanas (por las tardes)
5. nadando todos los días
6. bailando los fines de semana
7. saliendo con los amigos
8. aprendiendo español (francés...)
9. asistiendo al club (al gimnasio...)

5.11 Formen grupos de tres compañeros. El primero le dice un chisme *(piece of gossip)* al segundo y éste *(this one)* le dice el chisme al tercero, que le repite el chisme al primero. Exageren Uds. *(Exaggerate)* un poco. Por fin, el primero hace las correcciones. Sigan Uds. de esa manera con otros tres chismes.

 • • • ►

1°	ALICIA:	Sofía sale con Tony.
2°	PABLO:	Alicia dice que Sofía sale mucho con Tony.
3°	IRMA:	Pablo dice que Sofía sale todos los días con Tony.
1°	ALICIA:	¡No exageren Uds! Yo sólo digo que Sofía sale con Tony.

 II. Expresiones con **tener**

To express your feelings or needs

A. Spanish uses several expressions with **tener** + noun that require *to be* + adjective in English. These expressions describe conditions of people, animals, or things.

The adjective **mucho(a),** not the adverb **muy,** modifies the noun.

Tengo (mucho) calor.	*I'm (very) hot.*
Laura tiene (mucho) cuidado.	*Laura is (very) careful.*
¿Tienes (mucho) frío?	*Are you (very) cold?*
Tenemos (mucha) hambre.	*We're (very) hungry.*
El gato tiene (mucha) sed.	*The cat is (very) thirsty.*
Tengo (mucho) sueño.	*I'm (very) sleepy.*
Ellos tienen (mucho) miedo.	*They're (very) afraid. They're (very) frightened.*
Tenemos (mucha) prisa.	*We're in a (big) hurry.*
Ud. tiene (mucha) razón.	*You're (so) right.*
Tengo... años.	*I'm . . . years old.*

Spanish expresses *hot* differently, depending on context:

weather: Hace *calor*.	*It's hot.*
things: El motor está *caliente*.	*The motor is hot.*
spicy foods: El chile está muy *picante*.	*The chile is very hot.*

¡OJO!

B. To express obligation you can either use: **tener que** + infinitive

Tienes que pagar ahora.   *You have to pay now.*

or the impersonal expression **hay que** + infinitive.

Hay que pagar ahora.   *One must pay now.*

C. To say you really feel like doing something, use: **tener ganas de** + infinitive.

Tienes ganas de estudiar, ¿no?   *You really feel like studying, right?*
Sí, tengo muchas ganas de aprender.   *Yes, I really feel like learning.*

5.12 Pregúntele a su compañero(a) la condición de estas personas. Refiérase Ud. a los dibujos para hacer las preguntas y use la forma apropiada de **tener.** Su compañero(a) debe incluir **mucho(a)** en las repuestas, si es posible.

MODELO • • • • ►   Julio   ¿Tiene sed Julio?
                                    Sí, tiene mucha sed.

1. Gregorio   **3.** tú

2. Daniel y Marta   **4.** Alex

5. los muchachos

8. tú

6. el chofer *(driver)*

9. ellos

7. la profesora

5.13 Describa Ud. la situación de cada uno. Use la forma apropiada de **tener (mucho)** según el contexto.

1. Hace frío. Miriam no tiene suéter. Ella tiene...
2. Nicolás quiere acostarse. Está muy cansado.
3. Pido mucha agua.
4. El perro *(dog)* come y come.
5. Es tarde. Benjamín corre a clase.
6. Ajá, tú sabes la respuesta.
7. Los niños leen un cuento de horror. Ellos están muy nerviosos.
8. Uds. necesitan irse ahora. (Exprese Ud. en forma personal/impersonal.)

5.14 Prepare Ud. una lista de cinco cosas que tiene que hacer hoy. También escriba otra lista de cinco cosas que (no) tiene ganas de hacer. Después compare las listas con su compañero(a). ¿Quién es más trabajador(a)?

 • • • • ►

Tengo que trabajar.

Y tú, ¿tienes que trabajar?
Sí, (No, no) tengo que trabajar.

No tengo ganas de cocinar.

Y tú, ¿tienes ganas de cocinar?
Sí, (No, no) tengo ganas de cocinar.

Estructura III. El presente progresivo

To emphasize things you are doing right now

The present progressive stresses actions occurring at the present moment.

¿Qué estás haciendo ahora?   *What are you doing now?*
Estoy descansando un poco.   *I'm resting a little.*

The present progressive consists of the present of **estar** plus the present participle—formed by adding **-ando** to the stem of **-ar** infinitives and **-iendo** to the stem of **-er / -ir** infinitives.

Estar	**Jug(ar)**	**Com(er)**	**Escrib(ir)**
estoy	jugando	comiendo	escribiendo
estás			
está			
estamos			
estáis			
están			

These verbs have stem changes in the present participle:

decir	diciendo
pedir	pidiendo
divertirse	divirtiéndome (te, se, nos...)
dormir	durmiendo
leer	leyendo

¡OJO!   Spanish, unlike English, does not use the present progressive for future actions, but rather relies on the simple present.

Trabajo mañana.   *I'm working tomorrow.*
Nos vamos la próxima semana.   *We're leaving next week.*

5.15 Es sábado por la mañana. Diga Ud. lo que están haciendo estas personas.

MODELO • • • • ▶   mi hermanito / ver la televisión
Mi hermanito está viendo la televisión.

1. mi hermana / jugar con el perrito
2. mis padres / desayunar

3. mi abuela / leer el periódico
4. mi abuelo / dormir
5. mi prima / hacer ejercicios
6. mi tío y yo / divertirse con el fútbol
7. mi hermanito / no usar la computadora
8. yo / decir lo que está pasando

5.16 Observe Ud. a cinco personas en la clase. Escriba una actividad diferente que cada uno está o no está haciendo ahora. Luego hágale preguntas a su compañero(a) para ver si él (ella) está observando las mismas cosas.

MODELO • • • ▶   ¿Está Nelson escuchando a la profesora?
Sí, (No, no) está escuchando a la profesora ahora.

¿No está la profesora escribiendo?
No, no está escribiendo ahora.
(Al contrario. Sí, está escribiendo ahora.)

Estructura

IV. Los pronombres de complemento directo

To avoid repeating the same thing

A. A direct object pronoun allows you to refer to the same person or thing without repeating its name.

Ayudo <u>a Julia</u>.   *I help <u>Julia</u>.*
<u>La</u> ayudo.   *I help <u>her</u>.*

Julia is the direct object and **la** *(her)* is the direct object pronoun.

The direct object receives the action of the verb and answers the questions **¿Qué?** *(What?)* or **¿A quién(es)?** *(Whom?)*

¿Qué tomas?
Tomo <u>café</u>.
     ↓
       Y <u>lo</u> tomo con leche. *(And I drink <u>it</u> with milk.)*

¿A quiénes llamas por teléfono?
Llamo <u>a los Ponce</u>.
     ↓
       <u>Los</u> llamo a menudo. *(I call <u>them</u> often.)*

B. Spanish direct object pronouns are the same as the reflexive pronouns except for the third-person singular and plural: **lo(s), la(s).**

Direct Object Pronouns

Singular		Plural	
me	*me*	nos	*us*
te	*you (fam.)*	os	*you (fam.)*
lo	*him, it, you (form.)*	los	*them, you (form.)*
la	*her, it, you (form.)*		

C. Object pronouns immediately precede conjugated verbs.

¿Las llaves? Yo no **las** veo.

¿Al niño? Sí, **lo** veo.

They may instead be attached to the end of infinitives and present participles.

¿A los Reyes? **Los** voy a invitar. (Voy a invitar**los.**)

¿La comida? **La** estoy preparando. (Estoy preparándo**la.**)*

••••••••••••••••••••••••••••

*When attaching the pronoun to the participle, a written accent mark goes over the vowel preceding **-ndo.** This preserves the original stress: **ha-cien-do, haciéndolos...**

 5.17 Ud. quiere saber si su compañero(a) piensa hacer estas cosas con Ud. Hágale las siguientes preguntas.

 MODELO • • • ► invitar al cine
¿Me invitas al cine?
Sí, (No, no) te invito.

1. ayudar con la tarea
2. llamar por teléfono
3. llevar *(to take)* al centro
4. ver luego
5. buscar en la biblioteca
6. esperar en la puerta
7. acompañar a casa

 5.18 Su compañero(a) no se acuerda de traer varias cosas a la clase. Haga Ud. una lista de ocho cosas apropiadas y pregúntele si las trae hoy.

 MODELO • • • ► el libro de español
¿Traes el libro de español?
Sí, (No, no) lo traigo.

5.19 Ud. se preocupa por la salud de su compañero(a). Pregúntele si va a hacer las siguientes cosas.

 • • • ►
¿La medicina? / tomar
¿La medicina? ¿La vas a tomar? (¿Vas a tomarla?)
Sí, la voy a tomar.

1. ¿Las vitaminas? / tomar
2. ¿La comida? / comer
3. ¿Los vegetales? / cocinar
4. ¿Los ejercicios? / hacer
5. ¿La siesta? / dormir
6. ¿Al médico? / ver
7. ¿El estrés ? evitar *(to avoid)*
8. ¿La dieta? / seguir
9. ¿A los amigos? / llamar por teléfono

5.20 Ud. está preparando una fiesta. Pregúntele a su compañero(a) si estas personas están haciendo las cosas indicadas. Su compañero(a) debe contestar con el pronombre directo apropiado.

 • • • ►
Irene / preparar los aperitivos
¿Está Irene preparando los aperitivos?
Sí, (No, no) los está preparando. (Sí, está preparándolos.)

1. Luis / cocinar los pollos
2. José Miguel / hacer la ensalada
3. Roberto y Clara / lavar los platos
4. tú / sacudir los muebles
5. mamá / poner la mesa
6. los niños / recoger *(to pick up)* los juguetes
7. papá / cortar el césped

5.21 ¿A quiénes quiere conocer su compañero(a)? A continuación escriba Ud. el nombre de una persona famosa en cada categoría. Después pregúntele a su compañero si quiere conocer a esa persona y por qué.

 • • • ►
el cine/Julia Roberts
¿Quieres conocer a Julia Roberts?
Sí, (No, no) la quiero conocer. (Sí, quiero conocerla.)
¿Por qué sí o por qué no?
Porque es buena actriz y porque es guapa, lista y divertida.

1. el cine / el teatro
2. la televisión
3. la música
4. los deportes
5. la política
6. la literatura
7. ¿...?

Vamos a leer

5.22 Lea Ud. el anuncio que ofrece vacunas gratis *(free vaccines)*. ¿Puede Ud. relacionar el nombre de las enfermedades *(illnesses)* en inglés y español?

1. tétano _____
2. sarampión _____
3. tos ferina _____
4. difteria _____

a. *measles*
b. *tetanus*
c. *diptheria*
d. *whooping cough*

Proteja a sus niños ¡VACUNELOS!

COLUMBIA AVENTURA HOSPITAL AND MEDICAL CENTER, COLUMBIA CEDARS MEDICAL CENTER Y COLUMBIA NORTH MIAMI BEACH SURGICAL CENTER

OFRECE VACUNAS ¡GRATIS!

• **Vacunas Gratis:**
Hepatitis B (HB), polio (OPV), difteria, tétanos, tosferina (DTP), sarampión, paperas, rubeola (MMR), influenza hemofílica Tipo B (HIB)*

• **Exámenes Físicos por Pediatras**

• **Certificados·3040 y 680**

• **Entretenimiento para los Niños**

• **Meriendas y Regalitos**

snacks

* Los padres deben llevar los registros anteriores de vacunación de los niños. Algunas de estas vacunas pudieran requerir de una visita al pediatra posteriormente para completar la serie.

sábado, 10 de agosto
10:00 a.m. - 2:00 p.m.
(9:00 - 10:00 a.m. Inscripción)

Para hacer su cita llame al:
325-5000

Auspiciado por The Miami Coalition for Immunization y Health & Rehabilitative Services (HRS)

⟡COLUMBIA Aventura
Hospital and Medical Center
20900 Biscayne Blvd.
Children's After-Hours Clinic

⟡COLUMBIA·
Cedars Medical Center
1400 N.W. 12 Ave.
Seminar Center

⟡COLUMBIA
North Miami Beach
Surgical Center
120 N.E. 167th Street
Children's After-Hours Clinic

Viva Semanal - del 31 de julio al 6 de agosto de 1996. - Página 27

Explíquele a su compañero(a) lo que dice el anuncio anterior. Complete la explicación a continuación. Después decidan Uds. dos quién tiene más información correcta.

El anuncio dice: ¡Proteja *(Protect)* _____ niños, vacúnelos!
El hospital ofrece vacunas ¡ _____ !
El hospital también ofrece exámenes _____
y entretenimiento *(entertainment)* _____ .
Además da meriendas y _____ *(small gifts)*.
El día es _____ y las horas son _____ .
Para pedir un turno *(appointment)* hay que llamar al número de teléfono
_____ .

5.23 Las frases para el siguiente anuncio no están en el orden original. Decidan Ud. y su compañero(a) en qué orden deben estar las frases.

- Pida Ud. informes acerca de *(about)* nuestro Plan Médico de Protección
- El personal está compuesto *(composed)* por 96 especialistas en 47 ramos *(fields)*
- También tenemos un servicio completo de laboratorio, incluyendo doppler en color, ultrasonido, laparoscopía MRI y endoscopías laser
- Constituyentes #302, Querétaro, Qro.
  Tel. 91 (42) 16-59-27
- El Hospital San José le ofrece todo tipo de servicios médicos: hospitalización, cirugía *(surgery)*, maternidad, cuidado intensivo y urgencias

Hospital San José

Las Ramblas, paseo *(walk)* popular en Barcelona, capital de la región de Cataluña y puerto principal de España.

5.24 Pablo Casals (1876–1974) es considerado el mejor violoncelista *(cellist)* de su tiempo. De origen catalán (español), pasa muchos años en Puerto Rico, donde coordina grandes festivales musicales. A continuación, Casals nos dice lo que debemos hacer para tener un mundo mejor.

Primero estudie Ud. las palabras esenciales. Luego lea *Eres una maravilla* y subraye las palabras afirmativas y negativas con el contexto inmediato más significativo. Compare lo que Ud. subraya con su compañero(a). ¿Están Uds. de acuerdo *(in agreement)?*

 **MODELO** • • • ▶ ... <u>nunca volverá</u>... *(. . . will never return . . .)*

las palabras esenciales

palabras afirmativas (+)		*palabras negativas (−)*	
algo	*something*	nada	*nothing*
alguien	*someone*	nadie	*no one*
siempre	*always*	nunca	*never*
también	*also, too*	tampoco	*neither, not either*

La Sagrada Familia, templo neogótico del arquitecto Antoni Gaudí. ¿Conoce Ud. a estos otros catalanes: Salvador Dalí, pintor surrealista y José Carreras, cantante de ópera?

Eres una maravilla°
(Adaptado)

Eres... You Are a Marvel

Cada segundo° que vivimos es un momento nuevo y único° en el universo, un momento que nunca volverá.° ¿Y qué enseñamos siempre a nuestros hijos? Les enseñamos que dos más dos son cuatro y que París es la capital de Francia. ¿Cuándo les enseñaremos° también lo que son? Debemos decir a cada uno de ellos: ¿Sabes qué eres? Eres una maravilla. Eres único. No hay nada ni° nadie como° tú. Tus piernas, tus brazos, tus ágiles dedos, la manera en que caminas.

Puedes llegar a ser° un Shakespeare, un Miguel Ángel, un Beethoven. Tienes capacidad para cualquier cosa.° Sí, eres una maravilla. Y cuando crezcas,° ¿podrías° entonces causar daño° a alguien como tú, una maravilla?

Debes trabajar —todos debemos trabajar— para hacer del mundo algo digno° de sus hijos.

Cada... Each second / unique
will return
les... will we teach them

nor / like

llegar... become
cualquier... anything / grow up / would you be able / harm
worthy

5.25 Escriba Ud. un resumen de *Eres una maravilla,* completando las siguientes frases. Luego compare su resumen con su compañero(a) para ver quién tiene más información correcta.

1. Para Casals cada segundo, cada momento es...
2. Pero, pasamos el tiempo enseñándoles a nuestros hijos que...
3. ¿Cuándo les enseñaremos (will we teach them...)?
4. Debemos decir a cada niño: ¿Sabes... ?
5. No hay nada ni...
6. tus piernas, tus...
7. Puedes llegar a ser (become)...
8. Y cuando crezcas *(you grow)*, podrías (would you be able) entonces...
9. Debemos trabajar para...

Conteste Ud. las preguntas y después hágales las mismas preguntas a dos compañeros. Decidan entre Uds. tres cuál es la mejor respuesta para cada pregunta y después compártanla con la clase.

1. ¿Cuál es más importante para Casals: saber las capitales del mundo o conocerse uno mismo *(oneself)?* ¿Y para Ud.?
2. Para Casals, ¿cada persona es única o una réplica de sus padres? ¿Qué cree Ud.?
3. Como genios *(As geniuses)* del mundo, ¿Casals se refiere a un escritor, un artista y un compositor o a un autor, un ingeniero y un filósofo? Y para Ud. ¿quiénes son los grandes genios del mundo? ¿Por qué son famosos ellos?
4. ¿Cree Ud. que un niño tiene capacidad para todas las cosas o para ciertas *(certain)* cosas? ¿Tienen las mujeres capacidades especiales? ¿Cuáles? ¿Y los hombres?
5. Según Casals, ¿puede el adulto «maravilla» causar daño a otra «maravilla»? ¿Cree Ud. que esa observación es realista o irrealista? ¿Optimista o pesimista? ¿Humana o inhumana?
6. ¿Quiénes deben trabajar para hacer un mundo digno? ¿Qué puede hacer Ud. para tener un mundo mejor?

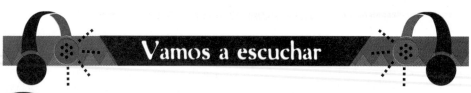

Vamos a escuchar

5.26 Preview the following questions, then listen to this story about two young women who share **(compartir)** more than family ties. Notice that **querer** *(to want)* also means *to love*. Do you know what internal organs **los pulmones, los riñones, el corazón** are?

1. Las dos muchachas son _____
   a. primas.
   b. hermanas.
   c. tías.
2. Ahora ellas _____
   a. trabajan y viajan.
   b. asisten a clases y trabajan.
   c. estudian y no trabajan.
3. Una de ellas tiene ganas de ser _____
   a. doctora y la otra, veterinaria.
   b. abogada y la otra, arquitecta.
   c. terapeuta física y la otra, cirujana *(surgeon).*
4. A las dos les gustan _____
   a. el arte y la música.
   b. nadar y esquiar.
   c. los niños y los animales.
5. Norma es la muchacha que está _____
   a. bien.
   b. excelente.
   c. enferma.
6. A menudo, Norma tiene dolor de _____
   a. espalda.
   b. cabeza.
   c. garganta.
7. Ella tiene problemas con _____
   a. los pulmones.
   b. las rodillas.
   c. los riñones.
8. Las dos hermanas saben cómo _____
   a. cocinar.
   b. compartir.
   c. jugar.

Vamos a hablar

5.27 Make a list of foods and beverages for a birthday party. Ask your friend (classmate) who is hosting the event if he/she is serving those items. Your classmate should answer with the appropriate direct object pronoun.

 • • • • ►   ¿Sirves refrescos?
                            Sí, (No, no) los sirvo.

5.28 A relative (your classmate) cannot attend a family reunion, but calls on the phone during the event. Tell him/her how various members of the family are and what they are doing right now at the reunion.

5.29 You have a bad case of the flu and are at the doctor's office **(consultorio).** The doctor (your classmate) asks you how you feel and wants to know what is wrong with you. Tell him/her all your pains and aches. The doctor, in turn, will tell you what you have to do and take.

Vamos a escribir

5.30 Imagínese Ud. que trabaja en la oficina de admisión en un hospital y tiene que preparar un cuestionario *(questionnaire)* para los pacientes hispanos. Escriba no menos de quince preguntas donde pide información sobre *(about):* el nombre, la dirección, el seguro, los síntomas, los dolores, las enfermedades, las vacunas y las dietas especiales...

Compare su cuestionario con el de su compañero(a). Revisen y combinen Uds. los dos cuestionarios en uno más completo y preséntenlo a la clase.

`http://www.harcourtcollege.com/spanish/saludosrecuerdos`

Vamos a explorar el ciberespacio

THE FIVE SENSES

You can use the Web to learn about the five senses in Spanish. One site by the Colegio Christa Corrigan in Argentina is part of an effort to use the World Wide Web as an instructional tool. Your goal is to learn vocabulary as you examine the materials. First, make sure you can identify the five senses in Spanish: **el gusto, la vista, el tacto, el oído, el olfato** (smell). Now proceed to this site, or to another site about the human body for people learning Spanish found at *http://lingolex.com/ bodyen.htm.*

The World Wide Web offers many fascinating sites throughout the Spanish-speaking world dealing with the cultural topics in this lesson. Take a virtual field trip. Go to http://www.harcourtcollege.com/spanish/ saludosrecuerdos to discover more.

EN VIVO – CULTURA

Before viewing the cultural video segment for this lesson, please study the following **Vocabulario** and **Preparación** sections. Then view the video (several times if necessary) and answer the questions or do the activities in the **Comprensión** section.

Vocabulario

Video *vocabularios* are simply for recognition purposes to help you more fully understand the segments. You are not expected to produce the vocabulary shown here.

agrícola	*agricultural*
atravesado por	*crossed by*
el plátano/el banano	*banana tree*
la caña de azúcar	*sugar cane*
el carbón	*coal*
la carne	*flesh*
la cascada	*waterfall*
conocido	*well-known*
la cordillera	*mountain range*
el cuadro	*painting*
el desierto	*desert*
el dibujo	*drawing*
la escultura	*sculpture*
la esmeralda	*emerald*
el estudio	*studio*
hermoso	*beautiful*
el lago	*lake*
el maíz	*corn*
el mar	*ocean*
la montaña	*mountain*
el mundo	*world*
el país	*country*
el paisaje	*landscape*
la puerta	*door*
reconocido	*recognized*
el río	*river*
rodeado por	*surrounded by*
la selva	*jungle*
el valle	*valley*
el vuelo	*flight*

Preparación

Guess the meaning of the following words. While watching the video, circle each one as your hear it.

artistas
cultivar
exportar

fauna
flora
imaginación
tórrida
variedad
internacionalmente
partes
petróleo
principales
productos
realidad
zona

Comprensión

A. Select the word or phrase that best completes each statement, according to what you understood.

1. Colombia está rodeada por dos (ríos, mares).
2. Se cultivan frutas y caña de azúcar en (los valles, las montañas).
3. Cali y Medellín son (ciudades, selvas) colombianas.
4. Fernando Botero siempre está haciendo (comidas, dibujos).

B. Read the following statements. After watching the video, circle C (Cierto) or F (Falso), according to what you understood.

C F **1.** Colombia está atravesada por dos grandes cordilleras.
C F **2.** Colombia exporta esmeraldas a diferentes partes del mundo.
C F **3.** Fernando Botero es uno de los artistas más conocidos internacionalmente.
C F **4.** Botero pinta mares y montañas.

SELF-TEST

How well have you mastered this lesson? To find out, take the self test found on ¡Saludos! Web site at http://www.harcourtcollege.com/spanish/saludosrecuerdos.

En la tienda de ropa

6

Comunicación
- Shop for clothes
- Point out people and things
- Recall ongoing past actions
- Indicate to whom and for whom actions are done
- Express likes and dislikes, interests, and concerns

Cultura
- Comparing names for colors
- Clothing and shopping

Estructuras
- Demonstrative adjectives and pronouns
- The imperfect
- Indirect object pronouns
- **Gustar** and similar verbs

Conexiones
- *Vamos a leer*
  Selecting clothing from store ads
  «*El rey y los burladores*» de don Juan Manuel
- *Vamos a escuchar*
  Comparing present and past ongoing actions
- *Vamos a hablar*
  Describing habitual activities in the past
- *Vamos a escribir*
  Describing childhood life
- *Vamos a explorar el ciberespacio*
  Clothing

Visit the *¡Saludos!* World Wide Web site:
http://www.harcourtcollege.com/spanish/saludosrecuerdos

The *¡Saludos!* CD-ROM offers additional language practice and cultural information.

¡Adelante!

Gustavo y su esposa María Cristina están en el almacen *(department store)* La Ultima Moda, donde buscan unas camisas para él. La dependienta *(clerk)* los ayuda.

En... What I can I do for you?	DEPENDIENTA:	Buenas tardes. ¿En qué puedo servirles?°
Buscaba... I was looking for short-sleeve shirts / ¿Qué... What size do you wear?	GUSTAVO:	Buscaba unas camisas de manga corta.°
	DEPENDIENTA:	Muy bien. ¿Qué talla lleva?°
medium	GUSTAVO:	Llevo talla mediana°...
love / mejor... better to say "I used to wear" / te... fits you tightly / te... try on	MA. CRISTINA: *(Se sonríe un poco.)*	Eh... eh... mi amor,° mejor dices «llevaba».° Tú sabes que esa talla te queda apretada.° ¿Por qué no te pruebas° una más grande y... ?
me... used to fit me / still	GUSTAVO: *(Interrumpiendo)*	Ay, María Cristina... tú y tus manías. Te digo que la mediana me quedaba° bien antes y todavía° me queda bien.
	DEPENDIENTA:	Bueno..., si Ud. quiere, ¿por qué no se prueba diferentes tallas?
a... by hand / iron them *ya... we're not into that now*	MA. CRISTINA: *(A Gustavo)*	Y debes probarte camisas de algodón y poliéster. Recuerda que las otras camisas teníamos que lavarlas a mano° y plancharlas° también. Y ya no estamos para eso.°
	DEPENDIENTA:	Pues, mire, puede probarse estas camisas deportivas en diferentes colores.
this (one) / azul... light blue	GUSTAVO:	Ajá, ajá... creo que voy a probarme ésta° en azul claro.°
dressing room	DEPENDIENTA:	Bien. Allí, a la derecha, está el probador.°
sweetie	GUSTAVO: *(A Ma. Cristina)*	Ahora vas a ver, cariño,° qué bien me queda esta talla mediana.

Te queda un poco apretada la camisa, ¿no?°

That shirt is a little tight on you, isn't it?

Speakers use: **bueno..., eh..., este..., pues...** as pause words (fillers) when trying to decide what to say next.

Also, in conversations, speakers do not necessarily take turns speaking, but rather join right in and interject their comments.

Actividades

6.1 Complete unas frases correctamente y otras no. Luego hágale preguntas a su compañero(a) con esas frases. Él (Ella) contesta cierto o falso y cambia las falsas para convertirlas en ciertas.

 • • • ►   Ma. Cristina y Gustavo son...
Ma. Cristina y Gustavo son hermanos.
¿Son hermanos Ma. Cristina y Gustavo?
Falso. Son esposos.

1. Ma. Cristina y Gustavo están en...
2. Gustavo quiere comprarse...
3. Él prefiere la talla...
4. Ma. Cristina cree que la talla... le queda...
5. Él debe probarse...
6. Ma. Cristina recuerda que ellos tenían que *(had to)*...
7. Gustavo va a probarse...
8. Él está seguro de que *(He is sure that)*... le queda...

6.2 Prepare una conversación que tiene lugar en una tienda de ropa. Una persona es el (la) cliente y la otra el (la) dependiente(a). El cliente tiene problemas con la ropa: es muy grande/pequeña; está rota *(torn)*; el color es muy oscuro; no le queda bien; etc. El (La) dependiente(a) le pide el recibo *(receipt)* y le pregunta si quiere cambiar la ropa o si desea que le devuelva el dinero.

CULTURA

Los colores

El color *rojo* tiene el sinónimo de **colorado,** que también es el nombre de un estado norteamericano. Hay varios sinónimos para **marrón.** En España y partes de Sudamérica se dice **marrón.** En los países que producen café, incluso México, prefieren usar **color café. Castaño°** y no **marrón** se usa generalmente para describir los ojos y el pelo.

chestnut, brown

Moreno(a)° es para describir a las personas de pelo oscuro,° y **rubio(a)°** para las personas de pelo claro.

brunette / dark blonde

Es interesante comparar los colores en inglés y español:

Gray hair es pelo blanco o canoso.

An off-color joke es un chiste verde (chiste colorado in Puerto Rico).

A *black-and-blue mark* es un moretón.

Expand your cultural understanding. Visit the ¡*Saludos!* / ¡*Recuerdos!* World Wide Web site http://www.harcourtcollege.com/spanish/saludosrecuerdos

Los colores

| *negro(a)* | *blanco(a)* | *rojo(a)* | *morado(a)* | *amarillo(a)* | *anaranjado(a)* |

| *rosado(a)* | *gris* | *beige* | *verde* | *marrón* | *azul* |

6.3 Piense Ud. en un(a) compañero(a) al otro lado *(side)* de la clase. Su compañero(a) inmediato(a) debe adivinar *(guess)* en quién está pensando Ud., haciéndole estas preguntas.

1. ¿Tiene el pelo castaño? ¿negro? ¿rubio? ¿rojo?
2. ¿Tiene el pelo largo *(long)*? ¿Corto? ¿Rizado *(curly)*? ¿Lacio *(straight)*?
3. ¿Tiene los ojos azules, castaños, verdes?
4. ¿Tiene más (menos) de veintiún años?
5. ¿Lleva una camisa... ? ¿Blusa... ? ¿Sudadera *(sweatshirt)*... ?

Las telas

fabrics

algodón (cotton)
rayón
seda (silk)
poliéster
lana (wool)

liso   rayas   lunares   cuadros   estampado

La ropa y los accesorios para las mujeres

los pantalones
azules
con pliegues

la blusa
blanca
lisa de
algodón

la falda
verde

el vestido
estampado

el cinturón marrón
de cuero

las sandalias
marrones

las botas
negras

el paraguas
negro

el sombrero
amarillo

los anteojos
(los lentes)
(las gafas)

la bolsa
marrón

el anillo
de oro

la pulsera
de plata

las medias
de nilón

la chaqueta
de cuadros

el abrigo
beige
de lana

el impermeable
gris de rayón

los aretes

6.4 ¿Qué lleva ella? Describa lo que lleva cada una de estas mujeres.

lana — *seda* — *plata* — *perla* — *algodón*

pliegues — *poliéster* — *oro*

cuero — *rayón* — *algodón, poliéster*

Ana — Berta — Carolina — Diana — Elsa

MODELO · · · ▶ Berta lleva una blusa rosada de seda.

Anuncio *(Ad)* de una tienda mexicana. Las tallas son chica-mediana-grande.

Para los hombres

la camisa
blanca de manga larga

la corbata
de rayas

los jeans

los pantalones
amarillos cortos

la gorra
verde

los zapatos
marrones

el traje de baño
morado

la cartera marrón
de cuero

el traje
gris oscuro

los calcetines
de algodón

la camiseta gris
de rayas

el suéter
azul claro

los zapatos
de tenis
blancos

el pañuelo
blanco de seda

la sudadera
lisa anaranjada

6.5 Describa Ud. la ropa que llevan los hombres.

Félix	Gilberto	Humberto	Ignacio	Javier

lana *algodón poliéster* *rayón* *seda*

ahorre 30%-40%
Todos los trajes y chaquetas con diseños. Escoja entre Ruffini, Savile Row, Kasper, Oscar de La Renta, Alfani y más. Importado y doméstico. Reg. $165-$425, **venta 89.99-279.99.**

Anuncio de una tienda en Miami, Florida. ¿Conoce Ud. la marca *(brand)* Oscar de La Renta?

6.6 Ud. quiere saber los gustos de su compañero(a) en ropa y viceversa. Háganse estas preguntas.

1. ¿Qué ropa llevas a un banquete de etiqueta *(formal)?* ¿A una fiesta de amigos? ¿Al campo? ¿A la playa?
2. ¿Prefieres las camisas (blusas) de manga corta o larga?
3. ¿Te gusta la ropa lisa? ¿De rayas? ¿Estampada?
4. ¿Prefieres la ropa de seda o de algodón?
5. ¿Te gustan más los colores oscuros o claros?
6. ¿Te queda mejor la ropa ancha *(wide)* o apretada?

6.7 Imagínese que el semestre va a empezar y Ud. necesita ropa nueva. Prepare una lista de ropa que piensa comprar. Incluya los colores y las telas. El dinero no es obstáculo porque Ud. tiene suficiente dinero o crédito. Luego Ud. y su compañero(a) comparen listas. ¿Quién tiene la lista más larga? ¿Quién tiene la lista más cara *(expensive)?* ¿Quién tiene más accesorios? ¿Quién tiene la lista de ropa más conservadora?

CULTURA

La ropa

Un mercado al aire libre, México. ¿Puede Ud. comprar sarapes y artesanías *(folk art)* aquí?

La calle *(street)* Florida, Buenos Aires, Argentina. ¿Qué cree Ud. que venden en esta calle comercial?

La ropa varía según el clima y las costumbres.° En las calles y los centros más prestigiosos la gente lleva ropa elegante de última moda. Los hombres tradicionalmente prefieren los colores azul, negro o gris. Los adultos no llevan pantalones cortos en las ciudades porque se considera ropa de playa o deportiva.

customs

Entre los jóvenes los jeans están de moda en todas partes. A ellos también les fascinan las sudaderas y las camisetas —especialmente con nombres de universidades o lugares famosos.

En las áreas indígenas la ropa no cambia mucho de generación a generación. Los campesinos° de México llevan ropa blanca de algodón para protegerse° del sol. Los campesinos de los Andes llevan ropa de lana en colores vivos° que ofrece protección contra el frío y el mal tiempo.

peasants
to protect themselves
colorful

Las tallas también varían. Ahora se ven **ch, m, g** (chico, mediano, grande) pero en Hispanoamérica y España frecuentemente siguen los números de Europa —especialmente en los zapatos, que por lo general no incluyen el ancho.°

width

**Expand your cultural understanding. Visit the ¡*Saludos!* / ¡*Recuerdos!* World Wide Web site
http://www.harcourtcollege.com/spanish/saludosrecuerdos**

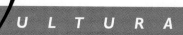

Las tiendas

El centro comercial Perisur, México, D.F. ¿Qué tiendas y boutiques cree Ud. que hay aquí?

En los países hispanos hay centros comerciales *(malls)* similares a los de los Estados Unidos, pero predominan las tradicionales calles comerciales. Allí están los almacenes y tiendas que se especializan en vender ciertos productos; por ejemplo, las zapaterías, las perfumerías, las joyerías,° las librerías y las farmacias.

jewelry stores

También hay mercados y rastros° donde generalmente los sábados y los domingos la gente puede comprar de todo: ropa, muebles,° aparatos eléctricos, utensilios, libros y mucho más. Allí la gente regatea° con paciencia, determinación y buen humor.

flea markets

furniture
haggle

Expand your cultural understanding. Visit the *¡Saludos!* / *¡Recuerdos!* World Wide Web site
http://www.harcourtcollege.com/spanish/saludosrecuerdos

6.8 Indique Ud. si es más típico de los Estados Unidos, de Hispanoamérica o de los dos.

1. Las mujeres llevan pantalones cortos en las ciudades.
2. Los hombres llevan chaquetas de colores vivos como rojo y verde.
3. Los jóvenes se visten *(dress)* con jeans.

4. Los campesinos llevan ropa blanca.
5. A los jóvenes les gustan mucho las sudaderas con nombres universitarios.
6. Sigue las tallas de Europa.
7. Los zapatos indican el número y el ancho.
8. Predominan las tradicionales calles comerciales.
9. La gente regatea en los mercados y rastros.

6.9   Relacione Ud. las descripciones con las fotos correspondientes.

1. La guayabera es una camisa elegante que se usa mucho en las regiones tropicales.
2. El huipil es un vestido blanco con bordados (*embroidery*) en colores vivos.
   Es muy típico de Yucatán, México.
3. Una peruana de Cuzco, con vestido típico de los Andes.
4. Trajes tradicionales de Jalisco, México.

a.

b.

c.

d.

La ropa y los accesorios

el abrigo	*coat*	los lentes / anteojos	*eyeglasses*
el anillo	*ring*	la manga	*sleeve*
los aretes	*earrings*	las medias	*stocking*
la blusa	*blouse*	los pantalones	*pants*
la bolsa	*purse; bag*	el pañuelo	*handkerchief*
las botas	*boots*	el paraguas	*umbrella*
los calcetines	*socks*	la pulsera	*bracelet*
la camisa	*shirt*	las sandalias	*sandals*
la camiseta	*T-shirt*	el sombrero	*hat*
la cartera / billetera	*wallet*	la sudadera	*sweatshirt;*
la chaqueta	*jacket*		*jogging suit*
el cinturón	*belt*	el suéter	*sweater*
la corbata	*tie*	la talla	*clothing size*
la falda	*skirt*	el traje	*suit*
la gorra	*cap*	el traje de baño	*bathing suit*
el impermeable	*raincoat*	el vestido	*dress*
los jeans	*jeans*	los zapatos	*shoes*

Los colores

amarillo(a)	*yellow*	marrón	*brown*
anaranjado(a)	*orange*	morado(a)	*purple*
azul	*blue*	negro(a)	*black*
beige	*beige*	rojo(a)	*red*
blanco(a)	*white*	rosado(a)	*pink*
castaño(a)	*brown (hair, eyes)*	verde	*green*
gris	*gray*		

Adjetivos

ancho(a)	*wide*	claro(a)	*light (color)*
apretado(a)	*tight*	corto(a)	*short (size)*
barato(a)	*cheap, inexpensive*	largo(a)	*long*
caro(a)	*expensive*	mediano(a)	*medium*

Telas y diseños (Fabrics and designs)

de algodón	*(made) of cotton*	de poliéster	*of polyester*
de cuadros	*plaid*	de rayas	*striped*
de cuero	*of leather*	de rayón	*of rayon*
de lana	*of wool*	de seda	*of silk*
de lunares	*polka-dotted*	estampado(a)	*printed*
de nilón	*of nylon*	liso(a)	*plain, simple*

Verbos

cuidar	*to take care of*	dolerle (ue)	*to be hurting*
devolver (ue)	*to return something*	(a alguien)	*(to someone)*

encantarle (a alguien)	*to be very pleasing (to someone)*	regalarle (a alguien)	*to give a gift (to someone)*
interesarle (a alguien)	*to be interesting (to someone)*	llevar	*to wear; to take*
parecerle (a alguien)	*to seem (to someone)*	mandar	*to send; to order*
prestarle (a alguien)	*to lend (to someone)*	prestar	*to lend*
		regalar	*to give as a gift*
		regatear	*to haggle*
		vestirse (i)	*to dress*

Demostrativos

este, esta	*this*	aquel, aquella	*that (over there)*
estos, estas	*these*	aquellos, aquellas	*those (over there)*
ese, esa	*that*		
esos, esas	*those*	esto, eso, aquello	*this, that (thing or idea)*

Expresiones

así	*thus; like this*	por eso	*for that (reason)*
de niño(a)	*as a child*	quedarle	*to fit well / badly*
¿En qué puedo servirle?	*What can I do for you?*	bien / mal	*(clothing)*
estar seguro(a) de	*to be sure of*	quedarse	*to stay*

EN VIVO – VIÑETA

Before viewing the video vignette segment for this lesson, please study the following **Vocabulario** and **Preparación** sections. Then view the video (several times if necessary) and answer the questions or do the activities in the **Comprensión** section.

Vocabulario

Video *vocabularios* are simply for recognition purposes to help you more fully understand the segments. You are not expected to produce the vocabulary shown here.

acabo de recibir	*I've just received*	morirse	*to die*
cerca de	*near*	no me gusta nada	*I don't like it at all* or *I don't like anything (about it)*
de oferta	*on sale*		
¡Envuélvamelo!	*Wrap it up for me!*		
escoger	*to choose*		
estar de moda	*to be in style*	No se preocupe.	*Don't worry.*
el gusto	*taste*	el precio	*price*
hermoso	*beautiful*	el probador	*dressing room*
lo siento	*I'm sorry*	¡Pruébatelo!	*Try it on!*
mira	*look (command)*		

si lo usas	*if you wear it*		ven	*come (command)*
Síganme.	*Follow me.*		el vendedor	*sales clerk*
el tacón / taco	*heel*			

Preparación

Guess the meaning of the following words. While watching the video, circle each one as you hear it.

diferente	perfecto
elegante	puro
especial	la selección
fenomenal	

Comprensión

A. Read the following statements. After watching the video, circle C (Cierto) or F (Falso), according to what you understood.

C F **1.** Mónica busca un vestido para su cena con Javier.
C F **2.** El vestido negro parece un poco ancho.
C F **3.** A Mónica le gusta el vestido blanco.
C F **4.** Andrea encuentra el vestido perfecto.
C F **5.** El vestido que compra Andrea está en oferta (on sale).

B. Match the people's names with what they say in the video.

a. Andrea   **b.** Mónica   **c.** la vendedora

_____ **1.** La ropa aquí sí está de moda.
_____ **2.** ¡Perdón! Quería escoger éste.
_____ **3.** ¡Mira éste! Es talla mediana y de puro algodón.
_____ **4.** ¡Qué elegante!
_____ **5.** ¡Envuélvamelo!

Estructura   I. Los adjetivos y los pronombres demostrativos

To point out or specify

A. Demonstrative adjectives point out specific people or things.

Prefiero <u>esta</u> camisa.	*I prefer <u>this</u> shirt.*
No conozco a <u>esos</u> señores.	*I don't know <u>those</u> gentlemen.*

B. A demonstrative adjective agrees in gender and number with the noun it modifies. Note carefully the endings for the masculine singular forms: **est<u>e</u>** and **es<u>e</u>**.

Singular	*this*	est<u>e</u> abrigo esta camisa	*that*	es<u>e</u> vestido esa chaqueta
Plural	*these*	estos abrigos estas camisas	*those*	esos vestidos esas chaquetas

Use **este, esta, estos,** and **estas** for items near you.

Este suéter es bonito.	*This sweater is pretty.*
Estas camisas son de algodón.	*These are cotton shirts.*

Use **ese, esa, esos,** and **esas** for items not near you. Those items could be close to the person you are addressing.

Oye, me gustan **esos** pantalones.	*Listen, I like those pants.*
No me gusta **esa** blusa.	*I don't like that blouse.*

C. Demonstrative adjectives also function as pronouns, that is, in place of nouns. The accent mark distinguishes the pronouns (**éste, ésta, ésa...**) from the adjectives.

Me gusta este vestido y no **ése.**	*I like this dress and not that one.**
Esos pantalones son negros pero **éstos** son azules.	*Those pants are black but these are blue.*

*The pronoun forms mean *this (one), that (one),* and so on and do not take **uno** in Spanish.

D. Spanish also has a set of demonstratives to point out more distant items: **aquel, aquellos, aquella, aquellas.**

Éste es mi carro; no **aquél.**	*This is my car; not that one (over there).*
Necesito **estas** llaves y no **aquéllas.**	*I need these keys and not those (over there).*

The neuter demonstratives **esto, eso,** and **aquello** refer to a statement, an idea, or something not yet identified.

¿Qué es **esto?** —No sé.	*What's this?* —*I don't know.*
Por **eso...**	*For that (reason) . . .*
Eso es todo.	*That's all.*

aquél
ése
éste

6.10 Imagínese que su compañero(a) va de viaje. Pregúntele si va a llevar las cosas que están cerca de Ud. Usen **este/ese** y **esta/esa.**

           la camisa

Ud.:	¿Vas a llevar esta camisa?
COMPAÑERO(A):	Sí, (No, no) voy a llevar esa camisa.

la camiseta, el suéter, la sudadera, el abrigo, el cinturón, el paraguas, la corbata, la gorra

6.11 Imagínese que Ud. y su compañero(a) están de compras en la tienda El Corte Inglés, en España. Pregúntele a su compañero(a) si le gustan estas cosas. Usen **estos/esos** y **estas/esas.**

           los zapatos

Ud.:	¿Te gustan estos zapatos?
COMPAÑERO(A):	Sí, (No, no) me gustan esos zapatos.

las sandalias, las botas, los jeans, los pantalones, los suéteres, las chaquetas, los trajes, las sudaderas, los pañuelos

6.12 Tres de Uds. quieren compartir sus cosas. Cada uno pone ocho objetos personales en su escritorio. Túrnense para hacerse estas dos preguntas con los diferentes objetos.

Ud.:	¿Quieres estas llaves?
COMPAÑERO(A):	Sí, quiero esas llaves.
Ud.:	¿Estás seguro(a) *(Are you sure)* de que quieres éstas?
COMPAÑERO(A):	Sí, estoy seguro(a) de que quiero ésas.

6.13 Uds. son curiosos. Háganse estas preguntas.

1. ¿Qué vas a hacer esta tarde? ¿Esta noche *(tonight)?* ¿Este fin de semana?
2. ¿Te gusta esta clase? ¿Este libro? ¿Esta universidad? ¿Esta ciudad?
3. ¿Cómo se llama este estudiante? ¿Y ése? ¿Y aquélla?
4. ¿De quién son esos lápices? ¿Aquéllos cuadernos? ¿Aquellas cosas?
5. *(Point to several items)* ¿Qué es esto? ¿Qué es eso? ¿Qué es aquello?

Estructura   II. El imperfecto del pasado

To describe ongoing past actions or conditions

A. Up to now you've been talking about activities you *do* in the present time. But what if you wanted to talk about things you *were doing* in the past? In this **Lección** you'll focus on activites you *used to (would) do* routinely. Like the present, the *imperfect* lets you focus on ongoing activities. It's as if you were going back to the past to relive it. (By contrast, in the next **Lección,** you'll focus on completed past actions—the preterite.)

Hoy vivo en un apartamento.	De niña vivía en una casita.	*As a child I lived in a small house.*
Estudio, trabajo y me divierto.	Estudiaba, jugaba y me divertía.	*I used to study, play, and have a good time.*

Verbs in the imperfect tense are the most regular in forms. There are no changes in the stem. All you have to do is drop the infinitive marker and add the appropriate endings. Note that **-er / -ir** verbs share the same endings and have a written accent mark over the **-í-.**

estudiar (estudi + aba)		leer (le + ía)		dormir (dorm + ía)	
estudiaba	estudiábamos	leía	leíamos	dormía	dormíamos
estudiabas	estudiabais	leías	leíais	dormías	dormíais
estudiaba	estudiaban	leía	leían	dormía	dormían

Since the verb form for *yo, Ud., él,* or *ella* is the same, for clarity, those pronouns may accompany the verb.

¡OJO!

B. Only **ser, ir,** and **ver** are irregular in the imperfect. **Ver** keeps the **-e-** in its stem.

ser		ir		ver	
era	éramos	iba	íbamos	veía	veíamos
eras	erais	ibas	ibais	veías	veíais
era	eran	iba	iban	veía	veían

The imperfect of **hay** is **había** *(there was, there were, there used to be).*

6.14 Ud. quiere saber si la familia de su compañero(a) realiza varias actividades en sus reuniones. Use la información a continuación para hacerle preguntas. Su compañero(a) puede contestar *sí* o *no* y usar el pronombre directo según el contexto.

 • • • ➤ abuelo / jugar al dominó
¿Jugaba abuelo al dominó?
Sí, jugaba al dominó.

Sara y tú / tocar la guitarra
¿Tocaban Sara y tú la guitarra?
No, no la tocábamos.

1. Fabio / cantar las canciones viejas
2. tía Julia / bailar mucho
3. abuela / recordar los buenos tiempos
4. Emilio y Paquita / cocinar pollo asado *(roasted)*
5. mamá / preparar los postres
6. papá / ayudar a mamá
7. tus primos y tú / jugar al béisbol
8. tú / sacar *(to take)* unas fotos
9. tus tíos / contar muchos cuentos
10. Uds. / escuchar todos los cuentos

6.15 Ud. quiere saber lo que hacían a menudo su compañero(a) y sus amigos en los años pasados. Use la información a continuación para hacerle preguntas. Él (Ella) puede contestar *sí* o *no* y usar los pronombres apropiados según el contexto.

MODELO • • • ► Esteban y tú / ir al cine
¿Iban Esteban y tú al cine?
Sí, íbamos a menudo.

Leonor / hacer ejercicios
¿Hacía Leonor ejercicios?
No, no los hacía.

1. Alberto y tú / ir al gimnasio
2. Victoria / ver la televisión
3. Marcela y Rodolfo / asistir a las clases
4. los amigos / decir varios chistes *(jokes)*
5. Félix / repartir *(to distribute)* periódicos
6. tú / ser dependiente(a)
7. Bruno / vivir cerca de casa
8. Bruno y tú / divertirse mucho

C. Besides describing routine, continuous activities, the imperfect also:

1. describes *physical, mental,* or *emotional states* in the past.

Alberto era alto y delgado.   *Alberto was (used to be) tall and slender.*
¿Te sentías mal?   *Were you feeling ill?*
Ellos estaban preocupados.   *They were worried.*

2. expresses *time* (with **ser**) and *age* (with **tener**) in the past.

Eran las nueve y media de la mañana.   *It was half past nine in the morning.*
Yo tenía doce años en esa foto.   *I was twelve years old in that picture.*

6.16 Vicente mira una foto y recuerda los años en el viejo apartamento donde vivía su familia. Cambie Ud. los verbos del presente al imperfecto para revivir esos años.

MODELO • • • ► El apartamento es agradable.
El apartamento *era* agradable.

Tiene una sala grande...
Tenía una sala grande...

Queremos *(Love)* mucho a Pimienta.
Queríamos mucho a Pimienta.

La sala de nuestro apartamento.

De niño 1. *vivimos* en este apartamento que 2. *está* en la calle San Lázaro. El apartamento 3. *es* viejo pero cómodo. En esta foto mi hermano 4. *tiene* ocho años y yo, diez. 5. *Compartimos* un cuarto. Allí 6. *hablamos* a menudo de nuestros planes para el futuro. Yo 7. *ayudo* a mi hermano con la tarea y él me 8. *presta (lends)* sus libros de cuentos. Ah, también 9. *tenemos* una perrita que se 10. *llama* Pimienta. 11. *Es* negrita y pequeña con unos ojos brillantes y orejas que casi 12. *llegan* al piso *(floor)*. 13. *Queremos* muchísimo a Pimienta.

Nuestra perrita

Entre semana mis padres siempre 14. *están* ocupados. Papá 15. *trabaja* en una fábrica de plástico y Mamá 16. *se queda* en casa y 17. *cuida (takes care of)* al bebé de los vecinos. Ella 18. *quiere* estar en casa cuando nosotros 19. *somos* pequeños.

Los fines de semana 20. *son* especiales. 21. *Hay* muchas cosas que 22. *tenemos* que hacer. Los sábados nos 23. *levantamos* a las nueve más o menos. 24. *Recogemos (We pick up)* bien el apartamento y luego 25. *hacemos* las compras *(shopping)*. Los domingos 26. *visitamos* a los abuelos y a menudo 27. *vamos* al cine o a un partido de béisbol o fútbol.

En realidad nos 28. *gusta* el viejo apartamento. 29. *Pasamos* buenos tiempos y malos tiempos allí. Las reuniones de familia y amigos allí 30. *son* especiales. 31. *Jugamos* a las cartas, 32. *contamos* cuentos, 33. *comemos* juntos y 34. *celebramos* nuestras fiestas. 35. *Estamos* contentos y nos 36. *divertimos* mucho en ese viejo apartamento en la calle San Lázaro.

6.17 Tome Ud. tres minutos para repasar *(to review)* la narración de Vicente. Luego, de memoria, dígale a su compañero(a) lo que Ud. más recuerda de Vicente según:

1. el apartamento
2. la perrita Pimienta
3. los padres
4. las actividades familiares

¿Qué recuerda su compañero(a) de Vicente que Ud. no recuerda?

6.18 Ud. y otro compañero(a) de clase quieren conocerse mejor. Háganse estas preguntas.

  MODELO • • • ▶   dónde / vivir de niño(a)
¿Dónde vivías de niño(a)?
Vivía en la ciudad.

1. en qué calle / estar tu casa
2. a qué escuelas / asistir
3. a qué deportes / jugar
4. tener un gato o perro: / cómo llamarse; cómo / ser
5. en qué programas de la escuela / participar
6. ser / obediente ser / curioso(a) ser / estudioso(a)
7. trabajar después de las clases
8. adónde / ir los fines de semana
9. qué programas de televisión / ver
10. quiénes / ser tus mejores amigos; cómo / ser (ellos)

Ahora, de memoria, compartan las cinco respuestas más interesantes con el resto de la clase. Luego, hagan Uds. cinco o seis de estas mismas preguntas a su profesor(a).

Estructura   III. Los pronombres de complemento indirecto

Saying to (for) whom you do something

A. The indirect object is usually a person affected indirectly by the action of the verb. It answers the questions *To whom?* or *For whom?*

Jacinto lends her the sweater.		We're buying them a gift.
Jacinto lends the sweater to her.	or	We're buying a gift for them.

To whom does Jacinto lend the sweater?   *For whom* are we buying a gift?

(By contrast, recall that the <u>direct object</u> receives the action directly from the verb: Jaciento lends <u>the sweater</u>.)

¡OJO!

English often omits *to* or *from* in these cases. Note that *to her* and *for them* are objects of a preposition in English, but their Spanish equivalents function as indirect objects.

B. Spanish indirect object pronouns are the same as other object pronouns with the exception of the third-person singular and plural. These become **le** and **les,** respectively, and do not indicate gender.

Indirect Object Pronouns

Singular		Plural	
me	*(to, for) me*	nos	*(to, for) us*
te	*you*	os	*you (vosotros)*
le	*him, her, you (Ud.), it*	les	*them, you (Uds.)*

C. Indirect object pronouns also go before the conjugated verb or are attached to the infinitive and present participle. The prepositional phrases **a mí, a ti, a él, a Sara** and so on may be added for emphasis or clarification. Though redundant, this construction is very common in Spanish.

Yo no **les** doy nada **a ellos.**   *I don't give **them** anything.*

Queríamos comprar**te** un regalo.   *We wanted to buy **you** a gift.*
Te queríamos comprar un regalo.

Le estoy escribiendo una carta **(a Gloria).**   *I am writing **her** a letter **(to Gloria).***
Estoy escribiéndo**le** una carta.

Generally, the indirect object noun may be omitted but not the pronoun:

Le presto el dinero a David.   *I lend (him) David the money.*
Le presto el dinero.   *I lend him the money.*

Also note that *¿A quién(es)... ?* **as indirect object requires** *le(s):*

¿A quién <u>le</u> hablabas?   *To whom were you speaking?*
¿A quiénes <u>les</u> preparabas la comida?   *For whom were you preparing the meal?*

¡OJO!

6.19 Imagínese que Ud. no usa esta ropa y se la da a sus parientes o amigos. Diga a quiénes les da la ropa.

• • • ▶   el abrigo / Julián
Le doy el abrigo a Julián.

las chaquetas / a Uds.
Les doy las chaquetas a Uds.

1. la camiseta / a Rubén
2. la sudadera / a Margarita
3. los pantalones / a mi primo
4. los suéteres / a ti
5. las gorras / a mis sobrinos
6. la chaqueta / a mi abuela
7. los trajes / a mis hermanos
8. los cinturones / a Uds.

6.20 Su compañero(a) no recuerda a quién Ud. le da la ropa. Hagan y contesten las preguntas. Refiéranse Uds. a la actividad anterior.

 ● ● ● ● ▶   a quién... el abrigo
¿A quién le das el abrigo?
Le doy el abrigo a Julián.

a quiénes... las chaquetas
¿A quiénes les das las chaquetas?
Les doy las chaquetas a Uds.

1. a quién... la camiseta
2. a quién... la sudadera
3. a quiénes... las gorras

4. a quién... los suéteres
5. a quiénes... los trajes
6. a quién... los pantalones

HOY ES UN BUEN DIA
PARA DARLE TODO A MAMA.
Y MUCHO MAS.
10 DE MAYO

mamá te quiero

AURRERA

¿Cuándo es el Día de las Madres en México? ¿Qué dice la tarjeta que el joven tiene en las manos?

6.21 El diez de mayo es el Día de las Madres en México. Pregúntele a su compañero(a) qué le regalan los hijos a su mamá. Él (Ella) contesta según el dibujo. **Regalar** significa en inglés *to give as a gift.*

1. ¿Qué le regala Linda a su mamá?
2. ¿Le regala Marta perfume a su mamá?
3. Entonces, ¿qué le regala Marta a ella?
4. ¿Qué le regala Orlando a su mamá?
5. ¿Le da Orlando ésa el día del cumpleaños?

las flores   los dulces   la tarjeta

Y ahora a ti...

6. ¿Te regalaba Marta las flores a ti?
7. ¿A quiénes les regalabas tú flores?
8. ¿Cuándo les regalabas tú flores a ellas (ellos)?
9. ¿Qué te regalaban tus amigos a ti el día de San Valentín?
10. ¿De niña(o) le regalabas una manzana a tu maestro(a) favorito(a)?

Estructura

IV. Los pronombres indirectos con **gustar** y verbos similares

To express likes and dislikes

You have been using **gusta(n)** to express likes and dislikes with the indirect object pronouns **me, te,** and **le.** Recall that **gustar** does not literally mean *to like,* but rather *to be pleasing (to me, to you, to her . . .)*

¿Qué **te** gusta <u>comer</u>?　　*What do you like to eat?*
　　　　　　Literally:　*What is pleasing for (to) you to eat?*

Me gustan <u>los tacos</u>.　　*I like tacos.*

person involved　　　　<u>activity</u> or <u>item</u>
indirect object　　　　*subject*

A. **Gustar** most often appears in the third-person singular and plural. Use **gusta** with an item in the singular or infinitives and **gustan** with items in the plural. The forms in the imperfect are **gustaba** and **gustaban.**

me	nos	
te	os	+ gusta (gustaba) + *sing. noun or infinitives*
le	les	+ gustan (gustaban) + *pl. noun*

English usually omits the definite article *the* with nouns in this construction, but Spanish does not:

¿Les gustan <u>los</u> deportes a Uds.?　　*Do you like sports?*
Sí, nos gusta nadar y jugar al baloncesto.　　*Yes, we like to swim and play basketball.*

B. You could add the appropriate prepositional phrase (**a mí, a ti, a ella, a los López...**) for emphasis or clarification at the beginning or end of the sentence.

A Rufo no le gustaban las telenovelas.　　*Rufo didn't like TV soap operas.*
No le gustaban las telenovelas a Rufo.

C. Other verbs that function similarly to **gustar** are **encantar** (*to like very much, to love [something]*); **parecer** (*to seem*); **interesar** (*to interest*); and **doler (ue)** (*to hurt*).

Me encanta la música.　　*I really like (love) music.*
Nos parecían caras esas cosas.　　*Those things seemed expensive to us.*
¿Te interesaba ese video?　　*Were you interested in that video?*
　　　　　　(Was that video interesting to you?)
A Irma le duelen los oídos.　　*Irma's ears hurt her.*

6.22 Varias personas expresan su opinión sobre las diversiones pasadas. Use Ud. los tres elementos indicados para formar frases positivas y negativas en el imperfecto.

 ● ● ● ▶　A Sixto / (no) gustar el cine
　　　　　A Sixto le gustaba el cine. / A Sixto no le gustaba el cine.

1. a Ramón / gustar / la playa
2. a Ana María / parecer divertido / el baile
3. a ti / interesar mucho / el teatro
4. a nosotros / parecer aburrida / la televisión
5. a Ud. / gustar / los conciertos

6. a ellos / parecer fantásticos / los juegos electrónicos
7. a mí / encantar / hacer camping *(to go camping)*
8. a Uds. / gustar / jugar a las cartas
9. a los Fonseca / interesar / viajar y conocer otros países

6.23 Ud. sirve de intérprete en una clínica donde no se habla español. Hágale estas preguntas a su compañero(a). Él (Ella) contesta según el contexto.

 • • • ▶ la cabeza / a Ud.
¿Le duele la cabeza a Ud?
Sí, me duele la cabeza. / No, no me duele la cabeza.

1. la espalda / a Ud.   **5.** el cuello / a Uds.
2. las rodillas / a ti   **6.** la garganta / al señor
3. los oídos / al niño   **7.** los pies / a ti
4. el estómago / a ellos   **8.** los ojos / a Milagros

6.24 Pregúntele a su compañero(a) qué cosas le gustan y cuáles no le gustan. ¿Qué gustos tienen Uds. en común?

1. ¿Qué comidas te gustan y qué comidas no te gustan?
2. ¿Qué deportes te encantan y qué deportes no te encantan?
3. ¿Qué lugares te interesa visitar y qué lugares no?
4. ¿Qué programas de televisión te parecen buenos y qué programas no?

Ahora compartan con sus otros compañeros lo que les gusta (encanta...) y lo que no les gusta a Uds. ingualmente *(equally)*.

 • • • ▶ Nos gustan los espaguetis.
No nos gusta el brócoli.

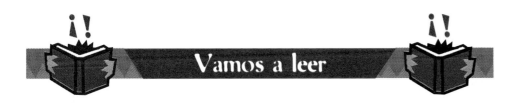

Vamos a leer

El rey y los burladores°
Adaptado

El... The King and the Deceivers

Don Juan Manuel vivía en España durante la Edad Media *(Middle Ages)*. Escribía cuentos basados en temas *(themes)* universales con el propósito de enseñar o dar buenos ejemplos. Cada ejemplo o cuento es una lección práctica. En el ejemplo presente vemos el miedo que algunas *(some)* personas tienen de la verdad. Muchos años después Hans Christian Andersen adapta este ejemplo a su cuento *La ropa nueva del emperador (The Emperor's New Clothes)*.

las palabras esenciales

el dibujo	*design*	fingir	*to pretend, to feign*
el ejemplo	*example*	mandar	*to send, to order*
el oro	*gold*	tejer	*to weave*
el palacio	*palace*		
la plata	*silver*	así	*thus*
los súbditos	*subjects (people)*	lo mismo	*the same (thing)*
		por eso	*for that reason*
honrado(s)/honesto(s)	*honest*	solo(a)	*alone*
		sólo	*only*

*Note that most of this story is narrated in the imperfect, but a few actions are depicted in the preterite (which you will learn in **Lección 7**) to emphasize completed past actions. You should recognize most of the verbs by their stems. Rely on the glosses if you cannot guess the meaning.*

la aguja

el hilo

Tres hombres iban al palacio del rey para decirle que ellos hacían telas muy bonitas. Especialmente hacían una tela que sólo las personas dignas y honradas podían ver. Al rey le gustaba mucho esto porque así él podía controlar mejor a sus súbditos. Por eso el rey decidió° darles a los tres hombres el oro, la plata, la seda y el dinero que necesitaban para hacer la tela.

decided

Entonces los tres hombres regresaron° a casa y fingieron° hacer la tela. Pocos días después uno de ellos le informó° al rey que la tela que ellos tejían era la más bonita del mundo y que él solo debía verla. Pero antes de hacer eso, el rey mandó° uno de sus ministros a casa de los tres hombres. Cuando éste llegó° allí sólo vio° a los tres hombres tejiendo en el aire. No veía la tela en absoluto.° El ministro pensaba que no la veía porque no era digno ni honrado. Tenía miedo y por eso fingió° ver la tela. Así, él le decía a todo el mundo que la tela era muy bonita.

returned / pretended
informed
sent
arrived / saw
en... at all
pretended

En la secundaria yo estudiaba mucho.
Y tú, ¿estudiabas mucho?

frecuencias: muchísimo   mucho   poco   muy poco   nunca

actividades:
estudiar	ir al cine
trabajar	jugar al béisbol (al baloncesto...)
usar la computadora	tener una mascota (pet)
bailar	ser socio(a) de un club
leer	asistir a los conciertos
escribir	dormirse en clase
hacer ejercicios	levantarse temprano
ver la televisión	acostarse tarde
hablar por teléfono	quedarse en casa
tocar un instrumento	reunirse con los amigos

6.28 You are in a department store buying summer clothes and accessories for various occasions. Ask the clerk (your classmate) questions about the clothing, material, color, size, and prices. He/She offers you suggestions. Indicate which items you like, you like very much, or do not like at all. Later switch roles and change from summer to winter clothes.

6.29 In groups of three describe how life used to be for your grandparents and how it is for you now.

Antes mis (nuestros) abuelos vivían en... Ahora yo vivo (nosotros vivimos) en...

Vamos a escribir

6.30 Consulte los anuncios de ropa en esta lección y prepare un anuncio para ropa de mujer o de hombre. Empiece con un dibujo o use una foto de periódico o revista. Incluya telas, colores, tallas, precios y otra información esencial.

6.31 Prepare una breve descripción de su vida de niño(a) según las indicaciones. Use estos verbos (y otros si Ud. prefiere) en el imperfecto. Después apréndase de memoria las ocho frases más importantes en su opinión. Comparta individualmente esas frases con dos compañeros. ¿Qué partes de su vida son posiblemente similares?

- De niño(a) vivir (ciudad / campo)
- ser (tres adjetivos para describirse Ud.)
- me gustar (dos actividades o cosas)
- estudiar (dos materias)
- leer (nombre de un cuento)
- ver frecuentemente (dos programas de televisión)
- jugar a (un deporte o un juego)
- (no) tocar (un instrumento o tipo [type] de música)
- participar en (un club o evento)
- tener (un perro, un gato...)
- ir a (dos lugares) todos los fines de semana

ayudar a (nombre de una persona) a menudo
decirle mis problemas (a una persona)
pedirle consejos *(advice)* (a una persona)
estar (dos condiciones, adjetivos)

http://www.harcourtcollege.com/spanish/saludosrecuerdos

Vamos a explorar el ciberespacio

ROPA

You may want to explore some Web sites of clothing stores in Mexico or Spain. Look at each of the sites. Check your Spanish vocabulary knowledge regarding clothing at each site.

The World Wide Web offers many fascinating sites throughout the Spanish-speaking world dealing with the cultural topics in this lesson. Take a virtual field trip. Go to http://www.harcourtcollege.com/spanish/saludosrecuerdos to discover more.

EN VIVO – CULTURA

Before viewing the cultural video segment for this lesson, please study the following **Vocabulario** and **Preparación** sections. Then view the video (several times if necessary) and answer the questions or do the activities in the **Comprensión** section.

Vocabulario

Video *vocabularios* are simply for recognition purposes to help you more fully understand the segments. You are not expected to produce the vocabulary shown here.

al aire libre	*outdoor*	la cueva	*cave*
el atractivo	*attraction*	disfrutar de	*to enjoy*
el barco	*boat*	experimentar	*to experience*
el barrio	*neighborhood*	la falda	*skirt*
la blusa	*blouse*	la flor	*flower*
la casa	*house*	la foca	*seal*
el centro comercial	*shopping center*	fundado	*founded*
		el, la habitante	*inhabitant*
conocido	*known*	hermoso	*beautiful*

la iglesia	*church*	el recuerdo	*souvenir*
el jardín	*garden*	el siglo XIX	*nineteenth century*
la obra teatral	*play*	el taller	*workshop*
la playa	*beach*	la tienda	*store*
el pueblo	*town*	tomar el sol	*to sunbathe*
la puesta del sol	*sunset*	el zoológico	*zoo*
quizás	*perhaps*		

Preparación

Guess the meaning of the following words. While watching the video, circle each one as you hear it.

arquitectura	ideal
colonización	importancia
costa	millón
cultural	misión
especiales	Pacífico
espectáculos	popular
eventos	restaurante
exploración	

Comprensión

A. Select the word or phrase that best completes each statement, according to what you understood.

1. La Casa de Bandini es (una tienda, un restaurante).
2. Old Town es ideal para comprar (animales, recuerdos).
3. El Bazar del Mundo es (un centro comercial, un café) al aire libre.
4. Quizás el atractivo más popular del parque (Balboa, Presidio) es el zoológico.

B. Read the following statements. After watching the video, circle C (Cierto) or F (Falso), according to what you understood.

C F **1.** San Diego tiene más de un millón de habitantes.

C F **2.** Old Town es un barrio que tiene iglesias, casas y tiendas del siglo XVI (dieciséis).

C F **3.** San Diego de Alcalá es una misión fundada por Fray Junípero Serra.

C F **4.** La Jolla es un hermoso pueblo conocido por sus iglesias.

SELF-TEST

How well have you mastered this lesson? To find out, take the self test found on the ¡*Saludos!* Web site at http://www.harcourtcollege.com/spanish/saludosrecuerdos.

El hogar y los muebles

Comunicación

- Describe your home and furniture (el hogar y los muebles)
- Talk about completed actions
- Avoid repeating names for people and things
- Use numbers 100 and above

Estructuras

- Preterite of regular verbs
- **ver, dar, ser / ir**
- **-ir** stem-changing verbs,
- Indirect and direct object pronouns together

Cultura

- Homes and customs
- Comparing money currencies

Conexiones

- Vamos a leer
  Comparing home ads
  «La casa de María» de Jean Merrill
- Vamos a escuchar
  Interpreting housing descriptions
- Vamos a hablar
  Describing housing; past actions
- Vamos a escribir
  Describing ideal housing
- Vamos a explorar el ciberespacio
  Housing

The ¡Saludos! CD-ROM offers additional language practice and cultural information.

¡Adelante!

Actividades

7.1 Estudie Ud. el plano y el vocabulario para el hogar. Después indique con una X en qué cuarto *(room)* están los muebles o cosas.

el estante el inodoro la bañera
el lavabo **el baño** la ducha

el estudio

la cama

(**segundo piso**)

el escritorio

la cómoda

la escalera **el pasillo**

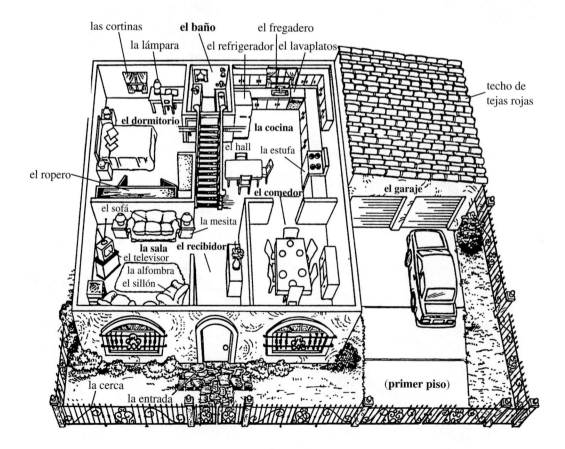

las cortinas **el baño** el fregadero
la lámpara el refrigerador el lavaplatos

techo de tejas rojas

el dormitorio

la cocina
el hall la estufa

el ropero

el sofá

la mesita

el comedor

el garaje

la sala
el televisor
la alfombra
el sillón

el recibidor

la cerca la entrada

(**primer piso**)

	los dormitorios	la sala	la cocina	el comedor	el baño
el sofá					
la estufa					
las camas					
el estante de libros					
el televisor					
el refrigerador					
el sillón					
el escritorio					
la cómoda					
el inodoro					
el ropero					
la alfombra					
la mesa y seis sillas					
el lavaplatos					
el lavabo					

Hogar dulce hogar°

Home Sweet Home

El plano anterior es del hogar de Zoila Guzmán de Morillo. A continuación, lea Ud. la descripción que hace Zoila de su casa, notando el uso de los dos tiempos pasados *(past tenses):*

1. el imperfecto: *when the speaker wants to describe or focus on ongoing, habitual actions*

La casa **era** de estilo colonial... *The house was (used to be) colonial style . . .*

2. el pretérito: *when the speaker focuses on actions with a definite beginning and end*

Nací y **viví** allí hasta casarme... *I was born and lived there until I got married . . .*

same
de... (made of) block / stucco
pisos... floors of tile / spacious

remodeled
electrical appliances
space
daba... faced the front

mine

we'd get together
family
se... moved

Aunque... Although I miss / se... feel

Nací en Caracas, Venezuela y viví allí en el mismo° hogar hasta casarme. Recuerdo que la casa de mis padres era de estilo colonial español. Era de bloque° y estuco° blanco. El techo era de tejas rojas y los pisos de azulejos.° Los cuartos eran amplios° y alegres. En la entrada había un recibidor pequeño. La sala estaba a la izquierda. Tenía un sofá, dos sillones y unas mesitas. Los muebles eran azules y la alfombra marrón. Aquí descansábamos, conversábamos y veíamos la televisión.

De aquí pasábamos a la cocina que mis padres remodelaron° completamente con electrodomésticos° de colores coordinados: estufa, refrigerador y lavaplatos. Cerca del pasillo había un baño y espacio° para la lavadora y la secadora. El comedor era amplio y tenía una ventana que daba al frente.°

El dormitorio de mis padres era verde claro. Tenía un ropero grande. Los otros dos cuartos estaban en el segundo piso y eran pequeños. Uno era el cuarto mío° y el otro servía de estudio. Entre esos dos cuartos había otro baño completo. Finalmente, había un garaje de dos autos y un patio donde nuestra perrita corría y jugaba. Estábamos contentos en ese dulce hogar. Usualmente allí nos reuníamos°: abuelos, hijos y nietos para celebrar nuestras fiestas familiares° y compartir nuestras vidas.

Después de casarme mis padres vendieron la casa y se mudaron° a un condominio. Ellos querían vivir cerca de la playa y por eso decidieron mudarse.

Aunque yo echo de menos° la casa, comprendo por qué mis padres se sienten° más cómodos y contentos en su nuevo condominio. Además, ahora mis hijos pasan muchos fines de semana con ellos, divirtiéndose en la playa.

> Recall that English uses *noun + noun* to express what something is *made of: a brick house, a cotton shirt . . .* Spanish, instead, uses *noun + de + noun: una casa <u>de</u> ladrillo, una camisa <u>de</u> algodón...*)

7.2 Prepare Ud. un resumen de la narración de Zoila. Subraye la respuesta correcta entre paréntesis para completar las frases. Luego, de memoria, dígale a su compañero(a) las cinco frases más significativas del resumen.

Zoila nació en 1. (Bogotá, Caracas) y vivió en el mismo hogar hasta 2. (casarse, graduarse). La casa era de 3. (ladrillo, bloque). El techo era de 4. (aluminio, tejas). Los cuartos 5. (estaban, eran) amplios y alegres. En la entrada 6. (venía, había) un recibidor pequeño. La sala tenía un sofá, dos 7. (sillones, camas) y unas mesitas. Los muebles 8. (eran, estaban) azules. En la sala su familia 9. (dormía, descansaba) y veía la televisión.

Los padres 10. (compraron, remodelaron) la cocina con electrodomésticos: estufa, refrigerador y 11. (estéreo, lavaplatos). Cerca del pasillo ellos tenían una lavadora de ropa y 12. (un ropero, una secadora). El comedor era 13. (pequeño, amplio) y tenía una ventana que 14. (daba, iba) al frente.

El dormitorio de sus padres era 15. (verde, marrón) claro. Los otros dos cuartos 16. (eran, estaban) en el segundo piso. Arriba también había 17. (un medio baño, un baño completo). Finalmente había un 18. (garaje, patio) de dos autos. Zoila 19. (era, estaba) contenta

El hogar y los muebles

en ese dulce hogar porque allí su familia se 20. (reunía, ponía) para celebrar sus fiestas. Después de casarse Zoila, los padres 21. (compraron, vendieron) la casa porque querían vivir cerca de la playa y por eso se 22. (quedaron, mudaron) allí. Ahora los hijos de Zoila 23. (llegan, pasan) muchos fines de semana con los abuelos, 24. (corriendo, divirtiéndose) en la playa.

7.3 Prepare una lista de los diferentes cuartos o partes de su casa. Luego compare la lista con la de su compañero(a). Puede referirse a la siguiente lista.

 ● ● ● ▶ En mi casa (apartamento) tengo una sala,... Y tú, ¿tienes una sala?

1. una sala
2. un salón familiar (*family room*)
3. un comedor
4. una cocina
5. un dormitorio (dos... tres...)
6. un baño (un baño y medio, dos...)
7. una lavandería (*laundry*)
8. un cuarto de almacenaje (*storage room*)
9. un sótano (*basement*)
10. un ático
11. un garaje de un (dos, tres,...) auto(s)
12. una terraza
13. un patio
14. una piscina (*pool*)

Los electrodomésticos

¿Cuál es la marca de la lavadora?
¿Qué otras marcas conoce Ud.?
¿Sabe Ud. que **cocina** puede significar *kitchen* o *stove?*
Limpiar significa *to clean;* entonces, ¿qué significa **autolimpiable?**
¿Cuántos pies cuadrados (p^2) mide el refrigerador?

Los muebles

1.	**ELEGANTES,** Modernos muebles, Sapporitti, Roche-Bobois, Luminaire. 553-8378
2.	**ESTRENE** De lujo comedor, cuarto, sala $1500 c/u 995 W. 74 St. Hia #102
3.	**Jgo. de cuarto** matrimonial y de niño, sala 3 pz., vitrina y misc. Llamar: 228-2891
4.	**JGO** Sala nuevo $900. 27'' TV color, Piano organo, mesa centro. 643-0005
5.	**Juego de Cuarto,** Juego de Comedor, Estufa y Nevera. Llame al: 828-8240
6.	**JUEGO DE SALA** beige material $325; jgo. de comedor $490; cama king $195 Tel 865-8307
7.	**MOTIVO DE VIAJE** Vendo sala, comedor, cama, artículos de bebe. 927-3215
8.	**MUEBLES:** De Cuarto, Comedor, Paravan, Alfombra y mas! 949-1800
9.	**MUEBLES DE OFICINA.** Escritorio, archivos de metal, sillas y mucho más. Exc. condición. 864-6769
10.	**MUEBLES usados de oficina** Urge venta muebles nuevos. 5805 Blue Lagoon Dr. #300. Del hotel Hotel Sofitel abierto 9-5

Un **juego** de comedor en inglés es *a dining room set*. Entonces, ¿qué es un juego de sala? ¿Un juego de cuarto?* ¿Cuál es el anuncio que tiene muebles de niño? ¿Cuál tiene muebles usados? ¿Cuál describe un comedor de lujo *(deluxe)*?

• •

*También se dice **cuarto** para **dormitorio.**

 7.4 Ahora prepare otra lista de sus muebles y accesorios, cuarto por cuarto: el dormitorio, la sala, la cocina, el comedor... Luego compare la lista con la de su compañero(a). Puede referirse a la siguiente lista.

 En el dormitorio tengo una cama,... Y tú, ¿qué muebles tienes en el dormitorio?

un sillón	un espejo *(mirror)*
un lavaplatos	una mesita
un ropero	un refrigerador
un escritorio	una cómoda *(chest of drawers)*
una lavadora / una secadora	un estante
la mesa de comedor	una ducha / la bañera *(shower / tub)*
un televisor / un VCR	una lámpara
un microondas *(microwave)*	una chimenea *(fireplace, chimney)*
una cama	un «jacuzzi»
un lavabo *(bathroom sink)*	un fregadero *(kitchen sink)*

El hogar y los muebles

7.5 Finalmente prepare un plano de su hogar. Escriba los nombres de los cuartos y los muebles en el plano. Luego prepare una charla *(chat)* de su hogar que debe compartir con otro(a) compañero(a). Refiérase a la narración anterior de Zoila Morillo. Y si es posible, también debe incluir fotos de su hogar.

MODELO • • • ➤ Mi casa (apartamento)...

Las residencias **Bahía** son nuevos *townhomes* en la Florida. ¿Qué cuartos hay en la primera planta *(first-floor plan)?* ¿Y en la segunda planta? ¿Cómo son los diseños *(designs)?* ¿Y los patios?

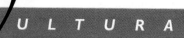

La construcción de las casas

El clima,° los materiales, las costumbres locales y el gusto personal influyen en la construcción de las casas. En los países hispanos hay muchas casas de bloque y madera.° El ladrillo° se usa menos. Tradicionalmente los techos son de teja y los pisos de azulejos o granito, pero también se usa la madera. Por lo general, las paredes° son lisas y no están empapeladas. En las ciudades los terrenos (lotes) cuestan mucho y por eso las casas dan a la calle directamente. Las ventanas tienen rejas° que sirven de protección y decoración. Muchas casas no tienen o no necesitan aire acondicionado ni calefacción.° Los sótanos y los áticos no son comunes.

En los hogares tradicionales la cocina es para preparar la comida y no para comer y entretener° a los amigos. En los distritos nuevos las casas están separadas unas de otras por muros° y tienen un jardín o patio pequeño.

climate

wood
brick

(house) walls

iron grills

heating

entertain

stone walls

El barrio (neighborhood) de Santa Cruz, Sevilla. ¿Hay balcones (balconies) en las casas?

ULTURA

La Ciudad de Panamá, Panamá. ¿Son de bloque o de ladrillo los rascacielos *(skyscrapers)?*

El frente de la casa colonial del general Simón Bolívar, Caracas.

El patio de una residencia. ¿Qué tiempo hace aquí?

Expand your cultural understanding. Visit the *¡Saludos! / ¡Recuerdos!* World Wide Web site http://www.harcourtcollege.com/spanish/saludosrecuerdos

7.6 Indique Ud. si las siguientes descripciones son más representativas de las casas en los Estados Unidos o en Hispanoamérica.

1. Las casas son de ladrillo.
2. Los techos son de tejas.
3. En las ciudades las casas dan directamente a la calle.
4. Las casas tienen ático.
5. Las ventanas tienen rejas.
6. No es raro recibir a los amigos en la cocina.
7. Las casas están separadas por muros.
8. El aire acondicionado central es común.

7.7 Su compañero(a) va a estudiar y vivir en América Latina. Menciónele no menos de cinco diferencias que va a notar en las casas tradicionales.

La casa

el baño	*bathroom*	el hogar	*home*
el barrio	*neighborhood*	el jardín	*garden*
la cocina	*kitchen, stove*	la pared	*wall*
el comedor	*dining room*	el pasillo	*hallway*
el cuarto	*room, bedroom*	la piscina	*swimming pool*
el dormitorio	*bedroom*	el piso	*floor*
el edificio	*building*	el ropero	*closet*
la entrada	*entrance*	la sala	*living room*
el espacio	*space*	el techo	*roof*
el garaje	*garage*	el (la) vecino(a)	*neighbor*

Los materiales

de azulejos	*(mosaic floor) tiles*	de madera	*of wood*
de bloque	*(made) of cement block*	de piedra	*of stone*
de ladrillo	*of brick*	de tejas	*(roof) tiles*

Los muebles y los accesorios

el aire acondicionado	*air conditioning*	la ducha	*shower*
la alfombra	*carpet, rug*	el espejo	*mirror*
la bañera	*bathtub*	la estufa	*stove*
la cafetera	*coffee pot*	el fregadero	*(kitchen) sink*
la calefacción	*heating*	el inodoro	*toilet*
la cama	*bed*	la lámpara	*lamp*
la chimenea	*fireplace, chimney*	el lavabo	*(bathroom) sink*
la cómoda	*dresser*	la lavadora de ropa	*washing machine*
la contestadora	*answering machine*	el lavaplatos	*dishwasher*
las cortinas	*curtains*		

la mesita	small table		la secadora	dryer
el (horno) microondas	microwave (oven)		el sillón	armchair
el refrigerador	refrigerator		el tostador	toaster

> **Spanish diminutives *-ito(a)* imply affection or smallness in size (mesa → mes<u>ita</u>).**
> **Compare in English: Bill/Billy; kitchen/kitchenette.**

Adjetivos

amplio(a)	ample, spacious		espacioso(a)	spacious, roomy
aparte	apart, aside		mío(a)	mine
dulce	sweet			

Verbos

amueblar	to furnish		reunirse	to get together
casarse (con)	to get married (to)		(me reúno)	
dibujar	to draw, to sketch		sentir (ie)	to regret, to feel
mudarse	to move			sorry
	(to a home)		¡Lo siento!	I'm sorry!
oír (oigo, oyes...)	to hear		sentirse (ie)	to feel good/bad
prestar	to lend		bien/mal	
remodelar	to remodel		vacilar	to hesitate

Expresiones

anoche	last night		el juego de...	. . . set
ayer	yesterday		en seguida	at once,
dar a	to face			immediately
echar de menos	to miss (to long for)		por fin	finally
el domingo	last Sunday		por fuera	on the outside
(el lunes...)	(Monday . . .)		ya	already
pasado				

Los números 100–1000 y más

cien	100		ochocientos(as)	800
doscientos(as)	200		novecientos(as)	900
trescientos(as)	300		mil	1.000
cuatrocientos(as)	400		diez mil	10.000
quinientos(as)	500		un millón (**de** + noun:	1.000.000
seiscientos(as)	600		un millón de pesos)	
setecientos(as)	700			

EN VIVO – VIÑETA

Before viewing the video vignette segment for this lesson, please study the following **Vocabulario** and **Preparación** sections. Then view the video (several times if necessary) and answer the questions or do the activities in the **Comprensión** section.

Vocabulario

Video *vocabularios* are simply for recognition purposes to help you more fully understand the segments. You are not expected to produce the vocabulary shown here.

a tu edad	*at your age*
arreglar	*to clean up, fix*
el ayudante	*helper*
cansado	*tired*
el consejo	*advice*
el estante	*shelf*
la habitación	*room*
¿Hiciste la cama?	*Did you make your bed?*
igualito	*just like*
limpiar	*to clean*
la limpieza	*cleaning*
lo difícil	*difficult things*
¿Qué pasa?	*What is the matter?* or *What is going on?*
sacar la basura	*to take out the garbage*
tratarse de	*to be a question of* or *to be about*

Preparación

Make a list of household chores in Spanish and then circle the ones you hear or see as you watch the video.

Comprensión

A. Answer these questions.

1. ¿Quién sacudió las cómodas?
2. ¿Quién saca la basura?
3. ¿Quién tiene ganas de dormir?
4. ¿Quién era igualita a Teresa a su edad?

B. Match the people's names with what they say in the video.

a. abuela   **b.** Lucas   **c.** Sofía   **d.** Teresa

___ 1. Pues bien, niños, la cocina los espera.
___ 2. Pero ¡yo saqué la basura la semana pasada!
___ 3. Si no quieres sacar la basura, puedes limpiar el baño.
___ 4. «Lo difícil es más fácil entre dos.»

Estructura   I. El pretérito

To talk about completed actions

A. To talk about what you *did* on a particular occasion—not what you *were doing*—use the preterite, the other past tense. It views the activity as having been completed at a particular time. Expressions such as **ya** *(already)*, **por fin** *(finally)*, **en seguida** *(at once)*, **ayer** *(yesterday)*, **anoche** *(last night)*, **el domingo (el lunes...) pasado** *(last Sunday [Monday])* often accompany the preterite.

¿Trabajaste anoche?	*Did you work last night?*
No, no trabajé.	*No, I didn't work.*
¿Se acostó Armando?	*Did Armando go to bed?*
Sí, ya se acostó.	*Yes, he already went to bed.*

Did in questions and negative statements is not translated into Spanish. Also note the accent mark on the **yo** and **Ud., él, ella** forms (to indicate pronunciation stress).

Los verbos **-ar**

Trabajar			
yo	trabaj**é**	nosotros(as)	trabaj**amos**
tú	trabaj**aste**	vosotros(as)	trabaj**asteis**
Ud./él/ella	trabaj**ó**	Uds./ellos/ellas	trabaj**aron**

Notice how the stress (accent mark) changes tenses:

tra**ba**jo	*I work*
traba**jó**	*he, she, you work**ed**.*

The **nosotros(as)** form is the same in the present and preterite. Context clarifies meaning.

B. Verbs ending in **-car, -gar,** and **-zar** have these changes in the **yo** form (to preserve the sounds: **-c-, -g-,** and **-z-**).

buscar	c → **qué**	bus**qué,** buscaste... buscaron
jugar	g → **gué**	ju**gué,** jugaste... jugaron
empezar	z → **cé**	empe**cé,** empezaste... empezaron

Stem-changing **-ar** verbs in the present do *not* have a stem change in the preterite: emp<u>ie</u>zo → emp<u>e</u>cé / j<u>ue</u>go → j<u>u</u>gué

7.8 Compare lo que Ud. hizo *(what you did)* el lunes pasado con lo que hizo el domingo pasado.

	el lunes pasado	el domingo pasado
despertarse a las siete	Sí, me desperté a las siete.	No, no me desperté a las siete.

1. levantarse temprano
2. desayunar rápido
3. manejar a la universidad
4. estudiar un poco
5. almorzar en casa
6. trabajar unas horas
7. jugar a un deporte
8. tocar música popular
9. visitar a la familia
10. acostarse tarde

7.9 Pregúntele a su compañero(a) si él (ella) hizo *(did)* las actividades anteriores en los días indicados. Él (Ella) debe contestarle con frases completas. Fíjese Ud. bien en las respuestas.

despertarse a las siete
¿Te despertaste a las siete el lunes pasado?
Sí, me desperté temprano.

¿Y el domingo pasado?
No, no me desperté temprano.

7.10 Ahora dígale a otro(a) compañero(a) cinco actividades que Ud. recuerda de su primer(a) compañero(a).

El lunes pasado mi compañero(a) (no) manejó a la universidad.

7.11 Escriba Ud. de nuevo este párrafo *(paragraph)* en el pretérito para narrar lo que Ricardo y su hijita hicieron *(did)*.

Ricardo y su hijita **se despiertan**... → se despertaron...

El sábado pasado Ricardo y su hijita **se levantan** a las ocho. Ricardo **lleva** a su hijita a su restaurante favorito y allí **desayunan** unos panqueques *(pancakes)* deliciosos. Ricardo **juega** con su hijita y **empieza** a contarle cuentos. Luego, a las nueve los dos **regresan** a casa y **ayudan** con los quehaceres.

7.12 Hágale estas preguntas a su compañero(a) según el párrafo anterior. Use el pretérito.

 • • • ►   ¿A qué hora (despertarse) Ricardo y su hijita?

Ud.:   ¿A qué hora se despertaron Ricardo y su hijita?

COMPAÑERO(A):   Ellos se despertaron a las siete y media.

1. ¿A qué hora (levantarse) Ricardo y su hijita?
2. ¿Adónde (llevar) Ricardo a su hijita?
3. ¿Qué (desayunar) ellos?
4. ¿Con quién (jugar) Ricardo?
5. ¿Qué (empezar) a contarle a su hijita?
6. ¿A qué hora (regresar) ellos a casa?
7. ¿Con qué (ayudar) los dos?

C. Los verbos **-er / -ir**

Regular **-er** and **-ir** verbs have the same endings in the preterite. The **nosotros(as)** form for **-ir** verbs is the same in the present and preterite and, like with **-ar** verbs, context clarifies meaning. Which verb forms have a written accent mark?

Comer		Salir	
com**í**	com**imos**	sal**í**	sal**imos**
com**iste**	com**isteis**	sal**iste**	sal**isteis**
com**ió**	com**ieron**	sal**ió**	sal**ieron**

1. Stem-changing **-er** verbs in the present do *not* have stem changes in the preterite: **entender → entendí, entendiste, entendió...**

2. When the stem ends in a vowel, third person (**Ud., él, ella / Uds., ellos, ellas**) forms take the endings **-yó** and **-yeron:**
   leer: leí, leíste, le<u>yó</u>, leímos, leísteis, le<u>yeron</u>
   oír* *(to hear):* oí, oíste, o<u>yó</u>, oímos, oísteis, o<u>yeron</u>

Note accent marks on all preterite forms of **oír** and **leer** except those for **Uds., ellos, ellas.**

••••••••••••••••••••••••••••••

*The present tense of **oír** is **oigo, oyes, oye, oímos, oís, oyen.**

3. One-syllable preterite forms have no accents:
   Ver keeps only the **v** stem: <u>vi</u>, viste, <u>vio</u>, vimos, visteis, vieron.
   Dar has the **-er/-ir** endings: <u>di</u>, diste, <u>dio</u>, dimos, disteis, dieron
   Ser and **ir** have identical forms. Again context clarifies meaning.

Ser / Ir	
fui	fuimos
fuiste	fuisteis
fue	fueron

Fui tesorero del club.   *I was treasurer of the club.*
Fui al correo.   *I went to the post office.*

 Indique qué actividades realizó o no realizó Ud. el fin de semana pasado.

 ● ● ● ►   Asistir a un concierto
                    Asistí a un concierto. (No asistí a un concierto.)

1. salir con los amigos
2. comer en un buen restaurante
3. escribir unas cartas
4. recibir correo electrónico
5. leer el periódico
6. ver la televisión
7. ir al cine
8. dar un paseo
9. correr un poco
10. oír las noticias

 7.14 Pregúntele a su compañero(a) si él (ella) realizó las actividades anteriores. Aprenda no menos de cinco respuestas de memoria *(memory)*.

 ● ● ● ►   asistir a un concierto
                    ¿Asististe a un concierto?
                    Sí, (No, no) asistí a un concierto

Ahora dígale —de memoria— a otro(a) compañero(a) no menos de cinco actividades que su primer(a) compañero(a) realizó o no realizó.

 ● ● ● ►   Mi compañero (no) salió con los amigos.

7.15 Piense Ud. en el día más ocupado que tuvo *(you had)* la semana pasada. Indique lo que hizo más o menos cada hora.

A las   7:00 de la mañana (yo)...
        8:00
        9:00
      10:00
      11:00
Al mediodía
A la   1:00 de la tarde
A las 2:00
      3:00
      4:00
      5:00
      ...

Ahora dígale a su compañero(a) las actividades que Ud. hizo *(did)* hora por hora. Él (Ella) escucha y escribe esas actividades y viceversa. Después comparen Uds. las dos listas y díganle a la clase quién hizo más y quién hizo menos. Usen los siguientes verbos y hagan Uds. no menos de diez comparaciones.

 • • • ► Yo escribí más. Mi compañero(a) escribió menos.
(Para expresar *(I did) as much as...* usen: **tanto... como** →
Escribí **tanto como** él [ella].)

1. leer
2. trabajar
3. descansar
4. ir a (más/menos) lugares
5. jugar
6.–10. ¿...?

D. Stem-changing **-ir** verbs

All **-ir** verbs with stem changes in the present also have stem changes in the preterite. This happens in the **Ud., él, ella** and **Uds, ellos, ellas** forms. Those verbs with **e → ie** and **e → i** change **e** to **i,** and those with **o → ue** change **o** to **u.**

Preferir (ie → i)		Pedir (i → i)		Dormir (ue → u)	
preferí	preferimos	pedí	pedimos	dormí	dormimos
preferiste	preferisteis	pediste	pedisteis	dormiste	dormisteis
prefirió	*prefirieron*	*pidió*	*pidieron*	*durmió*	*durmieron*

Verbs that follow the pattern of **preferir** and **pedir** include:

divertirse: me divertí... *se divirtió...* *se divirtieron*

repetir: repetí... *repitió...* *repitieron*

seguir: seguí... *siguió...* *siguieron*

servir: serví... *sirvió...* *sirvieron*

sentirse (ie) me sentí... *se sintió...* *se sintieron*

Sentirse means *to feel good/bad:* **Ellos se sintieron bien/mal.**

7.16 Imagínese que Ud. recibió una carta de su amigo Ernesto que está de vacaciones en Madrid. Dígale a su compañero(a) lo que hizo *(did)* Ernesto. Cambie los verbos del presente al pretérito.

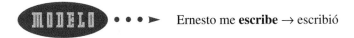 • • • ► Ernesto me **escribe** → escribió

Ernesto **prefiere** quedarse en el centro de Madrid. Los primeros días **se siente** cansado y no **duerme** bien por el cambio de horas y rutina. Pero ya se **acostumbra** al horario español. El otro día **da** un paseo por las partes viejas y pintorescas de Madrid. Luego **va** a unas tascas* o bares y **pide** varias tapas o aperitivos: queso, tortilla, croquetas... Le **gustan** las tapas y se **divierte** mucho en las tascas.

....

*__Las tascas__ son bares españoles donde sirven variedades de aperitivos o tapas: tortilla, croquetas *(croquettes),* chorizo, gambas al ajillo *(garlic shrimp)* y otras delicias.

TASCA "LA VICTORIA"

TAPAS

almejas°

canapé de anchoa°

calamares fritos°

croquetas de°...

jamón

pollo

champiñones rellenos°

chorizo°

gambas al ajillo°

pincho moruno°

tortilla

clams

anchovy spread

fried squid

croquette

stuffed mushrooms

pork sausage

garlic shrimp

miniature kabobs

¿Cuáles de las tapas le gustan a Ud.?

7.17 Ud. está interesado(a) en la última visita de sus compañeros a un restaurante. Hágales estas preguntas a tres compañeros diferentes y después comparta las respuestas con la clase.

1. ¿En qué restaurante preferiste comer?
2. ¿Qué pediste de comer? ¿Y de tomar?
3. ¿Te sirvieron la comida pronto o no?
4. ¿Te gustó la comida o no?
5. ¿Te divertiste comiendo allí o no?
6. ¿Cuánto pagaste?

Estructura

II. La combinación de dos complementos

To avoid repeating the same things

A. When both an indirect and direct object pronoun occur in the same sentence, the indirect (I) precedes the direct (D). Double object pronouns follow the usual rules of placement—either before the conjugated verb or attached to the infinitive and present participle.

             I D

¿Las llaves?   Te las doy.   *The keys? I give them to you.*

	I D	
¿El carro?	¿Me lo vas a prestar?	*The car? Are you going to lend it to me?*
	¿Vas a prestármelo?	
	I D	
¿La comida?	Nos la están haciendo.	*The meal? They're preparing it for us.*
	Están haciéndonosla.	

With double pronouns, add an accent mark to the stem vowel of the infinitive and present participle to preserve the original stress: *pres-tár-me-lo / ha-cién-do-nos-la.*

¡OJO!

B. **Le** and **les** both change to **se** before direct object pronouns beginning with **l-**.

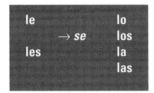

le		lo
	→ *se*	los
les		la
		las

Le di las llaves a Mario. → **Se las** di a Mario. *I gave them to him (Mario).*
Les presté el dinero a ellas. → **Se lo** presté a ellas. *I lent it to them.*

The prepositional phrases **a Mario, a él, a ellas...** may be added for clarity or emphasis.

7.18 Pregúntele a su compañero(a) si le presta a Ud. las siguientes cosas.

MODELO ¿la calculadora? ¿Me prestas la calculadora?
Sí, te la presto. (No, no te la presto.)

1. la tarea
2. el lápiz
3. el bolígrafo
4. los cuadernos
5. el reloj
6. las revistas
7. el periódico
8. los videos

7.19 Su compañero(a) pone ocho cosas en el escritorio; por ejemplo: las fotos, el carnet *(I.D. card),* las tarjetas de crédito... Ahora pregúntele si le va a enseñar *(show)* las cosas. También pregúntele cuándo se las va a enseñar.

MODELO ¿Las fotos? ¿**Me las** vas a enseñar?
Sí, **te las** voy a enseñar.

¿Cuándo **me las** vas a enseñar?
Te las voy a enseñar ahora (luego, en un minuto, en seguida...).

Después repítale las preguntas a su compañero(a), poniendo los complementos al final del segundo verbo.

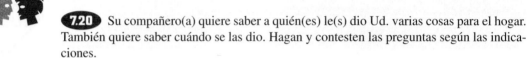

MODELO ● ● ● ● ► ¿Las fotos? ¿Vas a enseñár**melas**?
Sí, voy a enseñár**telas**.

¿Cuándo vas a enseñár**melas**?
Voy a enseñár**telas** ahora (luego, en un minuto, en seguida...).

7.20 Su compañero(a) quiere saber a quién(es) le(s) dio Ud. varias cosas para el hogar. También quiere saber cuándo se las dio. Hagan y contesten las preguntas según las indicaciones.

MODELO ● ● ● ● ► el televisor / a Luis   ¿A quién le diste el televisor?
ayer   Se lo di a Luis.

¿Cuándo se lo diste?
Se lo di ayer.

¿Hace Ud. café en una
cafetera como ésta?

¿Prefiere Ud. el horno convencional
o el microondas?

1. el microondas / a Gloria ayer
2. la mesita / a Ramón la semana pasada
3. los estantes / al vecino *(neighbor)* el sábado pasado
4. el espejo / a Rubén la semana pasada
5. las lámparas / a los Martínez el mes pasado
6. la cafetera / a tía Camila en diciembre
7. los dos sillones / a los primos en el verano
8. el tostador / a la Sra. Fonseca; No recuerdo cuándo...

7.21 Haga una lista de las personas a quienes Ud. les dio regalos *(gifts)* el año pasado: mínimo de seis personas. Incluya qué les regaló y cuándo se lo regaló. Después su compañero(a) le hace a Ud. las preguntas según la lista.

Lista:

persona	regalo	día
a mi hermano	la sudadera	la Navidad *(Christmas)*
a mis padres	la contestadora *(answering machine)*	el aniversario
...	...	...

 • • • ➤ ¿A quién le regalaste la sudadera?
Se la regalé a mi hermano.

¿Cuándo se la regalaste?
Se la regalé el día de Navidad.

 **III. Los números 100–1000 +**

To use numbers from 100–1000 and above

Note especially the spelling of 500, 700, and 900.

100	cien
200	doscientos(as)
300	trescientos(as)
400	cuatrocientos(as)
500	*quinientos(as)*
600	seiscientos(as)
700	*setecientos(as)*
800	ochocientos(as)
900	*novecientos(as)*
1.000	mil
10.000	diez mil
1.000.000	un millón (**de** + *noun:* un millón de pesos)

Cien becomes **ciento** when other numbers are added to it. However, with **mil** (1000), **millón, billón,** and so on, Spanish uses **cien:**

$150 = ciento cincuenta dólares

but: $100.000 = cien mil pesos

1.100 F = mil cien francos

Spanish does not have the option of counting by hundreds after a thousand (as in English: 1200 "twelve hundred"; 1990 "nineteen ninety"; etc.); therefore, 1990 is **mil novecientos noventa** (as either a plural number or a year).

1015	mil quince
1492	mil cuatrocientos noventa y dos
1889	mil ochocientos ochenta y nueve
50.021	cincuenta mil veintiuno

El español usa el punto decimal donde el inglés usa la coma y viceversa. Los números 200 a 900 necesitan la terminación *-as* con sustantivos *(nouns)* femeninos:

doscientos pesos   doscientas pesetas (España)
quinientos dólares   quinientas libras (el Reino Unido/U.K.)

Divisas significa *currencies.* ¿Cuál es la divisa de los Estados Unidos? ¿De México? ¿Qué puede Ud. comprar y vender en la casa de cambios? ¿Tiene la casa cotizaciones *(price quotes)* todos los días?

CULTURA

El peso

El peso puede significar en inglés: *money* o *weight*. El signo $ representa el dólar de los Estados Unidos (EE.UU.) y el peso de varias naciones de Hispanoamérica. La historia del signo $ es interesante; pues significa *Spanish dollar,* una moneda° en uso en los EE.UU. durante la Revolución norteamericana de 1775–1783. Históricamente un peso $ se basaba en cierto° peso de plata.

coin

certain

No todos los países de Latinoamérica usan pesos; por ejemplo, en Costa Rica son **los colones,** en honor de Cristóbal Colón.° En Ecuador son **los sucres,** en honor del general Antonio Sucre, y en Venezuela son **los bolívares,** en honor del Libertador° Simón Bolívar.

Columbus

Liberator

Moneda española, del siglo XVIII que se usó en los Estados Unidos. **Plus Ultra,** es latín y significa *more beyond.* Esto indicaba que un nuevo mundo español existía más allá (**plus ultra**). Las dos columnas en la moneda se convirtieron en el signo $ *(Spanish dollar).*

Expand your cultural understanding. Visit the *¡Saludos! / ¡Recuerdos!* World Wide Web site **http://www.harcourtcollege.com/spanish/saludosrecuerdos**

7.22 Diga Ud. el precio de la revista mexicana *Visión* en los diferentes países.

 ● ● ● ➤ los Estados Unidos 5 dólares
cinco dólares

1. México   25 pesos
2. Costa Rica   600 colones
3. Chile   2.800 pesos

4. Colombia   4.200 pesos
5. Ecuador   18.000 sucres
6. Venezuela   2.300 bolívares
7. España   600 pesetas

¿Cuántas pesetas cuestan *(cost)* dos revistas *Visión?* ¿Y tres?

7.23 Ud. está en una tienda donde venden electrodomésticos y muebles. Pregúntele a su compañero(a) cuánto cuesta cada cosa.

 ● ● ● ➤ la estufa $725
¿Cuánto cuesta la estufa?
Cuesta setecientos veinticinco dólares.

1. el lavaplatos $325	**5.** el escritorio $550
2. la lavadora $275	**6.** el juego de comedor $1900
3. la secadora $198	**7.** el juego de sala $2400
4. el refrigerador $659	**8.** el juego de cuarto (dormitorio) $3700

7.24 Imagínese que Ud. se muda y quiere vender muchas cosas. Escriba una lista de muebles y electrodomésticos con los precios *(prices)* que Ud. cree razonables. Dígale a su compañero(a) los artículos que Ud. tiene para vender. Él (Ella) debe ofrecerle *(offer you)* un precio barato, pero Ud. no quiere aceptar ese precio y diplomáticamente insiste en un precio más alto y razonable.

7.25 Dígale seis fechas (pasadas y futuras) a su compañero(a). Él (Ella) las escribe. Incluya su fecha de nacimiento *(birthday)* si quiere. Recuerde el orden en español: fecha / mes / año.

Ud. le dice:	el cuatro de julio de mil setecientos setenta y seis
	el primero de mayo de dos mil ocho
Él (Ella) escribe:	4 / 7 / 1976
	1° / 5/ 2008...

Vamos a leer

7.26 Lea el anuncio para esta casa. Compare esta casa con la de Ud. en cuanto a *(with regard to)* la construcción, el frente, número y tipo de cuartos y precio.

MODELO ••••► Esta casa tiene... y el mío *(mine)* (no) tiene...

Move right now!

¡Múdese ya!

El Mallory es un modelo de tres dormitorios, dos haños completos y uno de visitas, salón familiar, terraza techada y garaje para dos autos. Su precio es de $131,990.

7.27 Ud. trabaja para una agencia de bienes raíces *(real estate)*. Refiérase a estos anuncios y recomiéndele a cada persona qué casa le conviene *(suits)* más según sus gustos o preferencias.

1. A Roberto Sierra le gusta cocinar. Prefiere un condominio.
2. Claudia Mendoza busca una residencia de dos pisos. Tiene un niño de tres años.
3. Fermín Díaz quiere una casa móvil para pasar los inviernos en la Florida. Prefiere comedor aparte. No está interesado en los extras.

SERENITY POINTE AT MIAMI LAKES Lujosa casa unifamiliar 1 & 2 pisos, 3 & 4 baños, garajes. Todo incluído - losas en las terrazas y en las entradas, cerraduras, alarmas, lav/sec, todos los electrodomésticos incluídos. Al lado de una escuela pre-escolar .No tienen que pagar impuestos de mantenimiento o sociedad. Precios especiales de apertura $129,900. Apurese Loc. en NW 87 Ave y 146 St. Llame al tel. 825-1112. Abierto todos los días de 11-6pm.

BRIDGEPORT VILLAS. 3 cuartos, 2 baños, amplia sala, comedor y cocina. Cond. amueblado y equipado. Inf. 785-6503.

Trailer 2 dorms. sala, comedor, cocina, 3 parqs. SW, 642–8359. Bp. 290–6030.

La casa de María

Traducción y adaptación

Jean Merrill es una escritora norteamericana que trabaja en Nueva York. Conoce bien los problemas de los jóvenes en las ciudades grandes. Esta versión de su cuento explora el dilema de una joven estudiante. ¿Cuál es más importante, la realidad o la fantasía?

las palabras esenciales

el edificio	*building*	dibujar	*to draw;*	el dibujo	*drawing*
la maestra	*teacher*	vacilar	*to hesitate*		
los vecinos	*neighbors*	ella/él, Ud., dijo	*said*		

María estaba preocupada porque tenía que hacer un dibujo de su hogar para la clase de arte. El apartamento, donde su familia y ella vivían, era bonito y alegre. Pero el edificio por *por... on the outside* · fuera° estaba feo y viejo. María no tenía ganas de dibujar ese edificio, y por eso prefirió *trees / pool* · dibujar una casa residencial en los suburbios con muchos árboles,° patio grande y piscina.° La madre no estaba de acuerdo con lo que María dibujó porque ella creía que el arte debía ser bonito pero también real. María empezó a vacilar. No sabía qué hacer.

Finally · Por fin,° María hizo lo que su madre creía mejor. Empezó a dibujar el viejo edificio de *She put* · ladrillo rojo con todos sus defectos. Puso° las rústicas escaleras —zigzag— que servían de *fire escape.* Aquí y allí dibujó unas ventanas rotas. También dibujó a los vecinos que se *se... leaned out* · asomaban° a las ventanas para mirar y hablar. Finalmente dibujó cuatro caras talladas en *caras... carved stone faces* · piedra° de músicos clásicos que adornaban la entrada del edificio: Bach, Mozart, Beethoven y Wagner.

El día de la clase de arte María estaba nerviosa porque creía que a su maestra no le iba a gustar el dibujo. Pero cuando la maestra lo vio, ella exclamó —¡Felicitaciones,° María! *Congratulations* · *without thinking* · Sabes expresar muy bien la vida en ese edificio. Y, sin pensar,° le preguntó —¿Por qué dibujaste ese edificio y no tu casa? María vaciló unos segundos... Pensó en su mamá... y en sus palabras: «el arte debe ser bonito pero también real». Entonces, con voz clara y se- *voz... clear and sure voice* · gura,° María le contestó —¡Pero, Maestra, ésa es mi casa!

7.28 Escriba un resumen interpretativo del cuento. Incluya las respuestas a estas preguntas en su resumen. Después comparta sus respuestas con dos compañeros. Decidan Uds. quién de los tres tiene la mejor respuesta para cada pregunta; en particular, la parte de interpretación.

el problema

1. ¿Por qué estaba preocupada María?
2. ¿Cómo estaba el edificio por fuera?
3. ¿Qué prefirió dibujar María primero?
4. Según la mamá, ¿cómo debía ser el arte?

las acciones de María

5. ¿Qué empezó a dibujar después María?
6. ¿Qué cosas puso ella en el dibujo?
7. Además, ¿qué caras dibujó ella?

el desenlace *(outcome)*

8. ¿Por qué estaba nerviosa María el día de la clase?
9. En realidad, ¿le gustó el dibujo a la maestra?
10. Y sin pensar, ¿qué le preguntó la maestra?
11. Pero, ¿en quién pensó María? Y, ¿en qué pensó?
12. Entonces, ¿cómo le contestó María a la maestra?

la interpretación

13. En la opinión de Ud. ¿qué tipo *(type)* de persona es María?

14. ¿Cómo debe ser su apartamento? Imagínese Ud. los cuartos y los muebles.

15a. ¿Hay ironía *(irony)* en este cuento?

   b. ¿Dónde pensaba la maestra que vivía María —en un edificio o una casa?

   c. Por fin, ¿dónde dijo María que vivía?

16. En la opinión de Ud., ¿cómo debe ser el arte?

7.29 Preview the following questions and then listen as Andrés recalls his first apartment away in college. Afterwards, answer the questions.

1. El apartamento de Andrés era _____.
   a. grande
   b. nuevo
   c. pequeño

2. El apartamento tenía un cuarto con _____.
   a. una cocina
   b. un comedor
   c. un baño

3. Andrés pagaba más de _____.
   a. doscientos dólares al mes
   b. trescientos dólares al mes
   c. cuatrocientos dólares al mes

4. Su padre le prestó _____.
   a. un escritorio
   b. una mesa y cuatro sillas
   c. dos sillones

5. La mamá le _____.
   a. prestó el televisor
   b. pidió el televisor
   c. regaló el televisor

6. Los abuelos le compraron _____.
   a. un microondas y un tostador
   b. un sofá y dos sillones
   c. una lavadora y una secadora

7. La hermana le _____.
   a. dio una cama usada
   b. prestó unas mesitas
   c. regaló un espejo

8. Andrés admitió que en su apartamento él _____.
   a. durmió mucho y trabajó poco
   b. cocinó poco y comió mucho afuera
   c. se divirtió y estudió mucho

Vamos a hablar

7.30 You are moving to a brand new home and have to buy furniture and appliances. At the store you tell the salesperson (your classmate) what items you need room by room. Include color, size, and price range. The salesperson has some of the items and is willing to order **(pedir)** the rest immediately for you.

MODELO ▸ Para la sala necesito una lámpara. ¿Tiene Ud lámparas?
Sí, las tengo.
No las tengo,
pero se las puedo
pedir en seguida.

7.31 In groups of three compare your grandparents' home with yours. What rooms, furniture, and appliances do you have that they do (did) not?

7.32 Your classmate wants to know what you did this past weekend. Tell him/her where you went, what you did, and whom you saw. Include other fun things you did.

Vamos a escribir

7.33 Escriba un anuncio para su casa ideal. Incluya los muebles y los electrodomésticos. Refiérase a los anuncios anteriores y al vocabulario en esta lección. Incluya foto(s) o dibujo(s).

7.34 Describa su experiencia más vergonzosa *(embarrassing)* o, si prefiere, el día más significativo para Ud. Use estas preguntas para organizar sus ideas.

1. ¿Qué hora era?
2. ¿Dónde estaba Ud.?
3. ¿Quiénes estaban allí?

4. ¿Qué ocurrió primero?
5. ¿Qué pasó después?
6. ¿Qué hizo Ud. por fin? *(What did you do...)?*
7. ¿Qué les dijo Ud. *(did you tell)* a las personas? Yo les dije... *(I told them...)*

Note que el pretérito de **decir** *(to tell, to say)* es irregular:

yo	dije	nosotros(as)	dijimos
tú	dijiste	vosotros(as)	dijisteis
Ud./él/ella	dijo	Uds./ellos/ellas	dijeron

http://www.harcourtcollege.com/spanish/saludosrecuerdos

Vamos a explorar el ciberespacio

HOUSING

Real estate agencies in many countries post their real estate offerings on the Web. Find sites that offer homes, apartments, or condos in countries outside of the United States. Some sites offer choices in furnishings—a great way to practice your furniture vocabulary.

The World Wide Web offers many fascinating sites throughout the Spanish-speaking world dealing with the cultural topics in this lesson. Take a virtual field trip. Go to http://www.harcourtcollege.com/spanish/saludosrecuerdos to discover more.

EN VIVO – CULTURA

Before viewing the cultural video segment for this lesson, please study the following **Vocabulario** and **Preparación** sections. Then view the video (several times if necessary) and answer the questions or do the activities in the **Comprensión** section.

Vocabulario

Video *vocabularios* are simply for recognition purposes to help you more fully understand the segments. You are not expected to produce the vocabulary shown here.

a la plancha	*grilled*	esperar	*to hope*
apasionar	*to excite*	físico	*physical*
coger	*to pick up (Spain and some L. A. countries)*	la fuerza	*strength*
		el ganador	*winner*
		los hidratos de carbono	*carbohydrates*
contra	*against*	el inconveniente	*disadvantage*
correlacionado	*involved*	el jugador	*player*
crecer	*to grow*	los mismo que	*the same as*
decidir	*to decide*	merecer la pena	*to be worth it*
dejar de lado	*give up*	el partido	*game*
después de retirarse	*after retiring*	primero	*first*
diario	*daily*	producir	*to produce*
disfrutar	*to enjoy*	renombrado	*renowned*
entrenar	*to train*	sano	*healthy*

| sobre todo | *above all* | el tenista | *tennis player* |
| tanto | *as much* | el torneo | *tournament* |

Preparación

Guess the meaning of the following words. While watching the video, circle each one as you hear it.

categoría
celebridad
compatibles
futuro
pasión
pasta
planes
popular

prestigioso
profesional
programa
raqueta
recuperar
riguroso
sacrificios

Comprensión

A. Read the following statements. After watching the video, circle C (Cierto) or F (Falso), according to what you heard.

1. Arantxa se interesó por el tenis porque sus amigos jugaban ese deporte.
2. Empezó a jugar a los cuatro años.
3. Disfruta mucho jugando.
4. Descansa los sábados para poder recuperarse.
5. Tiene que hacer muchos sacrificios personales.

B. Answer the following questions according to what you understood.

1. ¿Cuál es la profesión de Arantxa Sánchez Vicario?
2. ¿Cuál es su nacionalidad?
3. ¿Qué hace cuando no está en competición?
4. ¿Qué come?
5. ¿Qué quiere hacer después de retirarse del tenis?

SELF-TEST

How well have you mastered this lesson? To find out, take the self test found on the *¡Saludos!* Web site at http://www.harcourtcollege.com/spanish/saludosrecuerdos.

De viaje

8

Comunicación
- Make travel arrangements
- Talk about past actions and conditions
- Compare people and things

Estructuras
- Preterite of irregular verbs
- Contrasts between preterite and imperfect
- Comparisons of inequality
- Comparisons of equality

Cultura
- Methods of transportation
- Tips for the traveler
- Historical panorama

Conexiones
- Vamos a leer
  - Traffic signs
  - «Panorama histórico»
- Vamos a escuchar
  - Interpreting travel plans and problems
- Vamos a hablar
  - Traveling; describing vacations
- Vamos a escribir
  - Writing a brief biography
- Vamos a explorar el ciberespacio
  - Traveling by air

Visit the ¡Saludos! World Wide Web site:
http://www.harcourtcollege.com/spanish/saludosrecuerdos

The ¡Saludos! CD-ROM offers additional language practice and cultural information.

CD-ROM

¡Adelante!

En el aeropuerto

el agente

Salidas (Departures)

el pasaje/el boleto (ticket)

los comprobantes (claim checks)

la pasajera

la tarjeta de embarque (boarding pass)

la maletas

La pasajera va a hacer un viaje *(to take a trip)*.
Ella vuela *(flies)* en clase turista.
Ella factura *(checks)* sus maletas y recibe sus comprobantes.

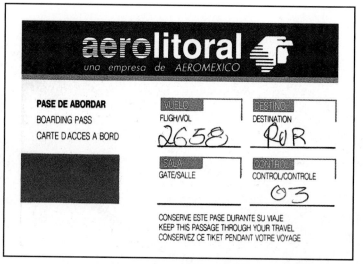

aerolitoral
una empresa de AEROMEXICO

PASE DE ABORDAR
BOARDING PASS
CARTE D ACCES A BORD

VUELO
FLIGH/VOL
2658

DESTINO
DESTINATION
RUR

SALA
GATE/SALLE

CONTROL
CONTROL/CONTROLE
03

CONSERVE ESTE PASE DURANTE SU VIAJE
KEEP THIS PASSAGE THROUGH YOUR TRAVEL
CONSERVEZ CE TIKET PENDANT VOTRE VOYAGE

El pase de abordar también se llama **la tarjeta de embarque.**

¿Pone Ud. etiquetas *(labels)* con su nombre y dirección en las maletas?

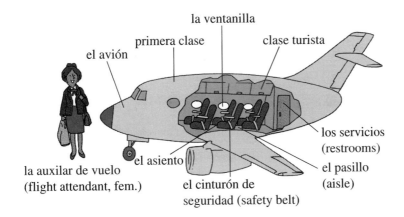

la ventanilla

primera clase

el avión

clase turista

la auxilar de vuelo
(flight attendant, fem.)

el asiento

el cinturón de
seguridad (safety belt)

los servicios
(restrooms)

el pasillo
(aisle)

El inspector revisa *(inspects)* las maletas.

Actividades

8.1 Compare Ud. la declaración de aduanas de los Estados Unidos y de México. ¿Cuál pide información sobre *(about)...* ?

1. productos agrícolas
2. oficio *(occupation)*
3. estado civil: casado, soltero...
4. dinero en efectivo *(cash)*
5. destinos principales
6. medio de transporte

U.S. Customs form

Mexico Customs form

8.2 Busque en la columna de la derecha los sinónimos más aproximados para las palabras en la columna de la izquierda.

 **MODELO** • • • ▶ el pasaje: el boleto

1. el equipaje
2. la aduana
3. la ventanilla
4. el vuelo
5. facturar las maletas
6. revisar
7. hacer un viaje
8. volar (ue)
9. el comprobante
10. el destino
11. el pasajero
12. la tarjeta de embarque

a. la ventana del avión
b. en ruta a, destino
c. donde inspeccionan el equipaje
d. la persona que viaja
e. el recibo *(receipt)* para las maletas
f. el pase de abordar
g. las maletas
h. el viaje en avión *(flight)*
i. recibir el comprobante
j. examinar, inspeccionar
k. viajar
l. ir en avión

Una escena° en el aeropuerto

scene

La pasajera, Mariela Romero, llega al aeropuerto y hace cola *(stands in line)* para facturar las maletas. Su destino es Lima, Perú.

AGENTE:	Adelante.° Buenas tardes. Sus maletas y pasaje, por favor.	*Move ahead.*
PASAJERA:	Sí, aquí los tiene Ud. Voy a Lima, Perú en el vuelo F 525.	
AGENTE:	Lo siento, pero tuvimos que cancelar° ese vuelo.	*tuvimos... we had to cancel*
PASAJERA:	¿Cómo? Yo no sabía nada. ¿Qué pasó?	
AGENTE:	Había un problema mecánico con el avión. No pudimos resolverlo° a tiempo.	*we couldn't resolve it*
PASAJERA:	Entonces, ¿me puede cambiar el pasaje?	
AGENTE:	Sí, como no.° Hay otro vuelo que sale en dos horas.	*como... of course*
PASAJERA:	Bueno, me parece bien.	
AGENTE:	¿Quería Ud. ventanilla o pasillo?	
PASAJERA:	Pues, yo tenía pasillo.	
AGENTE:	De acuerdo. Perdone, ¿me permite su pasaporte?	
PASAJERA:	Sí, aquí está.	
AGENTE: *(Unos minutos después)*	Gracias por esperar. Todo está en orden. Favor de abordar por la puerta 4C, una hora antes de su su vuelo. ¡Buen viaje!	*¡Buen... (Have a) good trip!*

8.3 Explique Ud. lo que le pasó a la pasajera en el aeropuerto. Subraye la respuesta correcta entre paréntesis.

La pasajera 1. (salió del, llegó al) aeropuerto. Ella quería 2. (facturar, revisar) las maletas. Ella 3. (venía de, iba a) Lima, Perú. El agente le dijo *(told her)* que ellos 4. (tuvieron, prefirieron) que cancelar el vuelo porque 5. (hacía, había) problema con el avión, y no pudieron 6. (saberlo, resolverlo) a tiempo. Por eso, el agente 7. (la, le) cambió el pasaje para un vuelo que 8. (salía, sabía) más tarde. A la pasajera le 9. (pareció, gustó) bien. Ella todavía tenía su asiento cerca 10. (de la ventanilla, del pasillo). Después el agente le 11. (pidió, preguntó) el pasaporte. Por fin el agente le 12. (dijo, vio) que todo 13. (fue, estaba) en orden y también le deseó a ella un buen 14. (viejo, viaje).

8.4 Lea Ud. otra vez la explicación anterior y aprenda de memoria las cinco frases más importantes en su opinión. Luego compare las frases con su compañero(a). ¿Están Uds. de acuerdo con cuáles son las frases más importantes?

8.5 Prepare Ud. una conversación con su compañero(a) que tiene lugar en en el aeropuerto. Uno(a) es pasajero(a) y el/la otro(a), agente. Piense en un problema; por ejemplo, Ud. tiene reservación pero todos los asientos están ocupados; o el avión está astrasado *(late)* y Ud. va a perder *(to lose)* la conexión con el próximo vuelo. Incluya también una solución al problema.

Los transportes

Los países tienen sus líneas aéreas nacionales.

España, México y la Argentina tienen un extenso sistema de ferrocarriles° y su servicio varía de mediocre a excelente. En cambio, los países de los Andes dependen extensamente del servicio aéreo y fueron pioneros en el transporte aéreo.

railroads

Aunque el número de vehículos privados aumenta° más y más, el autobús es el medio de transporte más accesible para muchos. Hay buses elegantes con todas las comodidades° modernas, y buses modestos que son menos cómodos° pero más baratos. Además, hay muchos taxis que circulan constantemente, pero son más caros. Es preferible negociar° el precio con el taxista antes de hacer un viaje. Por otra parte, hay colectivos —camionetas o minibuses— que cuestan menos y tienen rutas específicas y paradas° convenientes.

increases

comforts
comfortable

negotiate

stops

En los grandes centros urbanos el público viaja en el metro, que es eficiente y muy económico. Algunos metros son viejos

El tren español de alta velocidad viaja a unos 300 kilómetros por hora. Los españoles viajan mucho en tren.

CULTURA

Los transportes *cont'd*

El metro es rápido y eficiente. Caracas tiene uno de los metros más modernos del mundo.

y ruidosos° mientras otros como los de Caracas, Santiago de Chile y la ciudad de México son más nuevos o atractivos y tienen estaciones decoradas con cuadros y exhibiciones.

noisy

Las colas° para el bus o el metro son menos comunes o estrictas en Latinoamérica y Europa. Las personas pueden estar en grupos —y no en colas— mientras esperan. Si un individuo insiste en colarse delante° de uno, es prudente indicarle con el brazo y con buen humor: «Perdón, pero me toca a mí».°

lines

colarse... to cut in front
me... it's my turn

Los autobuses ofrecen servicio económico para viajes cortos o largos. Los pasajes entre Texas y México son baratos.

SALIDAS SABADOS EN CAMIONETA

ZAVALA TRANSPORTES INC.

VIAJE EN AUTOBUS A MONTERREY

Salidas Martes y Viernes

En Autobús, Directo a las 9 pm
Equipados con TV., Video y Baño

946-8575 • 946-3225

Expand your cultural understanding. Visit the *¡Saludos! / ¡Recuerdos!* World Wide Web site
http://www.harcourtcollege.com/spanish/saludosrecuerdos

8.6 Indique Ud. cuáles frases son ciertas y cuáles falsas. Convierta las falsas en ciertas.

1. Perú y Colombia tienen un extenso sistema de ferrocarriles.

2. El modo de transporte más accesible en Latinoamérica es el autobús.

3. En los Andes es más práctico viajar en tren.

4. Los colectivos son pequeños taxis que cuestan poco.

5. Es mejor negociar el precio de un taxi después del viaje.

6. En los grandes centros urbanos el público viaja en el metro.

7. Caracas es la única ciudad con metro en Latinoamérica.

8. Las colas en Latinoamérica y Europa son más comunes y más exactas.

Los cruceros *(cruises)* son una manera relajada de viajar y disfrutar *(to enjoy)* las vacaciones. Hacen escalas *(stopovers)* en diferentes puertos. Pueden ofrecer excursiones y paseos en catamarán y esnórquel a precios adicionales. ¿Dónde prefiere Ud. abordar?

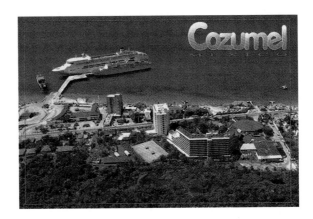

VOCABULARIO

Sustantivos

la aduana	*customs*	la maleta	*suitcase*
el (la) agente	*agent*	la parada	*(bus) stop*
el avión	*plane*	el pasaje,	*(plane, train)*
el camión	*truck (bus in Mexico, as well)*	el boleto	*ticket*
		el (la) pasajero(a)	*passenger*
el cinturón de seguridad	*safety belt*	el pasillo	*aisle, corridor*
la compañía	*company (firm)*	la puerta	*door, gate*
el comprobante	*claim check*	la salida	*exit, departure*
el destino	*destination*	los servicios	*restrooms, lavatories*
el equipaje	*baggage*		
la etiqueta	*label*	el tren	*train*
la fábrica	*factory*	el viaje	*trip*
la gente	*people*	la vida	*life*
la llegada	*arrival*	el vuelo	*flight*

Las partes del auto

la batería	*battery*	las llantas	*tires*
la bocina	*car horn*	el parabrisas	*windshield*
los frenos	*brakes*	el volante	*steering wheel*

Adjetivos

aéreo(a)	*air* (Compare: **aire** = *air*)		cómodo(a)	*comfortable*
amable	*kind*		gracioso(a)	*funny*
amigable	*friendly*		testarudo(a)	*stubborn*

Verbos

abordar	*to board*		facturar	*to check (baggage)*
animar	*to encourage*			
apagar	*to turn off (engine, appliance)*		graduarse (me gradúo)	*to graduate*
arrancar	*to start up (engine)*		nacer	*to be born*
cambiar	*to exchange*		negociar	*to negotiate*
cancelar	*to cancel*		resolver (ue)	*to resolve*
chocar (con)	*to crash (into), to collide*		revisar	*to inspect*
			romper	*to break*
construir (construyo)*	*to construct*		viajar	*to travel*
			volar (ue)	*to fly*
evitar	*to avoid*			

• •

*Infinitives that end in **-uir** follow these patterns:

     present: constru<u>yo</u>, constru<u>yes</u>, constru<u>ye</u> construimos, construís, constru<u>yen</u>

     preterite: construí, construiste, constru<u>yó</u> construimos, construisteis, constru<u>yeron</u>

Other **-uir** verbs: **destruir** *(to destroy)*, **incluir** *(to include)*

Adverbios

anoche	*last night*		mientras	*while*
el mes (año) pasado	*last month (year)*		poco a poco	*little by little*
como de costumbre	*as customary*		todavía	*still*
de repente, de pronto	*suddenly*		tranquilamente	*peacefully*
de vez en cuando	*now and then*			
en seguida, inmediatamente	*at once, immediately*			

Comparativos y superlativos

tan... como	*as . . . as*
tanto(a)(os)(as)... como	*as much (many) as*
el, los, la(s) más...	*the most . . .*
más (menos)... que	*more (less) . . . than*
mayor	*older, oldest; greater, greatest*
menor	*younger, youngest; lesser, least*
mejor	*better, best*
peor	*worse, worst*

Expresiones

¡Adelante!	*Come in! / Move forward!*
Bienvenido(a)	*Welcome*
¡Buen viaje!	*(Have a) good trip!*
e	*and* (before words beginning with **-i-** sound: **padre e hijo; Ana e Iris**)
hacer cola	*to stand in line*

hacer escalas	*to make stopovers*
hacer un viaje	*to take a trip*
ir de vacaciones	*to go on vacation*
Le toca a Ud.	*It's your turn.*
Me toca a mí.	*It's my turn.*
¡No se preocupe (Ud.)!	*Don't worry!*
sobre	*about*

EN VIVO – VIÑETA

Before viewing the video vignette segment for this lesson, please study the following **Vocabulario** and **Preparación** sections. Then view the video (several times if necessary) and answer the questions or do the activities in the **Comprensión** section.

Vocabulario

Video *vocabularios* are simply for recognition purposes to help you more fully understand the segments. You are not expected to produce the vocabulary shown here.

amplio	*roomy*
la azafata	*flight attendant (Spain)*
completo	*full*
costar (ue)	*to cost*
el crucero	*cruise*
dentro de	*inside*
durante	*during*
la entrevista	*interview*
estar de vacaciones	*to be on vacation*
la guía	*guidebook*
hace tres años	*three years ago*
hacer escala	*to stop over*
igual	*the same*
la isla	*island*
me encantaría	*I'd love to*
No te preocupes.	*Don't worry.*
pagar	*to pay*
pasaje de ida y vuelta	*round-trip ticket*
por suerte	*luckily*
por supuesto	*of course*
primero	*first*
quisiera	*I'd like to*
quizás	*maybe*
registrar	*to search*
la reina	*queen*
el servicio	*service*
sonar(ue)	*to sound*
la tarifa	*fare, fee*
tratar	*to treat*

Preparación

Guess the meaning of the following words. While watching the video, circle each one as you hear it.

aniversario	excursiones
directo	exóticas
económico	fantástico
empleo	reservar
espectacular	turística

Comprensión

A. Select the word or phrase that best completes each statement, according to what you understood.

1. Diego va (al Caribe, a San José).
2. A Diego le encantaría ir al Caribe (en barco, en avión).
3. Cristina fue a España en (clase económica, primera clase).
4. Diego quiere salir (el viernes por la tarde, el domingo por la noche).

B. Read the following statements. After watching the video, circle C (Cierto) or F (Falso), according to what you understood.

C F _____ **1.** Diego nunca viajó en primera clase.
C F _____ **2.** A Cristina le gusta viajar en barco.
C F _____ **3.** Cristina y Diego van a San José.
C F _____ **4.** Diego tiene una entrevista en San José.

C. Match the people's names with what they say in the video.

a. el agente   **b.** Cristina   **c.** Diego
_____ **1.** No sé cuál es peor, viajar en clase económica o viajar dentro de la maleta.
_____ **2.** Quizás podrías reservar un asiento en primera clase.
_____ **3.** Parece que el vuelo de las tres de la tarde está completo.
_____ **4.** Haces cola en la aduana y te registran todo.

Estructura

I. El pretérito de los verbos irregulares

To talk about other completed actions

A. Most irregular verbs in the preterite can be grouped according to their stem vowel. The verbs below all have **-u-** in their stems. Except for the **yo** and **Ud.** verb forms, the endings are the same as those of regular preterite **-er / -ir** verbs. Note that the endings for the **yo** and **Ud.** verb forms are unstressed and do not have accent marks.

Infinitives	Stems with -u-	Endings	
tener	tuv-		tuve, tuviste, tuvo, tuvimos, tuvisteis, tuvieron
estar	estuv-	-e -iste -o	estuve, estuviste, estuvo, estuvimos, estuvisteis, estuvieron
poner	pus-	-imos -isteis -ieron	puse, pusiste, puso pusimos, pusisteis, pusieron
poder	pud-		pude, pudiste, pudo pudimos, pudisteis, pudieron
saber	sup-		supe, supiste, supo supimos, supisteis, supieron

¿Tuviste que estudiar anoche?	*Did you have to study last night?*
Sí, tuve que estudiar mucho.	*Yes, I had to study a lot.*
¿Dónde estuvo Fermín ayer?	*Where was Fermin yesterday?*
Estuvo en el centro.	*He was downtown.*

8.7 Imagínese que Ud. pasó unas vacaciones en la playa. Indique si Ud. probablemente hizo *(did)* estas actividades o no.

1. Fui a la playa.	Sí, fui a la playa.	(No, no fui.)
2. Estuve allí unos días.	————	————
3. Me quedé en un motel.	————	————
4. Pude nadar y	————	————
5. pude bucear *(to scuba dive)*.	————	————
6. Leí varios libros científicos.	————	————
7. Puse la televisión muchas horas.	————	————
8. Tuve que cocinar.	————	————
9. Di paseos con los amigos.	————	————

Ahora pregúntele a su compañero(a) si él (ella) hizo las mismas actividades.

 • • • ▶ cuándo (ir) de vacaciones
—¿Cuándo fuiste de vacaciones?
—Fui de vacaciones el junio pasado.

1. adónde (ir) de vacaciones
2. cuántos días (estar) allí
3. dónde (quedarse)
4. qué (poder) hacer
5. y qué más (poder) hacer
6. qué (leer)
7. cuánto tiempo (poner) la televisión
8. qué (tener) que cocinar
9. con quiénes (dar) un paseo

Varadero, Cuba. Las playas del Caribe son famosas por su fina arena *(sand)* y sus tibias *(warm)* aguas.

8.8 Haga Ud. una lista de las ocho actividades que su profesor(a) tuvo que hacer en la última clase. Ud. puede referirse a no más de cuatro actividades en la siguiente *(following)* lista. Piense en las otras actividades. Luego compare su lista con la de su compañero(a).

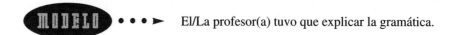

MODELO • • • ► El/La profesor(a) tuvo que explicar la gramática.

explicar la lección
enseñar el vocabulario
devolver (ue) los trabajos
ayudar individualmente a varios estudiantes
hacer preguntas
repetir la misma información
examinar los errores
repasar *(review)* la tarea
revisar el trabajo de los estudiantes
animar *(encourage)* a los estudiantes
¿...?

¿Cuáles de las actividades tienen en común Ud. y su compañero(a)?

8.9 Tome Ud. unos minutos y piense en seis actividades que tuvo que hacer esta mañana. Luego comparta esas actividades con su compañero(a). Use las siguientes palabras para establecer el orden de las actividades:

Primero...
Luego...
Más tarde...
Después...
Entonces *(Then)*...
Finalmente...

B. The following irregular verbs can be grouped according to the **-i-** in their stems.

Infinitives	Stems with -i-	
hacer	hic-	hice, hiciste, <u>hizo</u> hicimos, hicisteis, hicieron
querer	quis-	quise, quisiste, quiso quisimos, quisisteis, quisieron
venir	vin-	vine, viniste, vino vinimos, vinisteis, vinieron
decir	dij-	dije, dijiste, dijo dijimos, dijisteis, <u>dijeron</u>
traer	traj-	traje, trajiste, trajo trajimos, trajisteis, <u>trajeron</u>

The **Ud.** form of **hacer, hizo,** is spelled with a **-z-** to keep the **s** sound of the infinitive. The **-i-** from the **-ieron** ending is omitted in **dijeron** and **trajeron.**

8.10 Alex hizo un viaje de negocios *(business)*. Lea y estudie Ud. por dos minutos lo que hizo Alex. Después, de memoria, dígale a su compañero(a) todo lo que Ud. recuerda del viaje.

El mes pasado Alex **hizo** un viaje de negocios a Latinoamérica. **Fue** a visitar varias compañías *(companies)* internacionales. Les **quiso** enseñar varios productos nuevos a los clientes. Y les **dijo** en español los beneficios de esos productos. También Alex les **trajo** unos regalos finos a ellos. En resumen, Alex **vino** de su viaje a Latinoamérica muy contento.

Hágale preguntas a su compañero(a) sobre el viaje de Alex.

 • • • ➤ adónde (hacer) un viaje Alex
—¿Adónde hizo un viaje Alex?
—Hizo un viaje a Latinoamérica.

1. cuándo (hacer) el viaje
2. qué clase de viaje (ser)
3. adónde (ir)
4. qué (querer) enseñar
5. a quiénes (querer) enseñárselos
6. qué les (decir)
7. qué les (traer)
8. cómo (venir) Alex de su viaje

8.11 Ahora haga Ud. el papel *(role)* de Alex y cuéntele *(tell)* a su compañero(a) el viaje a Latinoamérica. Debe añadir *(add)* cuatro frases nuevas donde explique otras actividades posibles en el viaje.

 • • • ➤ El mes pasado yo...

CULTURA

Los viajes de negocios

Una mujer de negocios norteamericana enseña un catálogo en español a su cliente en México, D.F.

Las personas que hacen viajes de negocios deben seguir el protocolo apropiado. A continuación les damos unas sugerencias° para un buen viaje:

suggestions

1. Hacer los planes con anticipación y luego confirmar las fechas. Evitar° las reuniones en los días de fiesta; por ejemplo las Navidades°—del 15 de diciembre al 6 de enero; la Semana Santa; las fiestas patrióticas como el día de la Independencia.

Avoid
Christmastime

2. Llevar tarjetas de negocio, cartas, catálogos y otros informes en español.
3. Contactar a personas intermediarias para facilitar las negociaciones con los directores o presidentes de las compañías. Estos contactos se pueden hacer en los bancos, las cámaras° de comercio y los clubs de servicio.

chambers

4. Tener conocimiento° de la cultura, historia y literatura del país.

knowledge

5. Conversar sobre temas apropiados; por ejemplo, los lugares famosos del país, los deportes, las comidas y otros más. Evitar las comparaciones negativas entre un país y el otro.

Expand your cultural understanding. Visit the *¡Saludos! / ¡Recuerdos!* World Wide Web site
http://www.harcourtcollege.com/spanish/saludosrecuerdos

8.12 Indique Ud. si estas sugerencias son apropiadas o no lo son.

1. Hacer contactos directos con los presidentes de las compañías.
2. Tener reuniones a fines de diciembre.
3. Llevar tarjetas de negocio en español.
4. Hablar de los problemas de inmigración.
5. Confirmar las fechas de las reuniones.
6. Comparar un país con otro.
7. Conversar de temas culturales.

 **Estructura**   II. Contrastes entre el imperfecto y el pretérito

To talk about past actions and conditions

A. The imperfect expresses habitual past actions extending over indefinite time periods. The preterite specifies time limits and marks the beginning or end of the actions.

Yo trabajaba a veces.	*I worked (used to work) sometimes.* (indefinite)
Trabajé dos horas anoche.	*I worked two hours last night.* (definite)

Empecé la secundaria en 1996,	*I started high school in 1996* (beginning)
y me gradué tres años después	*and graduated three years after.* (end)

Actions that occurred suddenly, instantaneously, take the preterite.

Choqué y rompí el frente del auto.   *I crashed and broke the front end of the car.*

Without proper context a simple English past *(I worked)* could elicit *trabajé* or *trabajaba*. But, the forms *I was working, I used to work,* and *I would work* (implying habitual action) generally take the imperfect.

¡OJO!

B. In a story, the imperfect tells what was going on. It provides the background description (weather, physical, or mental conditions). The preterite advances the story line, pinpointing actions completed within that setting.

Eran las once y media de la noche. **Hacía** mal tiempo.

It was half past eleven at night. The weather was bad.

Yo **dormía** tranquilamente

I was sleeping peacefully

cuando de repente mi hijo me **llamó** por teléfono.

when suddenly my son called me on the phone.

Me **dijo** que **tuvo** un accidente con el auto. Él **estaba** bien, pero el auto, no.

He told me that he had a car accident. He was fine, but the car wasn't.

Entonces, **me vestí** en seguida y **fui** a ayudarlo.

Then I got dressed at once and went to help him.

Resumen

When talking about the past, choose:

*Preterite: to narrate or pinpoint

beginning
end
} *completed* actions (specific time frame; instantaneous)

Imperfect: to describe

middle
includes description,
conditions; telling
time (with **ser**);
age (with **tener**)
} *ongoing, habitual* actions (indefinite time frame)

....

* In Spain, speakers tend to favor the present perfect over the preterite. Compare: **He estudiado. / Estudié.** *I've studied. / I studied.* Consult **Apéndices** in this book for the perfect tenses.

8.13 Indique Ud. cuáles de las siguientes expresiones adverbiales se usan más para indicar eventos completos (terminados) con el pretérito y cuáles para indicar eventos incompletos (habituales) con el imperfecto.

1. de pronto, de repente
2. generalmente, por lo general
3. mientras
4. todavía
5. finalmente, por fin
6. todos los días
7. ayer, anoche, esta mañana...
8. siempre
9. en seguida, inmediatamente
10. el viernes pasado...
11. de vez en cuando *(now and then)*
12. como de costumbre *(as usual)*
13. un día, una vez *(time)*
14. a menudo, frecuentemente
15. de niño(a), de joven... *(as a child, youth . . .)*

8.14 Decida Ud. si el contexto sugiere *(suggests)* eventos completos (terminados) con el pretérito o eventos incompletos (habituales) con el imperfecto.

1a. Normalmente me (levanté/levantaba) temprano.
 b. Esta mañana me (levanté/levantaba) tarde.
2a. Anoche me (quedé/quedaba) en casa.
 b. No me (quedé/quedaba) en casa los fines de semana.
3a. Mamá (llamó/llamaba) por teléfono los domingos.
 b. Pero esta semana (llamó/llamaba) el sábado.
4a. Como de costumbre (llovió/llovía) por las tardes.
 b. Ayer no (llovió/llovía) nada.
5a. De repente ella (vio/veía) a su amigo.
 b. Ella todavía (vio/veía) a su otro amigo.
6a. Abuelita no (tomó/tomaba) la medicina todos los días.
 b. Abuelita por fin (tomó/tomaba) la medicina.
7a. Hoy (contesté/contestaba) el correo electrónico inmediatamente.
 b. Usualmente (contesté/contestaba) el correo electrónico poco a poco.

8a. Julia (regresó/regresaba) de vez en cuando.
b. Martín (regresó/regresaba) en seguida.

8.15 Ud. quiere conocer mejor a otro(a) estudiante. Hágale estas preguntas y después esté listo(a) *(be ready)* para decirle a la clase lo que ese(a) estudiante dijo.

1. ¡Dónde naciste?
2. ¿Dónde vivías de niño(a)?
3. ¿A qué escuela primaria asististe?
4. ¿En qué programas de la escuela participabas? ¿Deportes? ¿Música? ¿Arte?
5. ¿Eras obediente? ¿Estudioso(a)? ¿Muy curioso(a)?
6. ¿Quiénes eran tus mejores amigos?
7. ¿Dónde pasabas los veranos?
8. ¿A qué escuela secundaria asististe?
9. ¿En qué año te graduaste de allí?
10. ¿Qué te gustaba de la secundaria? ¿Qué no te gustaba?
11. ¿Estudiaste español en la secundaria? ¿Cuántos años lo estudiaste?
12. ¿Eras socio(a) de un club? ¿Cuál?
13. ¿Trabajabas después de las clases? ¿Dónde?
14. ¿Adónde ibas los fines de semana?
15. ¿En qué año empezaste a estudiar en la universidad?

B. Most verbs express actions (**jugar, comer, escribir**) while some describe states or conditions (**conocer, saber, querer, poder, tener**). In narrating past events, stative verbs usually take the imperfect. But, when cast in the preterite, they take on active meaning and pinpoint completed actions. English uses different verbs to convey those preterite meanings. Compare:

Tuve una idea.   *I got an idea.*
Tenía una idea.   *I had an idea.*

Pretérito

Conocí a Catalina.	*I met Catalina.*
Lo supe anoche.	*I found it out last night*
Quisimos irnos.	*We tried to leave.*
No quisimos irnos.	*We refused to leave.*
Pudieron comer.	*They managed to eat. (Effort implied; despite interferences . . .)*
No pudieron comer.	*They couldn't (and didn't eat (at all). (They failed to eat.)*

Imperfecto

Conocía a su papá.	*I knew (was acquainted with) her father.*
Ellos lo sabían.	*They knew it.*
Queríamos irnos.	*We wanted to leave.*
No queríamos irnos.	*We didn't want to leave.*
Podían comer.	*They were able to (could) eat.*
No podían comer mucho.	*They weren't able to (couldn't) eat much.*

8.16 Decida Ud. si el contexto se refiere a un estado (condición), imperfecto, o al comienzo *(beginning)* o fin de una acción, pretérito.

1a. *Marisol knew my parents well.*
    Marisol (conoció, conocía) bien a mis padres.
b. *However, I didn't meet her until yesterday.*
    Sin embargo, yo no la (conocí, conocía) hasta ayer.

2a. *I didn't know Julián was in Spain.*

No (supe, sabía) que Julián estaba en España.

b. *When did you find out he was there?*

¿Cuándo (supiste, sabías) que estaba allí?

3a. *My friends refused to go to the movies,*

Mis amigos no (quisieron, querían) ir al cine,

b. *but I wanted to go anyway.*

pero yo (quise, quería) ir de todos modos.

4a. *Were you able to understand the professor now and then?*

¿(Pudieron, Podían) Uds. entender de vez en cuando al profesor?

b. *Yes, we managed to understand him.*

Sí, (pudimos, podíamos) entenderlo.

8.17 Primero, lea toda la biografía de Jenny y después decida si el contexto requiere el pretérito o el imperfecto. Dé la forma apropiada de los verbos entre paréntesis. La descripción debe predominar al principio *(at the beginning)*.

Mi vida (My Life)

Muchas personas 1. (decir) _____ que yo de niña 2. (ser) _____ inflexible y testaruda *(stubborn)*. Yo 3. (preferir) _____ decir que yo 4. (ser) _____ determinada.

Yo 5. (nacer) _____ en San Francisco y 6. (vivir) _____ diecisiete años allí hasta que 7. (graduarse) _____ de la secundaria. Cuando yo 8. (tener) _____ tres o cuatro años mis palabras favoritas 9. (ser) _____: «no» y «¿por qué?» Mi mamá me 10. (decir) _____ muchas veces que ella y mi padre 11. (tener) _____ a mi hermanito porque ellos todavía 12. (creer) _____ que las cosas 13. (ir) _____ a cambiar. Pero, eso definitivamente no 14. (ocurrir) _____.

Yo 15. (asistir) _____ a una escuela privada hasta cumplir doce años. A mí no me 16. (gustar) _____ esa escuela porque los maestros 17. (ser) _____ estrictos. Luego yo 18. (asistir) _____ a una secundaria pública por tres años. Allí frecuentemente yo 19. (participar) _____ en los deportes y clubes; por ejemplo: el baloncesto, el círculo de español, el coro *(chorus)* y el club de arte. También yo 20. (ser) _____ animadora *(cheerleader)* un año entero.

Cuando yo 21. (tener) _____ quince años, 22. (poder) _____ visitar Acapulco con mi maestra y compañeros de clase. ¡Qué viaje estupendo! Esa 23. (ser) _____ una experiencia única. Allí yo 24. (conocer) _____ a varios jóvenes amables. Muchos de ellos 25. (saber) _____ inglés y ellos a menudo 26. (querer) _____ practicar la conversación con nosotros. Pero, yo —que soy determinada— no 27. (querer *[refused]*) _____ hablarles en inglés.

Generalmente la gente *(people)* 28. (ser) _____ muy simpática y amigable *(friendly)*. Yo 29. (divertirse) _____ mucho la semana que 30. (estar) _____ en México. Recuerdo bien la última fiesta. 31. (Ser) _____ las dos de la mañana cuando por fin nosotros 32. (regresar) _____ al hotel.

En 1998 yo 33. (mudarse) _____ a Sacramento para asisitir a la universidad. Trabajo los fines de semana en un restaurante, pero quiero ser fisioterapeuta.

En resumen, soy una joven de veintiún años muy típica. Tengo mis sueños y metas *(goals)*. Sin embargo, hoy día mis palabras favoritas no son «no» ni «¿por qué?», sino «tal vez» *(maybe)* y «mañana será *(will be)* otro día.»

8.18 Escriba Ud. su autobiografía *(Mi vida)* en no menos de 250 palabras. Puede referirse a la biografía anterior como modelo. Mencione dónde nació y cómo era de niño(a). Piense en los sucesos (happenings) más significativos o cómicos con la familia o en la escuela. Decida en dos o tres sucesos para describirlos aquí. Incluya enlaces *(linking words)* como **primero, luego, generalmente, un día, una vez...** Finalmente practique de memoria **Mi vida** para compartirla con la clase.

Estructura

III. Las comparaciones de desigualdad

To make unequal comparisons

¿Quién es más fuerte:
Alan o Benito?
¿Quién es el más fuerte?
¿Quién es el menos
fuerte?

¿Quién es más alta: Dorotea o Eva?
¿Quién es la más alta?
¿Quién es la menos alta?

Spanish uses **más... que** and **menos... que** to make unequal comparisons. English uses *more . . . than* and *less . . . than* or the ending *-er (taller)*.

Felicia es <u>más</u> alta <u>que</u> tú.	*Felicia is taller <u>than</u> you.*
Alan es <u>menos</u> fuerte <u>que</u> ellos.	*Alan is <u>less</u> strong <u>than</u> they.*

De replaces **que** to specify *the most/the least* in a group. (English may opt for the ending *-est: tallest*). Note here that the definite article precedes **más/menos.**

Felicia es <u>la</u> más alta <u>de</u> la familia.   *Felicia is <u>the</u> tall<u>est</u> <u>in</u> the family.*
Alan es <u>el</u> menos fuerte <u>del</u> grupo.   *Alan is <u>the</u> least strong <u>in</u> the group.*

Also use **más de** and **menos de** when making comparisons with numbers:

Necesito **más de** cien dólares.

Ella tiene **menos de** veintiún años.

The following comparatives are irregular and are not used with **más** or **menos.**

bueno bien	}	**mejor**	*better*	**el/la mejor**	*the best*
malo mal	}	**peor**	*worse*	**el/la peor**	*the worst*
joven→ viejo→		**menor** **mayor**	*younger* *older*	**el/la menor** **el/la mayor**	*the youngest* } (refers to a person's *the oldest* } age)

8.19 ¿Puede Ud. combinar el refrán en español con el inglés? Luego con su compañero(a) piensen en una situación para ilustrar cada refrán.

1. Quien mal dice, peor oye. _____
2. Más vale tarde que nunca. _____
3. Quien no hace más que otro
   no vale más que otro. _____
4. Más vale el buen nombre que
   las muchas riquezas. _____

a. Better late than never.
b. A good name is worth more than
   riches.
c. He who says bad things is a worse
   listener.
d. He who does more than another is
   worth more than another.

8.20 Lea Ud. bien los datos personales de estas dos personas. Después indique cierto o falso según las descripciones. Convierta las descripciones falsas en ciertas.

Sara

Sara

Pepe

Pepe

20 años
5,5 pies / 1,65 metros
$10.000
muy alegre, simpática y graciosa *(funny)*
muy sociable
asiste al teatro y a los conciertos
toca el piano

25 años
5,8 pies / 1,73 metros
$15.000
alegre, reservado, estudioso
juega al béisbol y al fútbol
corre
lee mucho

 • • • ► Sara es más reservada que Pepe.

falso

Sara es menos reservada que Pepe. (o)

Pepe es más reservado que Sara.

1. Sara es más alta que Pepe.
2. Pepe es menos alegre que Sara.
3. Sara es mayor que Pepe.
4. Sara tiene más de $12.000.
5. Pepe es más rico que ella.
6. Sara es menos simpática que él.
7. Pepe es más gracioso que Sara.
8. A Sara le gustan más los deportes que a Pepe.
9. Pepe es peor jugador de béisbol que Sara.
10. Sara sabe más de música que él.

 8.21 Túrnense para expresar su opinión de estas personas y cosas. Usen la forma correcta de los adjetivos entre paréntesis y otros que Uds. ya saben.

 • • • ► (atractivo)

Julia Roberts y Glenn Close

Julia Roberts es más atractiva que Glenn Close.

Glenn Close es menos atractiva que Julia Roberts.

1. Julia Roberts y Glenn Close
   (simpático, agresivo, menor, popular, mejor actriz [actress])
2. Tom Cruise y Harrison Ford
   (alto, delgado, mayor, mejor actor, travieso [mischievous])
3. la ropa de hombre y la ropa de mujer
   (tradicional, caro, versátil, variable, oscura [dark])
4. la ciudad de Ud. y Nueva York (o Los Ángeles)
   (grande, viejo, amigable, divertido, tranquilo [calm])
5. el golf y el baloncesto
   (aburrido, rápido, animado, relajado, sociable, divertido)

 8.22 Túrnense para hacerse estas preguntas y expresar sus preferencias.

1. ¿Quién es el mejor actor de Hollywood? ¿La mejor actriz?
2. ¿Cuál es la mejor película (film) del año? ¿Cuál es la peor?
3. ¿Cuál es la ciudad más atractiva de los Estados Unidos? ¿De México? ¿Del Caribe?
4. ¿Quién es el (la) mejor estudiante de la clase? ¿Quién es el (la) más popular?
5. ¿Quién es el (la) estudiante que estudia más? ¿Quién es el (la) que habla menos?
   ¿Quién es el (la) que vive más cerca? ¿más lejos?
6. ¿Quién es el (la) mayor de tu familia? ¿Quién es el (la) menor?

8.23 Lea Ud. bien el siguiente anuncio. Después hágale a su compañero(a) no menos de ocho preguntas para comparar los vehículos.

 ••• ► ¿Cuál es más grande (pequeño) el Corsa o el Cavalier?
¿Cuál es el más (menos) atractivo de todos?

Puede usar estos adjetivos: económico, cómodo, elegante, deportivo, práctico, mejor hecho *(made)*...

C U L T U R A

La palabra «auto»

Paseo de la Reforma, México, D.F. El tráfico es increíble.

La palabra «auto» varía según la región. En el Caribe se dice **el carro** o **la máquina** mientras que en España, México y otros países se prefiere **el coche.** La mayoría de autos en los países hispanos son pequeños o medianos. Claro, también hay autos grandes de lujo. Las fábricas°—como GM, Ford, Toyota, VW y otras— ensamblan todo tipo de autos, camiones° y autobuses en estos países. A propósito,° en español se dice **arrancar** y **apagar el motor** para indicar *«to start up and turn off the engine.»*

factories
trucks
A... By the way

El precio de la gasolina varía. En México, Venezuela y otros países productores de petróleo el precio es moderado, pero en España —que importa petróleo— un galón de gasolina puede costar más de US$ 4.

Expand your cultural understanding. Visit the *¡Saludos! / ¡Recuerdos!* **World Wide Web site**
http://www.harcourtcollege.com/spanish/saludosrecuerdos

8.24 Ud. quiere saber si su compañero(a) revisó (*checked*) bien el auto. Hágale las preguntas, completándolas con la palabra apropiada en el dibujo.

1. ¿Pusiste aire en... ?
2. ¿Pusiste agua en... ?
3. ¿Limpiaste el vidrio (*glass*) de... ?
4. ¿Revisaste el pedal de... ?
5. ¿Arrancaste... ?
6. ¿Llenaste el tanque de... ?
7. ¿Probaste (*Did you test*) la bocina en... ?

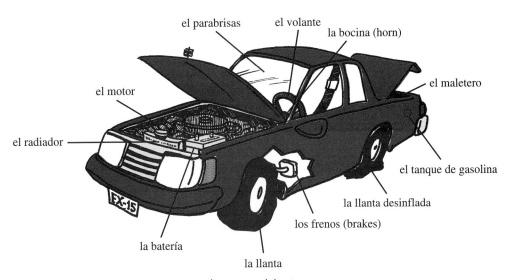

el parabrisas   el volante
                                   la bocina (horn)

el motor   el maletero

el radiador

                                        el tanque de gasolina

                                   la llanta desinflada

                          los frenos (brakes)

        la batería

            la llanta

Las partes del auto.

8.25 Descríbale a su compañero(a) el auto de un amigo o el de sus padres. Incluya la
marca, el estilo, el color, el año y los accesorios. Mencione en qué condiciones están las
partes de los autos. Luego decidan entre Uds. dos cuál es el auto más económico. ¿Cuál
está en mejores condiciones?

Estructura   IV. Comparaciones de igualdad

To make equal comparisons

To make equal comparisons Spanish uses these constructions:

tan + adjective or adverb + **como**   Ellas son <u>tan</u> bonitas <u>como</u> su mamá.
(*as . . . as*)   *They're <u>as</u> pretty <u>as</u> their mom.*

                                                  No me siento <u>tan</u> bien <u>como</u> tú.
                                                  I don't feel <u>as</u> well <u>as</u> you.

tanto(a)(os)(as) + noun + **como**
(as many as)

Tomas <u>tantas</u> medicinas <u>como</u> yo.
You take <u>as many</u> medicines <u>as</u> I.

verb + **tanto como**
(as much as)

No viajamos <u>tanto como</u> ellos.
We don't travel <u>as much as</u> they.

8.26 Estas dos hermanas son gemelas *(twins)* y son idénticas en muchos aspectos. Complete Ud. las comparaciones, usando la forma correcta entre paréntesis.

tienen 18 años
miden *(they measure)* 1,68 metros *(5′ 6″)*
tienen $20.000
son amables y divertidas
corren, nadan, tocan la guitarra
tienen paciencia

Lola   Lila

MODELO • • • ► Lola es _____ bonita _____ su hermana. (tan, tanto)
Lola es <u>tan</u> bonita <u>como</u> su hermana.

1. Lola es _____ alta _____ Lila. (tan, tanta)
2. Lila tiene _____ años _____ Lola. (tantas, tantos)
3. Lola tiene _____ dinero _____ Lila. (tantos, tanto)
4. Lila es _____ divertida y amable _____ Lola. (tanta, tan)
5. Lola toca la guitarra _____ bien _____ su hermana. (tan, tanto)
6. Lila participa en _____ actividades _____ Lola.
7. Lola corre y nada _____ _____ su hermana. (tan, tanto)
8. Una tiene _____ paciencia _____ la otra. (tanto, tanta)

8.27 Uds. están en una tienda de ropa y hacen comparaciones. Cambien las expresiones de desigualdad a igualdad.

MODELO • • • ► Hay <u>más</u> suéteres <u>que</u> pantalones.
Hay <u>tantos</u> suéteres <u>como</u> pantalones.

1. Venden más que las otra tiendas.
2. Dan menos descuentos que las otras.
3. Tienen menos accesorios que ropa.
4. Este vestido cuesta menos que ése.
5. Esta blusa es más bonita que ésa.
6. Estos cinturones son más grandes que ésos.
7. Hay más camisas que sudaderas.
8. Esa gorra me queda mejor que ésta.

8.28 Complete no menos de tres comparaciones de igualdad por categoría entre Ud. y miembros de su familia o de la clase.

categorías

descripciones:	Yo soy tan...	Mi hermano(a) es...	Mis padres son...
cosas:	Tengo tanto(a)(os)(as)...	Mis compañeros tienen...
actividades:	Me divierto tanto...	Tú te diviertes...

 Vamos a leer

8.29 Imagínese que Ud. piensa manejar a México. ¿Puede identificar el significado de estas señales *(signs)*?

Significados

a. no se estacione   _____
b. ferrocarril, tren   _____
c. una vía   _____
d. velocidad máxima   _____
e. curva   _____
f. alto *(stop)*   _____
g. conserve su derecha   _____
h. no entre   _____
i. puente angosto *(narrow bridge)*   _____
j. no rebase *(no passing)*   _____
k. ceda el paso *(yield)*   _____
l. el semáfaro (la luz)   _____

1.

2.

3.

4.

5.

6.

7.

8.

9.

10.

11.

12.

Panorama histórico

Chichén-Itzá, Yucatán, México. Tiene varios templos y un observatorio astronómico.

8.30 Lea Ud. esta breve historia de Latinoamérica. Subraye con una línea los verbos en el imperfecto y marque con un círculo los verbos en el pretérito. Por una parte, note Ud. el uso del imperfecto para describir y por otra parte, el uso del pretérito para dar énfasis a las acciones completas. Luego comparen Ud. y su compañero(a) los verbos que marcaron e *(and)* incluyan las formas del infinitivo.

MODELO • • • ► (llegaron)→ llegar; eran → ser

Nuevo... New World

Cuando los españoles llegaron al Nuevo Mundo,° ellos conocieron distintas civilizaciones. Las tres más poderosas eran la maya, la azteca y la incaica. Éstas tenían un sistema de go-

land

bierno autocrático, cultivaban extensamente la tierra° y construían excelentes palacios y templos.

southeast

Los mayas, ya en decadencia, ocupaban el sudeste° de México y parte de Cen-troamérica. Ellos se interesaron mucho por las matemáticas y la astronomía, y pudieron inventar un calendario más exacto que el europeo. Establecieron varios centros religiosos

Like

impresionantes; por ejemplo, Chichén-Itzá y Uxmal en Yucatán, México. Como° los aztecas, los mayas praticaban los sacrificios humanos.

Los aztecas dominaban la región central de México. Ellos sabían administrar o go-

built

bernar bien. Sus arquitectos construyeron° bellos palacios, templos y pirámides. En 1519

Machu Picchu, ciudad de los incas, probablemente construida en el siglo XV. Tiene palacios, templos, plazas y puentes *(bridges)*.

Hernán Cortés capturó a Moctezuma, el emperador azteca, y así° empezó la conquista de   *thus*
México.

    Los incas tenían el imperio más extenso y mejor organizado. Dominaban lo que hoy es
Perú, Ecuador y parte de Bolivia y Chile. Eran buenos ingenieros. Construyeron magníficos templos, caminos y puentes en los Andes. Adoraban al sol en sus templos. La civilización incaica avanzó° mucho los estudios de la agricultura, los tejidos y la medicina.   *advanced*

    Después de las conquistas, España estableció un imperio que se extendía desde° parte   *from*
de Norteamérica hasta° el extremo sur del hemisferio. El **latino** o **hispano*** de hoy es re-   *up to*
sultado de la mezcla de los indígenas del hemisferio con los europeos y los africanos.

    Durante tres siglos,° España dominó sus colonias en América. Con el tiempo los his-   *centuries*
panoamericanos se cansaron° de las injusticias del sistema colonial y declararon su inde-   *se... got tired*
pendencia. Entre los héroes de las guerras° de independencia se distinguieron el padre   *wars*
Miguel Hidalgo (México), Simón Bolívar (Venezuela) y José de San Martín (Argentina).
Para° 1825 casi toda Hispanoamérica tenía su libertad. Las antiguas colonias, en vez de°   *By / en... instead of*
establecer una sólida unión hispanoamericana, como soñó Bolívar, formaron las repúblicas
independientes de hoy día.

· ·

***Latinoamérica incluye los países donde se habla español, portugués y francés** (excepto
Quebec). Hispanoamérica se refiere a los 19 países de lengua española en este hemisferio.

Todos somos hispanoamericanos. Todos hablamos español y compartimos nuestras tradiciones.

8.31   Escoja Ud. la respuesta que mejor complete cada frase.

1. Las tres civilizaciones más conocidas en el Nuevo Mundo eran _____.
   a. la azteca, la caribe, la tolteca.
   b. la maya, la siboney, la taína.
   c. la incaica, la maya y la azteca.

2. Las tres civilizaciones se distinguían por su _____.
   a. democracia
   b. arquitectura
   c. alfabeto

3. El imperio precolombino *(pre-Columbian)* más extenso y mejor organizado era

   _____.
   a. el de los incas
   b. el de los mayas
   c. el de los caribes

4. Dos héroes de las guerras de independencia son _____.
   a. Cortés y Pizarro
   b. Moctezuma y el padre Hidalgo
   c. Bolívar y San Martín

5. El héroe *no* relacionado correctamente con su país es _____.
   a. Bolívar (Chile)
   b. San Martín (la Argentina)
   c. el padre Hidalgo (México)

8.32   Prepare Ud. un resumen de diez frases o más donde mencione las características y las contribuciones de las tres civilizaciones precolombinas mencionadas. Compare su resumen con dos compañeros y decidan quién tiene la información más completa para presentar a la clase.

MODELO   • • • • ►   El imperio de los incas dominaba...
                    Los incas construyeron...

                    Los aztecas habitaban...
                    Ellos sabían...

                    Los mayas vivían en...
                    Se interesaron mucho por...

Vamos a escuchar

8.33 Listen as a passenger talks to a ticket agent in Miami about his flight problems. Rely on context and surrounding words. Afterwards answer the following questions.

1. El pasajero viajaba a _____.
  a. Buenos Aires
  b. Caracas
  c. Lima

2. El pasajero no pudo tomar el vuelo de las ocho porque _____.
  a. hacía mal tiempo
  b. había problemas con el avión
  c. había mucho tráfico

3. El pasajero tuvo que _____.
  a. pagar cincuenta dólares más
  b. volar en primera clase
  c. quedarse en un hotel

4. El siguiente vuelo salía _____.
  a. al día siguiente
  b. por la tarde
  c. dos horas más tarde

5. El pasajero quería _____.
  a. crédito para su programa de viajero *(traveler)* frecuente
  b. llamar por teléfono en el avión
  c. un asiento cerca de la ventanilla

6. En su último viaje _____.
  a. las maletas llegaron rotas
  b. el pasajero fue a una ciudad y sus maletas fueron a otra
  c. la compañía aérea perdió las maletas

7. El pasajero tenía que abordar el avión _____.
  a. una hora antes
  b. media hora antes
  c. quince minutos antes

8. El agente le dijo al pasajero: _____.
  a. ¡Buen vuelo!
  b. ¡Buen provecho!
  c. ¡Buen viaje!

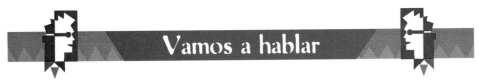

Vamos a hablar

8.34 You just flew back from a fabulous vacation. Tell your classmate where you went, what you saw, and what you did. However, on the way back you were not happy with the airline service and the several mishaps you had with that airline. Compare stories with your classmate to find who had the most exciting/grueling trip.

8.35 The head of personnel (your classmate) asks you for your opinion on two candidates who are applying for the same office job. You favor one over the other and make several comparisons between the candidates. However, the head of personnel disagrees with a few of your preferences.

8.36 An exchange student (your classmate) is not familiar with the American custom of celebrating Thanksgiving. Explain to him/her how the tradition came about. Also describe how you and your family celebrated last Thanksgiving Day. Useful vocabulary: **los peregrinos** *(pilgrims),* **los indios, la cosecha** *(harvest).*

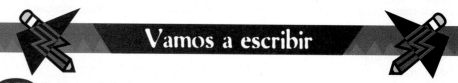

Vamos a escribir

8.37 Refiérase al siguiente resumen biográfico y a las preguntas a continuación para escribir una breve biografía.

Benito Juárez.

Resumen:

Fecha de nacimiento: 1806
Lugar: Oaxaca, México
Padres: indígenas pobres
Luchas *(fights):* contra la intervención francesa en México en 1863 y contra las injusticias sociales en su país
Títulos: abogado, juez del Tribunal Supremo de México, gobernador de Oaxaca, presidente de la república
Vida: 66 años
Símbolo: las ideas democráticas y la reforma social
Características: liberal, reformista, valiente, patriótico, determinado; «el Abraham Lincoln de México»

Preguntas:

1. ¿Dónde y cuándo nació Benito Juaréz?
2. ¿Quiénes eran sus padres?
3. ¿Contra quiénes luchó en 1863?
4. ¿Qué títulos tuvo?
5. ¿Cómo eran sus ideas?
6. ¿Cómo era Juárez?
7. ¿Cuántos años tenía cuando murió *(died)?*

Ahora, escoja Ud. otra famosa persona hispana y escriba una breve biografía de no menos de quince frases. Por ejemplo: Simón Bolívar, José de San Martín, José Martí, El Cid, Isabel la Católica, Gabriela Mistral, Pablo Picasso...

http://www.harcourtcollege.com/spanish/saludosrecuerdos

Vamos a explorar el ciberespacio

TRAVELING BY AIR

Can you plan an airline trip in Spanish? Visit the Web sites of a major airline from a Spanish-speaking country, such as Iberia Airlines of Spain, or Aerolíneas Argentinas of Argentina.

As you plan an imaginary flight to Madrid or Buenos Aires, find out:

- Is the flight direct? If not, where do you change planes?
- What are the departure and arrival times?
- Can you get price information on the site?
- Can you find out what other cities are serviced by the airline you've selected? Which cities would you like to visit?
- What connections would you have to make from where you live?

The World Wide Web offers many fascinating sites throughout the Spanish-speaking world dealing with the cultural topics in this lesson. Take a virtual field trip. Go to http://www.harcourtcollege.com/spanish/saludosrecuerdos to discover more.

EN VIVO - CULTURA

Before viewing the cultural video segment for this lesson, please study the following **Vocabulario** and **Preparación** sections. Then view the video (several times if necessary) and answer the questions or do the activities in the **Comprensión** section.

Vocabulario

Video *vocabularios* are simply for recognition purposes to help you more fully understand the segments. You are not expected to produce the vocabulary shown here.

el alimento	*food*	la herencia	*heritage*
la altura	*altitude*	la iglesia	*church*
antiguo	*old, ancient*	indígena	*indigenous, native*
bella	*beautiful*	el lago	*lake*
la belleza	*beauty*	lleno	*full*
cerca	*near*	más alto del	*highest in the world*
cubierto	*covered*	mundo	
desde	*from*	la nieve	*snow*
ecuatoriano	*Ecuadorian*	el occidente	*west*
encontrarse	*to find oneself*	el pasado	*past*
	or to meet	reflejar	*to reflect*
entre	*between*	el sol	*sun*
entrelazarse	*to intertwine*	el sur	*south*
guardar	*to guard*	varios	*several*
hasta	*to*		

Preparación

Guess the meaning of the following words. While watching the video, circle the items you hear.

capital	nativo
comunidad	navegable
construcción	profundo
contrastes	región
llama	

Comprensión

A. Read the following statements. After watching the video, circle C (Cierto) or F (Falso), according to what you understood.

C F **1.** Los Andes se extienden desde el occidente de Venezuela hasta el sur de Bolivia.

C F **2.** La Paz es la capital más alta del mundo.

C F **3.** Los aymaras son una comunidad indígena más antigua que la inca.

C F **4.** Quito es la capital del Perú.

C F **5.** Cuenca es una ciudad ecuatoriana.

B. Select the word or phrase that best completes each statement, according to what you understood.

1. La Paz está a (dos, doce) mil pies de altura.
2. El Titicaca es (un lago, una ciudad).
3. El Titicaca está (entre, desde) Perú y Bolivia.
4. Los quechuas y los aymaras son (comunidades, construcciones) indígenas.
5. Los edificios de Cuenca reflejan su (capital, herencia) española.

S ELF-TEST

How well have you mastered this lesson? To find out, take the self test found on the ¡Saludos! Web site at http://www.harcourtcollege.com/spanish/saludosrecuerdos.

En el hotel

Comunicación
- Conduct hotel transactions
- Give and follow orders
- Express requests and feelings
- Express doubt or denial

Estructuras
- Formal commands
- Present subjunctive in **que** clauses

Visit the *¡Saludos!* World Wide Web site:
http://www.harcourtcollege.com/spanish/saludosrecuerdos

Cultura
- Mexican art
- Types of lodging
- México, D.F.
- The personal touch

Conexiones
- Vamos a leer
  «*Los viajeros*» de Marco Denevi
- Vamos a escuchar
  Correcting errors
- Vamos a hablar
  Giving advice
- Vamos a escribir
  Using humor; making recommendations
- Vamos a explorar el *ciberespacio*
  Hotels

The *¡Saludos!* CD-ROM offers additional language practice and cultural information.

¡Adelante!

la habitación sencilla (single room)

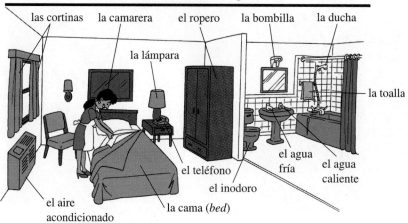

las cortinas   la camarera   el ropero   la bombilla   la ducha

la lámpara

la toalla

el agua
fría

el agua
caliente

el aire
acondicionado

el teléfono

el inodoro

la cama (*bed*)

la recepcionista

el registro   la llave

la recepción

el botones

No Funciona

el ascensor

David y Camila Villa son un matrimonio *(married couple)* de Arizona que va de vacaciones a San Miguel de Allende. Esta encantadora *(charming)* ciudad mexicana es famosa por el arte y la artesanía *(crafts)*. David es profesor de arte y Camilia es escritora. Ellos llegan a la recepción del hotel.

	RECEPCIONISTA:	Buenas tardes. Bienvenidos al Hotel Casa Allende. ¿En qué puedo servirles?
a... under the name	DAVID:	Buenas tardes. Tenemos una reservación para hoy a nombre° de David y Camila Villa.
Allow me	RECEPCIONISTA:	Muy bien. Déjenme° ver... Ah, aquí está. Piensan quedarse una semana, ¿no?
Maybe	CAMILA:	No, no creo que nos quedemos la semana entera. Quizá° cinco días.
cama... double bed	RECEPCIONISTA:	Está bien. ¿Prefieren una cama matrimonial° o dos camas?
give	CAMILA:	Preferimos que nos dé° cama matrimonial.
license	RECEPCIONISTA:	De acuerdo. Permítanme ver su licencia° o pasaporte.
	DAVID:	Espere un minuto... a ver... aquí tiene los pasaportes.
fill out *bring / dial*	RECEPCIONISTA:	Gracias y por favor, Sr. Villa, llene° Ud. el registro. Si quieren Uds. que la camarera les traiga° algo, marquen° el número 8 en el telé-

fono. Su habitación está en el tercer piso, número 315. El botones°   *bell-boy*
les puede ayudar con las maletas.

CAMILA: Sí, muchísmas gracias.

RECEPCIONISTA: De nada... para servirles.°   *para... (we're here) to serve you*

Hotel Casa Allende

Nombre* _____

Domicilio°_____   *Address*

Ciudad _____   País _____

Nacionalidad _____   Profesión _____

Firma _____

*Favor de completar en letras de molde.°   *print*

¿Puede Ud. llenar este registro?

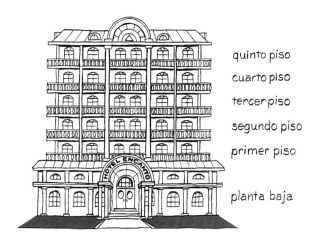

quinto piso
cuarto piso
tercer piso
segundo piso
primer piso

planta baja

In Europe and Latin America the first floor is referred to as the ground floor (**planta baja**), the second as **el primer piso**, the third as **el segundo**, and so on.

San Miguel de Allende, encantadora ciudad colonial.

El arte mexicano

La piedra del Sol representa conceptos extraordinarios del tiempo.

La obra surrealista de Frida Kahlo (1907–1954) a veces superaba las pinturas de su marido Diego Rivera.

Las pinturas de Diego Rivera (1886–1957) combinan lo mexicano y lo europeo; lo moderno y lo tradicional.

CULTURA

José Clemente Orozco (1883–1949) expresa la tragedia de la Revolución Mexicana.

México precolombino produjo° excelentes obras° de arte, especialmente en la arquitectura y la escultura. *La piedra del Sol*, calendario azteca, es una de las esculturas más conocidas. Desde° el principio de la colonia los pintores mexicanos combinaron temas indígenas con las técnicas europeas. En la primera mitad° del siglo° XX los célebres° pintores Diego Rivera, José Clemente Orozco y David Alfaro Siqueiros adaptaron esa combinación para crear una extensa serie de pinturas murales que simbolizan las preocupaciones sociales y políticas del pueblo.

produced / works

Since

half / century / famous

Expand your cultural understanding. Visit the *¡Saludos! / ¡Recuerdos!* World Wide Web site http://www.harcourtcollege.com/spanish/saludosrecuerdos

Continued

CULTURA

El arte mexicano *cont'd*

Alegoría de México por Francisco Eppens —mural exterior en la Ciudad Universitaria, México, D.F. Las tres caras simbolizan: el español, el mestizo y el indio.

Actividades

Read the Cultura text above and then complete the following activities.

9.1 Indique Ud. cierto o falso según el contexto. Después escriba de nuevo las frases falsas para convertirlas en ciertas.

1. México precolombino produjo mediocres obras de arte.
2. *La piedra del Sol* es una pintura mural.
3. Los pintores mexicanos combinaron temas indígenas y europeos.
4. Los pintores Rivera, Orozco y Siqueiros crearon una extensa serie de pinturas religiosas.
5. Esos tres pintores reflejaban las preocupaciones sociopolíticas del pueblo.

9.2 Refiérase a la información a la derecha para explicar las palabras a la izquierda. Haga frases completas.

 • • • ► el ropero poner ropa
El ropero es <u>para</u> poner la ropa. *(The closet is <u>(intended)</u>*
<u>for</u> putting away clothes.

1. la cama
2. la llave
3. el registro
4. el ascensor
5. la ducha
6. la toalla
7. la escalera
8. el aviso *(notice)*
   «No funciona»

a. escribir el nombre y la dirección
b. abrir la puerta
c. subir y bajar *(to go up and down)* a pie
d. subir y bajar automáticamente
e. dormir y descansar
f. bañarse
g. indicar que está roto *(broken)*
h. secarse *(to dry off)*

9.3 Imagínese que Ud. nota unos problemas con su habitación. Mencione cinco cosas que no hay o que no funcionan *(don't work).*

 • • • ► No hay agua caliente.
El inodoro no funciona.

9.4 Complete Ud. el resumen de la conversación entre los Villa y la recepcionista. Refiérase a estas palabras:

quedarse   escritora   les
marcar   las maletas   vacaciones
llene   un matrimonio   para
permitan   la licencia   matrimonial
traiga   el botones
dé

David y Camila Villa son 1. _____ de Arizona. Ellos van de

2. _____ Él es profesor y ella es 3. _____. Ellos tienen una reser-

vación 4. _____ hoy, y piensan 5. _____ cinco días. Prefieren que

la recepcionista les 6. _____ una cama 7. _____. La recepcionista

quiere que los Villa le 8. _____ ver 9. _____ o el pasaporte, y tam-

bién le pide al Sr. Villa que 10. _____ el registro. La recepcionista les dice que

si ellos quieren que la camarera les 11. _____ algo, sólo tienen que

12. _____ el número ocho en el teléfono. Finalmente, la recep-

cionista 13. _____ dice que 14. _____ puede ayudarlos con

15. _____ .

9.5 Imagínese que Ud. está de vacaciones y piensa quedarse en el Hotel Encanto. Ud. entra al hotel y habla con el (la) recepcionista (su compañero[a]). ¿Qué pasa si el (la) recepcionista no encuentra *(doesn't find)* su reservación? Prepare un minidrama con su compañero(a) para resolver este problemita. Uds. pueden negociar el precio y la habitación.

C U L T U R A

¿Dónde prefiere quedarse Ud.?

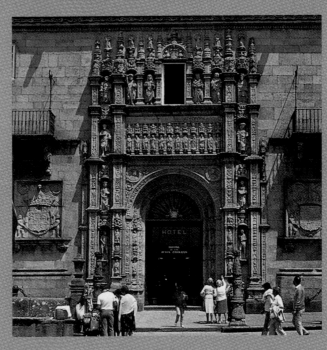

Antiguo castillo
y moderno
parador
español.

En Latinoamérica no existe un sistema uniforme de clasificar los hoteles como en España y otros países de Europa. Típicamente un hotel de lujo o de primera clase ofrece todas las comodidades, mientras los de segunda, no. Es bueno recordar que los hoteles viejos en muchos casos tienen un exterior poco atractivo, en comparación con los hoteles modernos, pero en el interior son elegantes y cómodos.

Al hacer° la reservación es mejor especificar si uno quiere una cama matrimonial o dos camas. Una habitación doble no siempre incluye dos camas separadas. También es posible que los hoteles más baratos no tengan baño privado ni toallitas.° En esos hoteles es preferible evitar los cuartos que dan a la calle por el ruido° del tráfico. Además de los hoteles hay pensiones° que son económicas y normalmente incluyen un menú fijo° en el precio. Típicamente los dueños° viven en la casa o la pensión y preparan la comida. Los paradores nacionales de España son magníficos edificios históricos —castillos, monasterios, palacios o haciendas— que hoy día el gobierno ha convertido° en lujosos hoteles. Ofrecen todas las comodidades modernas, además de un servicio excepcional y un panorama o vista realmente fabulosa. El gobierno de Puerto Rico ha adaptando ese concepto, hoy día también mantiene° una serie de paradores donde sirven comidas criollas.°

Al... Upon making

washclothes

por... due to the noise
boarding houses
fixed / owners

ha... has converted

maintains
Creole foods

Expand your cultural understanding. Visit the *¡Saludos! /*
¡Recuerdos! **World Wide Web site**
http://www.harcourtcollege.com/spanish/saludosrecuerdos

9.6 Indique si las siguientes descripciones se refieren: a un hotel de lujo, a un hotel económico, a una pensión o a un parador.

1. Tiene todas las comodidades. Está afiliado con los Hilton.
2. Es una casa de familia y ofrece cuartos con comida.
3. Es una elegante hacienda renovada por el gobierno.
4. Tiene tiendas y discoteca; hay refrigeradores con refrescos en las habitaciones.
5. Es un castillo medieval donde la comida y el servicio son estupendos.
6. No tiene baño privado ni toallitas.

9.7 ¿Cuáles de estos lugares les recomienda Ud. a las siguientes personas? Refiérase a estos dos anuncios.

1. familia con niños que montan a caballo *(ride horses)*
2. matrimonio recién casado *(recently married)*
3. estudiantes universitarios; les gusta el campo
4. señores de negocios; buscan lugar para conferencia

V O C A B U L A R I O

Sustantivos

el agua *(f.)**	water	la cama	*(double) bed*	
el agua caliente	hot water	(matrimonial)		
el agua fría	cold water	la camarera	*chambermaid, waitress*	
el ascensor,	elevator	la carretera	*highway*	
el elevador		la cuadra	*(city) block*	
la bombilla	light bulb	la cuenta	*bill*	

*A singular feminine noun with a stressed **a** sound in the first syllable takes the article **el: el agua** but **las aguas; el ama de casa** but **las amas de casa** *(housewives)*.

el dueño, la dueña	owner	el mapa	map
la escalera	stairs, ladder	el matrimonio	married couple
la esquina	corner	la obra (de arte)	(art) work, piece
la firma	signature	el plano	(city, street) map
la habitación	room	el precio	price
doble	double	el, la recepcionista	receptionist
sencilla	single, simple	el registro	registry
el, la huésped	(house) guest	el ruido	noise
la licencia	license	el siglo	century

Adjetivos

antiguo(a)	old, ancient
célebre	famous
distinto(a)	distinct, different
encantador(a)	charming
próximo(a)	next

Verbos

acordarse (ue) de	to remember	llevar	to take, carry
alegrarse (de)	to be happy (about)	mantener (mantengo)	to maintain
bajar	to go down, to lower	mostrar (ue)	to show
dejar	to allow, to leave (something) behind	olvidar	to forget
		permitir	to permit
		recomendar (ie)	to recommend
doblar	to turn	reconocer (reconozco)	to recognize
dudar	to doubt		
comenzar (ie)	to commence, begin	recordar (ue)	to remember, to remind
cruzar	to cross	recorrer	to travel, to go through
encontrar (ue)	to find		
esperar	to hope, wait for	sacar	to take out
discutir	to argue, discuss	la basura	trash
funcionar	to work (machines)	fotos	pictures
		sentir (ie)	to be (feel) sorry, to feel
...no funciona	it doesn't work (run)	subir	to go up
llenar	to fill (out)	temer	to fear

Expresiones

al + inf.	upon (when)
al hacer	upon doing
Doble a la derecha	Turn right
a la izquierda	left
Es bueno (que)	It's good (that)
importante (que)	important (that)
(una) lástima (que)	a pity (that)
mejor (que)	better (that)
preciso (que)	necessary (that)
urgente (que)	urgent (that)
estar seguro(a) (de)	to be sure (of)

hasta	up to
lo + adjetivo	what's + adjective
moderno	what's new
no... sino	no . . . but rather
ojalá (que)	I (we) hope (that)
¿Podría Ud. + inf.	Could you . . .?
por un lado... por otro	on the one hand . . . on the other
quizá	maybe
*se recomienda	it's recommended
*se va	one goes
(Vamos) a ver	Let's see
Vaya por...	Go along . . .
derecho	straight ahead

*When it is not important to identify the doer of the action, Spanish uses **se** followed by the verb in the third-person singular: **¿Cómo se dice?** (How does one say?) **Se habla español.** (Spanish is spoken.)

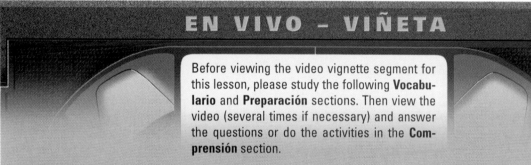

EN VIVO - VIÑETA

Before viewing the video vignette segment for this lesson, please study the following **Vocabulario** and **Preparación** sections. Then view the video (several times if necessary) and answer the questions or do the activities in the **Comprensión** section.

Vocabulario

Video *vocabularios* are simply for recognition purposes to help you more fully understand the segments. You are not expected to produce the vocabulary shown here.

la ayuda	help	listo	smart
cómo no	of course	la noche	night
de negocios	on business	pagar	to pay
dejar	to allow	el recibo	receipt
el desayuno	breakfast	la reservación	reservation
emplear	to employ	solamente	only
el empleo	job	tal vez	maybe
la entrevista	interview	la tarifa	rate
Espero que	I hope you	la tarjeta de crédito	credit card
duerma bien.	sleep well.	tener suerte	to be lucky
incluido	included		

Preparación

Make a list in Spanish of words or phrases that you would expect to hear or say when you check into a hotel and then circle the ones you hear as you watch the video.

Comprensión

A. Answer the questions in Spanish.

1. ¿Qué tiene Diego mañana por la tarde?
2. ¿Cuántas noches desea quedarse Diego en el hotel?

3. ¿Cómo paga Diego?

4. ¿Cuántas maletas tiene Diego?

B. Read the following statements. After watching the video, circle C (Cierto) or F (Falso), according to what you understood.

C F **1.** Diego está de vacaciones.

C F **2.** Diego desea trabajar en el hotel.

C F **3.** El desayuno está incluido en la tarifa.

C F **4.** El comedor abre a las siete de la mañana.

Estructura   I. Los mandatos formales

To give direct commands

A. In the preliminary lesson, you used infinitives to express commands; for example: **¡Favor de entrar y sentarse!** However, Spanish does have verb forms to convey an order directly to *you*—singular or plural. (You have followed these in the direction line for **Actividades.**) To form the **Ud.** and **Uds.** commands: Drop the **-o** ending from the **yo** form of the present tense verb and add **-e/-en** to **-ar** verbs and **-a/-an** to **-er** and **-ir** verbs. (See **Apéndices** for **tú** familiar commands.)

¡Piensen Uds.!
(Think!)

hablar hablo	leer leo	hacer hago	decir digo	dormir duermo
hable	lea	haga	diga	duerma (Ud.)
hablen	lean	hagan	digan	duerman (Uds.)
speak, *talk*	*read*	*do,* *make*	*tell,* *say*	*sleep*

Ud. and **Uds.** may be included for emphasis or politeness.

Review these verbs with changes in the **yo** form:

pensar	pienso→	piense(n)
cerrar	cierro	
pedir	pido	
repetir	repito	
recordar	recuerdo	
tener	tengo	
venir	vengo	
traer	traigo	
oír	oigo	

ver   veo
conocer   conozco

B. These five verbs, whose **yo** form does not end in **-o,** have slightly different patterns.

dar	estar	ir	saber	ser
dé	esté	vaya	sepa	sea
den	estén	vayan	sepan	sean

C. Verbs ending in **-car, -gar,** and **-zar** have spelling changes in the command forms in order to preserve the sound of the stem or follow spelling rules.

explicar ⎱	**c → qu**	¡Explique Ud. el problema!
buscar ⎰		¡No busquen más!
jugar ⎱	**g → gue**	¡No jueguen en la calle!
pagar ⎰		¡Pague mil pesos!
empezar ⎱		¡Empiecen a comer!
cruzar *(to cross)* ⎰	**z → ce**	¡Cruce aquí!

Note Ud. que el pretérito de los verbos *-ar* lleva acento escrito (en las formas de yo) pero los mandatos, no:

| **Trabajé y jugué ayer.** | *I worked and played yesterday.* |
| **¡Trabaje Ud.! ¡Jueguen Uds.!** | *Work! Play!* |

¡OJO!

D. Object pronouns are attached to affirmative commands. An accent mark is added to preserve the original stress of the verb.

¡Siéntense Uds.!	*Sit down!*
¡Pregúntele a ella!	*Ask her!*
¡Tráigaselo a ellos!	*Bring it to them!*

In negative commands the pronouns come before the verb.

¡No se sienten Uds.!	*Don't sit down!*
¡No le pregunten a ella!	*Don't ask her!*
¡No se lo traiga!	*Don't bring it to them!*

9.8 Imagínese que Ud. es recepcionista. Dígales estos mandatos a un(a) huésped *(guest).*

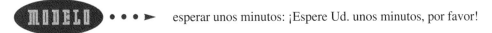

MODELO • • • ► esperar unos minutos: ¡Espere Ud. unos minutos, por favor!

1. llenar el registro
2. revisar la cuenta
3. leer el aviso
4. tomar el ascensor
5. subir al primer (segundo, tercer...) piso
6. no olvidar *(forget)* la llave
7. estar en el comedor antes de las nueve para desayunar
8. descansar y dormir bien

CULTURA

México, D.F.

Teatro de Bellas Artes, México, D.F.

México, D.F. (Distrito Federal) tiene más de 25 millones de habitantes. Esta ciudad es una de las capitales más antiguas del Nuevo Mundo y también una de las más modernas y cosmopolitas. Situada a una altitud de 2.240 metros (7.343 pies) sobre el nivel del mar,° es importante recordarles a los turistas que el cuerpo necesita adaptarse a ese cambio. Al principio se recomienda° que los visitantes caminen, coman y tomen más despacio.° El clima es agradable; con una temperatura media anual de 14°C (57°F), aunque casi todo el año «el smog» cubre° la capital.

nivel... sea level

se... it's recommended
más... more slowly

covers

CULTURA

Zócalo y Catedral.

Con todas las atracciones que ofrece la capital, es preferible que los turistas hagan planes con anticipación. Muchos de los museos, las zonas arqueológicas, los teatros profesionales y los cabarets cierran los lunes. Algunos espectáculos sólo se presentan una o dos veces por semana; por ejemplo, las corridas de toros, los domingos; el Ballet Folklórico, los domingos y los miércoles. Se recomienda una excursión por la ciudad los sábados y los domingos cuando hay menos tráfico y no los viernes cuando está en su máximo.

Expand your cultural understanding. Visit the *¡Saludos! / ¡Recuerdos!* World Wide Web site
http://www.harcourtcollege.com/spanish/saludosrecuerdos

9.9 Su compañero(a) piensa viajar a la capital mexicana. Sugiérale *(Suggest to him/her)* lo que debe hacer al principio para adaptarse a la altitud, qué ropa debe llevar, qué lugares debe visitar y cuándo debe visitarlos. Use los mandatos de: **caminar, comer, llevar, visitar, ver...**

9.10 Túrnense para preguntar y explicar cómo se va *(how one goes)* a los diferentes lugares indicados en México, D.F. Uds. están en el Hotel María Isabel. Usen el plano de la ciudad y las siguientes expresiones.

vaya por	*go along*	doble a la izquierda	*turn left*
vaya derecho	*go straight ahead*	cruce la calle (avenida)	*cross the street (avenue)*
doble a la derecha	*turn right*	hasta	*up to*

MODELO • • • ➤ al Palacio de Bellas Artes
¿Podría decirme cómo se va al Palacio de Bellas Artes?
Sí, cómo no. Doble a la izquierda. Vaya derecho por Reforma hasta la Avenida Hidalgo. Entonces, doble a la derecha.

1. a la Catedral Metropolitana
2. al Zócalo (Plaza de la Constitución)
3. al Museo de Antropología
4. a la Zona Rosa (comercios)
5. al Monumento a la Revolución
6. a la Alameda (parque)
7. a la Plaza de las Tres Culturas

Ahora Uds. están en el Zócalo. Túrnense para preguntar y explicar cómo se va a los lugares indicados anteriormente, incluso al Hotel Ma. Isabel.

9.11 Dos turistas (compañeros) están visitando la clase de español. Ellos quieren saber cómo se va a diferentes lugares de la ciudad. Use la lista de lugares y el vocabulario adicional para ayudarlos. (Túrnense para preguntar y explicar.)

 • • • ▶ el correo principal
¿Podría decirnos cómo se va al correo principal?
Vayan por la calle (avenida) hasta... Doblen...

cuadra *(city block)*
semáforo
esquina *(corner)*
carretera *(highway)*

1. el hotel
2. el banco
3. el teatro
4. la biblioteca
5. el centro comercial
6. otros lugares de interés

9.12 Dos de Uds. hacen el papel *(role)* de estudiantes y uno de profesor(a). Túrnense para hacer preguntas y dar mandatos positivios o negativos. Usen los pronombres apropiados.

 • • • ▶ hacer las preguntas ahora
DOS ESTUDIANTES: ¿Debemos hacer las preguntas ahora?
PROFESOR(A): Sí, háganlas.
(No, no las hagan.)
¿Debemos sentarnos?
Sí, siéntense.
(No, no se sienten.)

1. hacer las actividades
2. traer el manual
3. decir las frases en español
4. saber bien el vocabulario
5. pedir otro examen
6. empezar la tarea
7. poner los acentos
8. oír el CD
9. ver el mapa
10. practicar los verbos
11. apagar *(turn off)* la luz
12. levantarse
13. quedarse ahora
14. divertirse un poco
15. irse luego

9.13 Escoja *(Pick)* cinco de los mandatos anteriores más comunes en clase y dígaselos a su compañero(a). Repítale el mandato con el pronombre apropiado.

 • • • ▶ ¡Haga las actividades! . . . ¡Hágalas!

ULTURA

¡Feliz viaje!

Un viaje ideal significa no sólo visitar los lugares interesantes, sino° también conocer a las personas del país. A continuación hay unas sugerencias para su próximo° viaje por° el mundo hispano.

but (rather)
next / through

- Recuerde Ud. que todos vemos el mundo de diferentes maneras según nuestras experiencias.
- Sea flexible y tolerante.
- Respete (no critique) las tradiciones y costumbres del país; en particular, no olvide los saludos y la cortesía.
- Reconozca° que es común darles preferencia a las personas según su posición social y edad.

Recognize

- Confirme o repita la información esencial para ver si Ud. la entiende bien.
- Haga preguntas apropiadas. Es posible que la gente le diga a Ud. «sí» para no ofenderle. Por ejemplo, es mejor preguntar: «¿Dónde está (queda) la estación del metro?» y no «¿Está (Queda) cerca la estación del metro?»
- Acepte la costumbre de hablar de cerca con las personas. No olvide que por lo general los hispanos son expresivos.
- Mantenga° un buen sentido° del humor.

Maintain / sense

El toque *(touch)* personal.

Expand your cultural understanding. Visit the *¡Saludos!* / *¡Recuerdos!* World Wide Web site
http://www.harcourtcollege. com/spanish/ saludosrecuerdos

9.14 Indique Ud. si la conducta de estas personas es apropiada o no.

1. Acepta las ideas razonables de otros.
2. Critica las costumbres de otro país.
3. Es inflexible y un poco arrogante.
4. Respeta la posición social de las personas.
5. Es tímido(a) y no confirma la información.
6. Hace preguntas que requieren respuestas más allá de *(beyond)* «sí» y «no».
7. Olvida saludar o dar las gracias a la personas.

9.15 Déle a su compañero(a) no menos de ocho sugerencias en forma de mandatos (¡Ud.!) para un viaje ideal. Su compañero(a) debe escuchar bien lo que Ud. dice para luego repetírselo a otro(a) compañero(a).

Ahora su primer(a) compañero(a) le dice los mandatos a otro(a). Repita Ud. lo que él (ella) olvida.

II. El subjuntivo con deseos y emociones

To express requests and feelings

A. The commands just covered are a direct way of asking someone to do something. By contrast, an indirect command softens the order and can also be applied to other persons. Both types of commands use the subjunctive form of the verb.

Direct	**Indirect**
¡Regrese pronto!	Quiero que Ud. regrese pronto.
	I want you to return quickly.
	Queremos que Claudio regrese.
	We want Claudio to return.
¡Siéntense aquí!	Prefiero que (no) se sienten aquí.
	I prefer that you (do not) sit here.
	Ellos desean que (no) nos sentemos juntos.
	They want us (not) to sit together.

Note above that object pronouns come before the verb in both affirmative and negative indirect commands: . . . **se sienten** . . . **(no) nos sentemos.**

Las formas del subjuntivo			
	regresar	**traer**	**venir**
yo	regres**e**	traig**a**	veng**a**
tú	regres**es**	traig**as**	veng**as**
Ud. / él / ella	regres**e**	traig**a**	veng**a**
nosotros(as)	regres**emos**	traig**amos**	veng**amos**
vosotros(as)	regres**éis**	traig**áis**	veng**áis**
Uds. / ellos / ellas	regres**en**	traig**an**	veng**an**

1. Note that the subjunctive stems, which include the **Ud.** and **Uds.** commands, are based on the **yo** form of the present indicative, except that **-ar** verbs switch to **-e** endings and **-er/-ir** verbs to **-a** endings. Irregular verbs to review are:

dar:	dé, des, dé, demos, deis, den
estar:	esté, estés, esté, estemos, estéis, estén
ir:	vaya, vayas, vaya, vayamos, vayáis, vayan
ser:	sea, seas, sea, seamos, seáis, sean
saber:	sepa, sepas, sepa, sepamos, sepáis, sepan

¡OJO!

Hay (haber)—there is, there are—becomes haya in the subjunctive.

2. Stem-changing **-ar** and **-er** verbs maintain their same "boot" pattern of change.

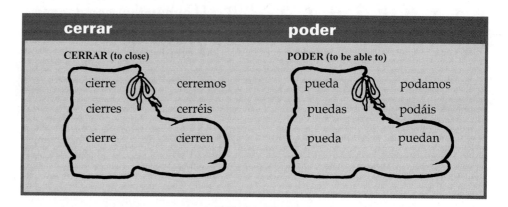

cerrar		poder	
CERRAR (to close)		**PODER (to be able to)**	
cierre	cerremos	pueda	podamos
cierres	cerréis	puedas	podáis
cierre	cierren	pueda	puedan

3. The **-ir** stem-changing verbs keep their pattern except for the **nosotros** and **vosotros** forms, where the **-e-** in the stem changes to **-i-** and the **-o-** to **-u-**.

pedir: pida, pidas, pida, pidamos, pidáis, pidan
divertirse: me divierta, te diviertas, se divierta, nos divirtamos, os divirtáis, se diviertan
dormir: duerma, duermas, duerma, durmamos, durmáis, duerman

B. Verbs have tenses and moods. A *tense* refers to the time of an action (present, past, or future); a *mood* expresses the speaker's attitude towards an action. We use the indicative mood to report facts and what we consider certain.

Quiero que regresen pronto.

Fuimos de compras.	*We went shopping.*
Estoy seguro de que hay clase hoy.	*I'm sure there's class today.*

1. In contrast, we use the subjunctive mood to make requests or express our feelings concerning other persons or things. Typical expressions that convey desire or request include:

querer que	*to want*
desear que	*to wish, to want*
preferir que	*to prefer*
necesitar que	*to need*

and impersonal expressions like:

Es preciso que...	*It's necessary that . . .*
Es importante que...	*It's important that . . .*
Es urgente que...	*It's urgent that . . .*

¡Me alegro de que estén aquí!

2. Some common expressions that indicate feelings or emotions are

ojalá que	*I (we) hope, wish that*
esperar que	*to hope*
sentir (ie)	*to be sorry, to regret*
temer que	*to fear*
alegrarse (de) que	*to be glad*

and include the impersonal expressions:

Es (una) lástima que	*It's a pity that . . .*
Es bueno (mejor) que	*It's good (better) that . .*

> *Ojalá que* es otra manera de expresar *espero que (I hope or I wish)*. En realidad, *ojalá* significa *may Allah grant* en árabe, pero hoy día no tiene significado religioso. Note que *ojalá* no es verbo sino una expresión que significa: *I (we) hope (wish) that . . .*

¡OJO!

3. If there is no change of subject after an expression of request or emotion, the infinitive is used—not **que** + *subjunctive*.

Quiero descansar.	*I want to rest.* (same subject)
Quiero que descanses.	*I want you to rest.* (I want; you rest = change of subject)
Esperan llegar a tiempo.	*They hope to arrive on time.*
Esperan que Arnaldo llegue a tiempo.	*They hope Arnaldo will arrive on time.*

¡Ojalá que te mejores!

¿Les manda Ud. una tarjeta a sus amigos cuando están enfermos?

English has different ways of translating the Spanish subjunctive depending on the main (first) verb.

Quiero que Lidia se quede con Uds.	*I want Lidia to stay with you.* (infinitive)
Prefieren que ella se quede con Uds.	*They prefer (that) she stay with you.* (subjunctive)
Esperamos que ella se quede con Uds.	*We hope (that) she will stay with you.* (future)

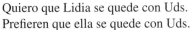

¡Recuerde Ud.!

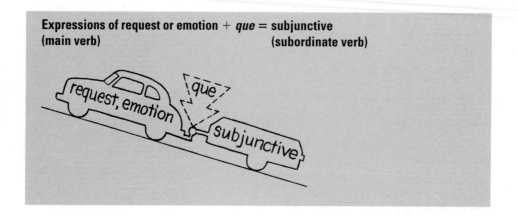

Expressions of request or emotion + *que* = **subjunctive**
(main verb) **(subordinate verb)**

request, emotion — que → subjunctive

9.16 Ud. quiere que las siguientes personas regresen a diferentes horas o días. Complete las frases con el subjuntivo.

MODELO • • • ► Prefiero que Vicente regrese pronto.

Prefiero que

Catalina / mañana
(tú) / el sábado
los chicos / a las tres
Ud. / luego
él /¿...?

Repita la **Actividad 9.16,** pero esta vez empiece con la expresión: Quiero que Vicente se vaya...

9.17 Es preciso que varias personas hagan las reservaciones para diferentes eventos. Complete las frases.

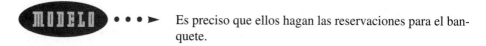

MODELO • • • ► Es preciso que ellos hagan las reservaciones para el banquete.

Es preciso que

(yo) / el teatro
el agente / la excursión
(nosotros) / el concierto
(tú) la corrida de toros
ellos / ¿...?

Repita la **Actividad 9.17,** pero esta vez empiece con: Es necesario que ellos confirmen...

9.18 El profesor de español espera que diferentes estudiantes escriban varias cosas. Complete las frases.

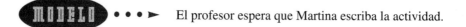

MODELO • • • ► El profesor espera que Martina escriba la actividad.

El profesor espera que

Diego / la carta
Luisa y yo / la tarjeta
(tú) / las instrucciones
Uds. / la composición
(yo) / ¿...?

Repita la **Actividad 9.18,** pero use el modelo: El profesor teme que Martina no recuerde...

9.19 Imagínese que Ud. y su compañero(a) viven juntos y Ud. quiere que él (ella) coopere más con el mantenimiento del apartamento. Túrnense para expresar las siguientes sugerencias. Conviertan el infinitivo en subjuntivo cuando sea necesario. ¿Cuál de las sugerencias es la más importante para Ud.? ¿Cuál es la menos importante?

1. Espero que (tú) _____ (cerrar) bien la puerta.
2. Tenemos que _____ (sacudir) *(to dust)* los muebles.
3. Prefiero que tú no _____ (dormirse) en el sofá.
4. Ojalá que tus amigos no _____ (hacer) mucho ruido.
5. Es preciso que nosotros _____ (pagar) el alquiler *(rent)* a tiempo.
6. Me alegro de que tú _____ (barrer) *(to sweep)* el piso.
7. ¿Necesitas que yo _____ (pasar) la aspiradora?
8. Temo que tú no _____ (sacar) la basura *(take out the trash)*.
9. Espero que tú y tus amigos _____ (jugar) y _____ (divertirse) con moderación.
10. Es lástima que tú no _____ (organizar) las cosas y las _____ (poner) en su lugar.
11. Debes recordar que a mí me gusta _____ (hacer) las compras y _____ (cocinar).
12. Es mejor que nosotros (lavar) _____ los platos después de comer.

Esta vez prepare una lista de no menos ocho actividades que Ud. quiere (prefiere, espera...) que sus compañeros(as) (no) hagan en casa. Comparta la lista con dos compañeros.

 • • • ► Quiero que Uds. no vean televisión todo el día.

9.20 Pregúntele a su compañero(a) si *quiere que (prefiere que...)* Ud. haga varias cosas. Refiérase a las siguientes preguntas y respuestas como modelo. Use los infinitivos entre paréntesis como sugerencias.

Ud.	su compañero(a)
1. ¿Qué quieres que (yo) diga? (ver, escribir, estudiar, copiar, escuchar, reexaminar, releer)	Quiero que (tú) digas la información.
2. ¿A quién prefieres que llame? (invitar, buscar, ver, conocer, persuadir, traer, ayudar)	Prefiero que llames a...
3. ¿Qué esperas que te dé el (la) profesor(a)? (enseñar, prestar, explicar, regalar, traer, devolver, pedir)	Espero que (él/ella) me dé...

Esta vez pregúntele a otro(a) estudiante *qué quiere (prefiere...)* que Ud. y su compañero(a) hagan según la **Actividad 9.20.** Cambien *yo* por *nosotros,* y *tú* por *ustedes.*

MODELO • • • • ► ¿Qué quieres que (nosotros) digamos?
Quiero que (ustedes) digan un chiste.

9.21 Su compañero(a) hace no menos de ocho comentarios acerca de sí mismo(a) *(himself/herself)*. Ud. debe reaccionar con la expresión más apropiada a continuación.

MODELO • • • • ► COMPAÑERO(A):   Tengo un carro nuevo.
UD.:   Me alegro mucho de que tengas un carro nuevo.
(I'm very glad (that) you have a new car.)

expresiones:

Me alegro (mucho) de que...	Espero que...	Es lástima que...
Siento (mucho) que...	Temo que...	Es mejor que...

Estructura

III. El subjuntivo con expresiones de duda y negación

To express doubt or denial

A. Besides expressing requests and feelings, the subjunctive also conveys *doubt* or *uncertainty* about an action or situation.

Dudan que Paula se vaya.   *They doubt (that) Paula will leave.*

Dudo que seas irrazonable.

As expressions of certainty, **no dudar, creer, estar seguro(a),** and **es verdad (cierto)** are followed by the indicative—not the subjunctive.

No dudo (Creo) que ella se queda.   *I don't doubt (I believe) she'll stay.*

As expressions of uncertainty, **es (im)posible** and **es (im)probable** take the subjunctive in both the affirmative and negative.

¿Es posible que pases las vacaciones en el Caribe?
No es posible que las pase allí.

Is it possible (that) you'll spend your vacation in the Caribbean?
It's not possible (that) I'll spend them there.

B. Similarly, speakers use the subjunctive to indicate *denial* or *disbelief* about an action.

No es verdad que Virginia se vaya.
No creo que ellos comprendan bien los problemas.

It's not true that Virginia is leaving.
I don't believe (that) they understand the problems well.

¿Creer que...? may take the either the indicative or subjunctive, depending on the speaker's desire to express certainty or doubt.

¡OJO!

¿Crees que ellos se preocupan?   *Do you think they'll worry? (I certainly do.)*
¿Crees que ellos se preocupen?   *Do you think they might worry? (I doubt it.)*

9.22 Ud. desea saber qué opinión tiene su compañero(a) de varias personas. Su compañero(a) parece ser muy indeciso(a) porque por un lado *(on the one hand)* le contesta positivamente y por otro *(on the other hand)* negativamente. Refiéranse a las siguientes personas para hacer y contestar las preguntas.

MODELO • • • ►   UD.:   ¿Crees que Linda sea puntual?
                      COMPAÑERO(A):   Por un lado creo que es puntual pero por otro no creo que sea puntual.

1. Gabriel / indeciso
2. Yolanda / amable
3. René / jovial
4. los Losada / responsables
5. tus amigos / muy serios
6. el (la) profesor(a) / muy estricto(a)

7. yo / razonable
8. ellas / simpáticas
9. nosotros / justos
10. mi amiga y yo / impacientes
11. la gente / generosa
12. ¿...?

9.23 Ud. está sentado en una plaza con otros amigos y quiere compartir sus observaciones. Ud. duda o no cree algunas *(some)* cosas. Complete con la forma correcta del indicativo o el subjuntivo según el contexto.

1. Dudo que esos señores _____ (estar) aburridos.
2. Creo que ellos _____ (hacer) varias preguntas.
3. Es posible que esa señora _____ (necesitar) ayuda.
4. Estoy seguro de que ese joven _____ (saber) jugar al fútbol.
5. No creo que nosotros _____ (traer) suficiente dinero.
6. Es dudoso que el vendedor _____ (irse).
7. ¿Crees tú que los otros turistas _____ (conocer) todas las iglesias? Yo lo dudo.
8. Miguelito, es imposible que tú _____ (ver) todo en un día.
9. Es verdad que los niños _____ (divertirse) mucho.
10. No es cierto que _____ (haber) mucha gente.

9.24 Formen grupos de tres estudiantes. El primero les hace las preguntas a Uds.; el segundo escribe sus respuestas; y luego el tercero le presenta a la clase el consenso *(consensus)* del grupo, empezando con la frase: (No) Creemos que...

1. ¿Creen Uds. que es bueno tener materias electivas? ¿Y requisitos *(requirements)*? ¿Cuáles deben ser los requisitos?
2. ¿Prefieren Uds. que la asistencia a clase sea obligatoria o no? ¿Por qué?
3. ¿Qué exámenes temen Uds. que sean más difíciles, los de español o los de matemáticas? ¿Los de biología o los de historia?
4. ¿Es mejor que las universidades preparen a individuos cultos *(learned individuals)* o a especialistas? Incluyan Uds. dos o tres razones o ejemplos.
5. ¿Es verdad que las universidades dan mucho énfasis a la vida social? ¿A los deportes? ¿A los exámenes? Mencionen Uds. ejemplos específicos.

9.25 Prepare una lista de cinco cosas que Ud. cree que van a pasar en los próximos diez años y cinco cosas que no cree o duda que pasen. Luego compare la lista con su compañero(a). ¿Quién es el (la) más optimista?

MODELO ••••► Creo que voy a tener un buen trabajo.
Dudo que haya menos computadoras.

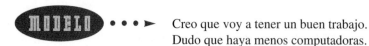

Vamos a leer

Marco Denevi nació en Buenos Aires, Argentina. Tuvo título de abogado, pero su gran interés era escribir ficción. Recibió honores por sus dramas, novelas y cuentos. En el siguiente cuento Denevi ve la vida de una manera satírica y humorística.

En el cuento, un matrimonio de Buenos Aires empieza a viajar excesivamente. Note la exageración —el humor— que usa el autor. ¿Cómo afecta el viajar tanto a los Ponzevoy?

9.26 Antes de leer el cuento, busque Ud. los sinónimos de los siguientes verbos.

1. mezclar *(to mix)* _____ a. viajar
2. cargar *(to carry)* _____ b. ocurrir
3. recorrer *(to travel)* _____ c. llevar
4. comenzar (ie) *(to begin)* _____ d. enseñar
5. utilizar *(to utilize)* _____ e. usar
6. acordarse (ue) de *(to remember)* _____ f. empezar
7. suceder *(to happen)* _____ g. recordar
8. mostrar (ue) *(to show)* _____ h. combinar

Los viajeros

Marco Denevi (1922–1999); Adaptación

The Travelers

El matrimonio Ponzevoy, gente encantadora, tiene la manía de viajar. Empezaron sus viajes cuando eran jóvenes. Entonces hacían excursiones en automóvil por los alrededores° de la ciudad. Visitaban pueblecitos, los balnearios° de la costa del río. Regresaban a casa llenos de frutas, de pescados, en tales° condiciones que la mayor parte de las frutas iban a la basura.°

surroundings
spas
such
garbage

Después hicieron viajes al interior del país. Utilizaban el servicio de autobús y llevaban unos maletines.° Al regresar, hablaban entusiásticamente de iglesias, de cementerios, de museos. Abrían las maletas y aparecían° dulces, comidas, ponchos, tarjetas postales, y lo que ellos llamaban *souvenirs*.

small suitcases
appeared

Más tarde recorrieron el continente. Ya tenían una cámara y al regresar nos mostraban tantas fotografías que era imposible verlas todas. También nos mostraban los *souvenirs*. (Pero nunca nos trajeron un modesto regalito.) Creo que fue por esa época° cuando comenzaron las disputas sobre fechas y lugares. El señor Ponzevoy decía, por ejemplo:

time period

—¿Te acuerdas,° en la Isla Verde, de aquellas ruinas?

Te... Do you remember

—No era en Isla Verde —le respondía su mujer— sino en Puerto Esmeralda.

Discutían y discutían. Yo, harto de° esas escenas, una vez les pregunté:

harto... fed up with

—¿Por qué no llevan un diario de viaje?

Me contestaron de mal modo:°

de... in a bad way

—¡Qué disparate!° No hay tiempo para escribir.

¡Qué... What nonsense!

Si alguien les preguntaba:

—¿Y la gente? ¿Cómo es la gente allí? ¿Es hermosa, es fea? ¿Es amable? ¿Qué piensa? ¿Cómo vive?

El matrimonio ponía mala cara.

—La gente es la misma en todas partes —y añadían, sonriendo:°

añadían... they added, smiling

—En cambio, qué edificios.° Trescientas cincuenta y cuatro iglesias, cinco museos, y...

buildings

Con el tiempo la casa de los Ponzevoy estaba llena de objetos de toda clase y tuvieron que deshacerse de° los muebles.

deshacerse... to get rid of

El matrimonio fue a Europa en avión. Ya no cargaban maletas sino baúles° de madera. Regresaron con montañas de *souvenirs* y por esa razón se mudaron a una casa más grande, pues ahora los *souvenirs* incluían relojes, cuadros, alfombras, espejos, estatuas de tamaño° natural, un trozo° de columna del Partenón...

trunks

size / piece

Los viajes sucedieron uno tras otro° y por esa causa el matrimonio no pudo tener hijos ni asistir al entierro° de su familia. Iban a Europa, a Asia y a África. Pasaban en casa apenas° una semana —tres días para los *souvenirs* y el resto para hacer planes para la próxima expedición a lugares cada vez más lejanos,° más exóticos. Las discusiones sobre las fechas y lugares eran más y más violentas.

uno... one after the other
burial
a... barely
far away

Además mezclaban los idiomas.°

languages

—*I think* —decían *quello cimitero*° estaba en *les environs*° del *Gemeinderat*.°

quello... that cemetary Italian / les... outskirts (French) / city council (German) / no... we didn't recognize

Cuando nos veían no nos reconocían.°

—¿Quién es usted? —preguntaban—. ¿Dónde lo vi? ¿En Tarcoola Goldfield o en Axixá?

Como siempre están viajando, no se cambian la ropa y la llevan sucia y arrugada.° En su casa no cabe un alfiler.° Hay por todas partes baúles sin abrir, llenos de recuerdos de viaje.

no... wrinkled
there's no room for a pin

Hoy día el matrimonio Ponzevoy está gravemente confundido.° Cuando llegan a Buenos Aires de vuelta de° Big Stone City o de Mukauuar, preguntan:

confused de...
de... returning from

—¿Cuál es el nombre de *cette ville?*° Es muy hermosa. ¿Dónde están sus iglesias, sus *museums*, sus *cimiteri?*

cette... this city (French)

to guide them / shout

Es necesario guiarlos° hasta su casa. Al entrar gritan:°
—*¡Wonderful... !* ¡Cuántos *souvenirs!* ¡Los vamos a comprar!

Han... They've forgotten

Han olvidado° quiénes son. El otro día los vi.
—Señora Ponzevoy, señor Ponzevoy.
La mujer no me respondió y miró al marido.
—¿Ponzevoy?

Ya... Don't you remember now? (sou-
viens pas—French) / village
Yes? (German)
Mio... My dear (Italian)
bitterly

—¿Ya no te *souviens pas?*° Una isla del Caribe.
—*You are wrong,* como siempre. Una aldea° del Kurdistán.
—Estuvimos allí en 1958. *¿Ja?*°
—*Mio caro,*° en 1965.
Me fui, y ellos se quedaron discutiendo agriamente.°

9.27 Las siguientes frases no están en orden cronológico según el cuento. Póngalas en orden.

1. Más tarde recorrieron el continente.
2. Además mezclaban los idiomas.
3. Empezaron a hacer excursiones en automóvil.
4. Han olvidado quiénes son.
5. Después hicieron viajes al interior del país.
6. Comenzaron las disputas sobre fechas y lugares.
7. Regresaron con una montaña de *souvenirs.*
8. En su casa ya no cabe un alfiler.

9.28 Escriba un resumen interpretativo del cuento. Incluya las respuestas a estas preguntas en su resumen. Después comparta sus respuestas con dos compañeros. Decidan Uds. quién de los tres tiene la mejor respuesta para cada pregunta; en particular, la parte de interpretación.

el problema

1. ¿Cuándo empezaron a hacer viajes los Ponzevoy?
2. ¿Adónde hacían excursiones en automóvil?
3. ¿Adónde iban muchas de las frutas y pescados que compraban?
4. ¿De qué hablaban entusiásticamente?
5. ¿Qué compraban en los viajes al interior del país?

las complicaciones

6. ¿Sobre qué fueron las primeras disputas?
7. ¿Por qué no llevan los Ponzevoy un diario?
8. Según ellos, ¿cómo era la gente de los diferentes países?
9. ¿Qué les interesaban a ellos más—los edificios o las personas?
10. ¿Por qué tuvieron que deshacerse de los muebles?
11. ¿Qué *souvenirs* trajeron de Europa?
12. ¿Cuánto tiempo pasaban ellos en casa? ¿Cómo dividían esos días?
13. ¿Qué idiomas mezclaban ellos?
14. ¿Reconocían ellos al narrador?

el desenlace

15. ¿Qué indicaciones había de que los Ponzevoy no recordaban donde vivían?
16. ¿Qué han olvidado (olvidaron) ellos?
17. Al fin del cuento, ¿cómo se quedan los dos?

la interpretación

18. ¿Cómo exagera el escritor las acciones de los dos protagonistas? Dé cinco ejemplos por lo menos *(at least)*.
19. ¿Cuál es la nota trágica del cuento?
20. ¿Cómo cree Ud. que sea (o no sea) un turista prudente o moderado?

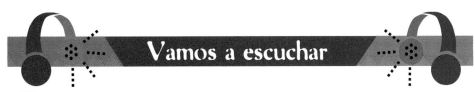

9.29 Listen as Manuel Ramírez talks with a male receptionist about his bill. Remember, you do not need to know every single word to get the gist of the conversation. Rely on context and surrounding words. Afterwards, answer the questions.

1. Manuel cree que la cuenta _____.
   a. está bien, pero un poco cara
   b. tiene errores o no es de él
   c. es difícil de leer y comprender
2. Manuel durmió en el hotel _____.
   a. dos noches
   b. cuatro noches
   c. cinco noches
3. Manuel duda que las llamadas _____.
   a. sean de larga distancia
   b. sean de él
   c. sean locales
4. Manuel sí quiere que el recepcionista _____.
   a. prepare otra cuenta
   b. ponga la cuenta en su tarjeta de crédito
   c. revise bien la cuenta
5. El problema con la cuenta es que _____.
   a. se quedaron dos Manuel Ramírez en el hotel
   b. Manuel no recuerda bien los precios y el cambio de dinero
   c. el hotel no acepta la tarjeta de crédito de Manuel
6. El señor Ramírez-Toledo se quedó en la habitación _____.
   a. trescientos cinco
   b. veinticinco
   c. quinientos quince
7. La persona que tenía razón era _____.
   a. el recepcionista
   b. el director
   c. Manuel
8. Manuel espera que _____.
   a. el hotel le dé un descuento
   b. todo salga bien
   c. no haya otro Sr. Ramírez en el hotel

Vamos a hablar

9.30 Two of your classmates were absent a couple of days from class. Tell them what they need to do, using the commands forms for **Uds.** Refer to the information below.

MODELO • • • ► estudiar las páginas... ¡Estudien (Uds.) las páginas...!

leer las páginas	repasar el vocabulario en la página...
escribir el resumen para...	empezar a estudiar las estructuras...
hacer las actividades...	no olvidar la composición
escuchar el CD para la lección...	no irse temprano de clase
traer el manual de español	no preocuparse mucho por el examencito
entregar *(to hand in)* la tarea	¿el diálogo? decírselo al profesor (a la profesora)

9.31 Your classmate is planning to travel to Mexico City and calls ahead for hotel reservations. You (the receptionist) need to ask for the traveler's name, address, credit card information, and length of stay. In turn, the traveler tells you what kind of room he/she wants you to reserve and what type of bed he/she prefers to have. In addition, the traveler wants someone to take him/her from the airport to the hotel. (Vocabulary: **vencerse** *[to expire]*, **llevar** *[to take]*)

9.32 Your friend (your classmate) is thinking of marrying a good, honest person. He/She asks you for advice. However, that person's parents want the new couple to live with them. You have some doubts and do not believe that would be for the best. Share these concerns with your classmate.

Vamos a escribir

9.33 Describa, con humor, las características y las acciones de una persona poco prudente o moderada. Escriba no menos de quince frases y piense en: los deportes, la ropa, los autos, el trabajo...

Ahora incluya no menos de ocho recomendaciones (comentarios) para la persona que Ud. describió. Use estas y otras expresiones para empezar cada recomendación:

Quiero que (él, ella)...   (No) creo que...
Recomiendo que...   Es posible que...

http://www.harcourtcollege.com/spanish/saludosrecuerdos

Vamos a explorar el ciberespacio

HOTELS

There is a wide variety of hotels in Spain. Find some sites that represent hotel chains in Spain and see how easy it is to navigate the site(s).

The World Wide Web offers many fascinating sites throughout the Spanish-speaking world dealing with the cultural topics in this lesson. Take a virtual field trip. Go to http://www.harcourtcollege.com/spanish/saludosrecuerdos to discover more.

EN VIVO – CULTURA

Before viewing the cultural video segment for this lesson, please study the following **Vocabulario** and **Preparación** sections. Then view the video (several times if necessary) and answer the questions or do the activities in the **Comprensión** section.

Vocabulario

Video *vocabularios* are simply for recognition purposes to help you more fully understand the segments. You are not expected to produce the vocabulary shown here.

albergar	*to shelter*	el museo	*museum*
la avenida	*avenue*	la ola	*wave*
bellas artes	*fine arts*	el parque	*park*
la calle	*street*	el pasado	*past*
el colorido	*color*	la plata	*silver*
conocido	*known*	el puerto	*port*
europeo	*European*	el resultado	*result*
la fama	*fame*	el río	*river*
el, la habitante	*inhabitant*	el ritmo	*rhythm*
han sido	*have been*	seguro	*secure (safe)*
hoy por hoy	*today*	situado	*situated*
llamado	*called*	sobre	*on*
lleno	*full*	el teatro	*theater*
mundial	*world(wide)*	el tesoro	*treasure*

Preparación

Guess the meaning of the following words. While watching the video, circle each one as you hear it.

artistas   italiano
combina   monumentos
cosmopolita   nacional
culturales   presente
futuro   próspero
inmigración   tango
inspiración   tradición

Comprensión

A. Select the word or phrase that best completes each sentence, according to what you understood.

1. Buenos Aires es (el puerto, la iglesia) principal de Argentine.
2. A los habitantes de Buenos Aires se les llama (italianos, porteños).
3. El barrio La Boca es famoso por sus (casas, calles) llenas de colorido y tradición italiana.
4. Buenos Aires se llama «el (París, Madrid) de Sudamérica».
5. Buenos Aires (construye, combina) un futuro próspero y seguro.

B. Read the following statements. After watching the video, circle C (Cierto) or F (Falso), according to what you understood.

C F 1. Buenos Aires está situada sobre el río Orinoco.
C F 2. Las calles y los barrios de Buenos Aires están llenos de historia.
C F 3. Los porteños son el resultado de muchas olas de inmigración latinoamericana.
C F 4. Jorge Luis Borges es escritor.
C F 5. La Calle Caminito es un tesoro cultural.

SELF-TEST

How well have you mastered this lesson? To find out, take the self test found on the Saludos Web site at http://www.harcourtcollege.com/spanish/saludosrecuerdos.

Las diversiones

Comunicación
- Tell what will happen
- Express conjecture
- Talk about contingent actions
- Indicate destination, intention, and cause

Estructuras
- Future tense
- Present subjunctive following adverbial conjunctions
- Some expressions with **para** and **por**
- Objects of prepositions

Cultura
- Movies
- Spain, cultural mosaic

Conexiones
- *Vamos a leer*
  Interpreting recommendations
  «Las obras maestras»
- *Vamos a escuchar*
  Interpreting advice
- *Vamos a hablar*
  Describing probability; brainstorming
- *Vamos a escribir*
  Presenting problems and solutions
- *Vamos a explorar el ciberespacio*
  Entertainment

Visit the *¡Saludos!* World Wide Web site:
http://www.harcourtcollege.com/spanish/saludosrecuerdos

The *¡Saludos!* CD-ROM offers additional language practice and cultural information.

¡Adelante!

Maritza y René de la Cruz, un joven matrimonio de Madrid, hacen planes para el fin de semana.

¿Qué... How about . . .?	**MARITZA:** ¿Qué tal° si vamos al cine este fin de semana?
OK (Spain) / Con... Provided that it's / film / lo... what they're showing	**RENÉ:** ¡Vale!° Con tal que sea° una película° cómica y no trágica. Aquí tienes el periódico para que veas lo que ponen.°
showing	**MARITZA:** A ver... a ver... el sábado ponen una comedia nueva a las ocho y a las diez de la noche. ¿Qué función° prefieres?
podremos... we'll be able to dine	**RENÉ:** Bueno, ¿por qué no vamos a la de las ocho. Así, cuando salgamos del cine, podremos cenar.° ¿Qué te parece?
	MARITZA: De acuerdo. Y... ¿quieres invitar a Sofi y a Marcos?
a... unless / commitment	**RENÉ:** Sí,... a menos que° ellos ya tengan otro compromiso.°
tell them / nos... we'll see each other at the box office	**MARITZA:** Entonces debes llamarlos y, si van, diles° que nos veremos en la taquilla° media hora antes.
Por... At least	**RENÉ:** Por lo menos.° Tú sabes que Sofi casi siempre llega tarde.
	MARITZA: ¡Bah! No sólo Sofi sino Marcos también.
	RENÉ: Bueno... bueno. Todo depende...

Un cine en Caracas, Venezuela.

Actividades

10.1 Indique en qué orden Ud. y su compañero(a) van a hacer estas actividades cuando van al cine.

1. _____ a. Vamos a llegar temprano a la taquilla para comprar las entradas *(tickets)*.
2. _____ b. Cuando termine la película, pensamos cenar en un restaurante.
3. _____ c. Vamos a llamar a nuestro amigos para que vayan con nosotros.
4. _____ d. Vamos a consultar el periódico antes de escoger la película.
5. _____ e. Vamos a comprar palomitas *(popcorn)* y refrescos antes de que empiece la película.

10.2 Invite Ud. a su compañero(a) al cine u *(or)* otro evento. Incluya la cena también. El problema es que él (ella) tiene otro compromiso ese día. Cambie el otro día o evento.

CULTURA

El cine

Aunque° la televisión y los deportes son muy populares, a los hispanos todavía les gusta mucho ir al cine especialmente los fines de semana. Las películas extranjeras están dobladas° o tienen subtítulos en español. Varios actores y técnicos hispanos contribuyen significativamente a las producciones de Hollywood y Broadway. Se destacan:°

- Anthony Quinn (México) actor con más de 200 películas.
- José Ferrer (Puerto Rico) actor y director. Fue el primer hispano en ganar° el Óscar. También ganó el Tony.
- Rita Moreno (Puerto Rico) bailarina y actriz. Ganó el Óscar, el Grammy y el Tony.

El cine hispano tiene una larga y dinámica tradición. En particular, México, Argentina y España producen films

Although

dubbed

se... Standing out

to win

Continued

CULTURA

El cine *cont'd*

Antonio Banderas.

verdaderamente extraordinarias. En las décadas de los veinte y treinta el gran director español Luis Buñuel produjo° impresionantes películas surrealistas. Hoy día otro director español, Pedro Almodóvar, produce unos incomparables filmes anticonvencionales. Sus películas revelan humorísticamente la sociedad con todas sus extravagancias y perversiones. A continuación leerán una breve biografía de un muy conocido actor que Almodóvar descubrió.

produced

Con una impresionante lista de películas, Antonio Banderas se está convirtiendo en el nuevo *Latin Lover* de Hollywood. Nació en Málaga, España. De joven actuaba en el teatro donde el célebre director Almodóvar lo descubrió y le ofreció diferentes papeles en sus películas. En 1989 Banderas se mudó a Hollywood. Entonces sabía poco inglés y aprendía sus líneas fonéticamente. Actuó en varias películas de renombre:° *Philadelphia* con Tom Hanks y acompañó a la popular cantante Madonna en *Evita*. Otras obras: *The House of the Spirits, Desperado* y *The Mask of Zorro*.

renown

Expand your cultural understanding. Visit the *¡Saludos! / ¡Recuerdos!* World Wide Web site
http://www.harcourtcollege.com/spanish/saludosrecuerdos

10.3 Indique Ud. cierto o falso. Después convierta las frases falsas en ciertas.

1. Los hispanos van poco al cine.
2. Anthony Quinn se destaca como técnico y director.
3. Rita Moreno y José Ferrer ganaron el Oscar.
4. El cine hispano tiene una breve historia.
5. Luis Buñuel era un famoso actor.
6. Almodóvar produce películas anticonvencionales.
7. Antonio Banderas nació en Argentina.
8. Banderas actuó con Tom Hanks en la película *Evita*.

Sustantivos

el actor	*actor*	la época	*period, era*
la actriz	*actress*	la función	*showing*
el compromiso	*commitment, engagement*	el, la guía	*guide*
		el músico	*musician*
el consejo	*advice*	la obra maestra	*masterpiece*
el cuadro	*picture, painting*	la película	*film*
la despedida	*farewell*	el (la) pintor(a)	*painter*
de soltera	*wedding shower*	el siglo	*century*
de soltero	*bachelor party*	la taquilla	*box office*
las entradas	*tickets (for shows)*	el tema	*theme*

Adjetivos

digno(a)	*worthy, dignified*	(in)comprensible	*(in)comprehensible*
educativo(a)	*educational*	inflado(a)	*inflated*
excesivo(a)	*excessive*	redondo(a)	*round*

Verbos

actuar (actúo)	*to act*	distinguir	*to distinguish*
animar(se)	*to enliven (to cheer up)*	encontrar (ue)	*to find*
		escoger (escojo)	*to choose, to pick*
atacar	*to attack*	esforzarse (ue)	*to try hard*
casarse (con)	*to get married (to)*	existir	*to exist*
componer (compongo)	*to compose*	mejorar	*to improve*
		pintar	*to paint*
contar (ue)	*to tell (a story); to count*	probar (ue)	*to taste; to sample*
crear	*to create*	producir (produzco)	*to produce*
destacar	*to highlight, stand out*	reflejar	*to reflect*

Expresiones

antes (de) que	*before*
aunque	*although, even though*
con tal (de) que	*provided that*

conmigo	*with me*
contigo	*with you (fam.)*
cuando	*when, whenever*
desde	*from, since (a certain time)*
en cambio	*on the other hand*
entre	*between, among*
hasta que	*until*
para	*for, in order to*
para que	*so that, in order that*
por	*along, by, for*
por Dios	*for Heaven's sake*
por eso	*that's why*
por fin	*finally*
por supuesto	*of course*
prestar atención	*to pay attention*
¿Qué tal?	*How about?; How are things?*
sin que	*without*
tan pronto como	*as soon as*
u	*or (before words beginning with o sound)*

EN VIVO – VIÑETA

Before viewing the video vignette segment for this lesson, please study the following **Vocabulario** and **Preparación** sections. Then view the video (several times if necessary) and answer the questions or do the activities in the **Comprensión** section.

Vocabulario

Video *vocabularios* are simply for recognition purposes to help you more fully understand the segments. You are not expected to produce the vocabulary shown here.

beneficios sociales	*benefits*	la naturaleza	*nature*
bombero	*fireman*	ofrecer	*to offer*
contribuir	*to contribute*	pagar	*to pay*
de niño	*as a child*	parado	*stopped*
detallado	*detailed*	pocos	*few*
diseñar	*to design*	precioso	*beautiful*
la empresa	*company*	primero	*first*
felicitar	*to congratulate*	proteger	*to protect*
la franqueza	*frankness*	el puesto	*job*
el, la gerente	*manager*	la solicitud	*application*
hablemos	*let's talk*	soñar con	*to dream of*
lo que	*what*	tener suerte	*to be lucky*
el medio ambiente	*environment*	la venta	*sale*
muchísimo	*a lot*	una vez	*once*

Preparación

Guess the meaning of the following words. While watching the video, circle each one as you hear it.

administrativo	interesante
asistente	productos
competitivo	programación
descripción	programas
destrucción	salario
experiencia	sincero
fenomenal	visita
inteligencia	voluntario

Comprensión

A. Read the following statements and circle C (Cierto) or F (Falso), according to what you understood.

C F **1.** La señora Muñoz es asistente administrativa.
C F **2.** Es la primera vez que Diego visita San José.
C F **3.** A Diego le interesa el medio ambiente.
C F **4.** El verano pasado Diego trabajó para una empresa de informática.

B. Answer the following questions, according to what you understood.

1. ¿Quién es María Muñoz?
2. ¿Por qué ella llega tarde a la entrevista?
3. ¿Por qué Diego soñaba de niño con ser bombero?
4. ¿Qué diseñó Diego en la universidad?

 **I. El futuro**

To talk about what will or won't happen

A. Up to now you have relied on the simple present and the expression **ir a** + *infinitive* to express future actions.

Descanso luego.	*I'll rest later.*
Voy a descansar luego.	*I'm going to rest later.*

The future *(will, won't)* is formed by taking the entire infinitive and adding one set of endings to all verbs: **-é, -ás, -á, -emos, -éis, -án.** All the endings have an accent mark except for the **nosotros(as)** form.

descansar			
yo	descansar**é**	*(I will, shall rest)*	nosotros(as)	descansar**emos**
tú	descansar**ás**		vosotros(as)	descansar**éis**
Ud., él, ella	descansar**á**		Uds, ellos, ellas	descansar**án**

¿Verás a Rosita este fin de semana?	*Will you see Rosita this weekend?*
No, no la veré	*No, I won't see her.*

10.4 A continuación escoja Ud. y diga no menos de diez actividades que va a hacer este fin de semana.

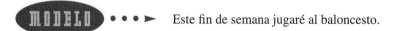   Este fin de semana jugaré al baloncesto.

ver la tele	practicar deportes
ir de compras	visitar a la familia
leer un libro	asistir a un partido de...
dar un paseo	limpiar la casa
cocinar un poco	cenar en un restaurante
usar la computadora	trabajar en...
llamar por teléfono a...	reunirse con los amigos
divertirse en una fiesta	quedarse en casa
levantarse tarde	¿...?

Ahora pregúntele a su compañero(a) si él (ella) va a hacer las actividades que Ud. escogió.

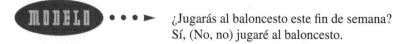   ¿Jugarás al baloncesto este fin de semana?
Sí, (No, no) jugaré al baloncesto.

Finalmente Ud. y su compañero(a) digan qué actividades similares van a hacer.

   Jugaremos al baloncesto.

B. A few verbs have an irregular stem in the future.

1. The following verbs replace the **-e-** or **-i-** of the infinitive with **-d-.**

tener:	tendré, tendrás, tendrá, tendremos, tendréis, tendrán
poner:	pondré, pondrás, pondrá, pondremos, pondréis, pondrán
salir:	saldré, saldrás, saldrá, saldremos, saldréis, saldrán
venir:	vendré, vendrás, vendrá, vendremos, vendréis, vendrán

2. These verbs drop the **-e-** of the infinitive.

poder:	podré, podrás, podrá, podremos, podréis, podrán
saber:	sabré, sabrás, sabrá, sabremos, sabréis, sabrán
querer:	querré, querrás, querrá, querremos, querréis, querrán

3. Decir and **hacer** have the stems **dir-** and **har-**.

diré, dirás, dirá, diremos, diréis, dirán
haré, harás, hará, haremos, haréis, harán

4. The future of **hay** is **habrá** *(there will be)*.

C. Spanish also uses the future tense to express probability or to make a guess in the present. English resorts to expressions such as *probably, I wonder,* and *must.*

¿Dónde estará Rosa?	*I wonder where Rosa is? (Where can Rosa be?)*
Estará ahora en el trabajo.	*She's probably at work now. (She must be at work now.)*
¿Qué hora será?	*I wonder what time it is?*
Serán las tres más o menos.	*It's probably about three o'clock.*

10.5 La familia de Maritza, que vive en diferentes ciudades, piensa tener una gran reunión este verano. Indique qué hará cada persona.

 • • • ▶   *Vendremos* en avión.
ellos / en tren → Vendrán en tren.

1. *Saldremos* a tiempo.
  tía Lola / el fin de semana
  los abuelos / después
  yo / el sábado
  tú / antes
  nosotros / el viernes por la tarde

2. *Tendré* que llevar la cámara.
  los primos / traer los refrescos
  nosotros / preparar la comida
  tú / hacer los postres
  mamá / preocuparse por los juegos
  yo / sacar las fotos

3. Tú *podrás* conocer a todos tus primos.
  yo / dar un paseo con mis sobrinos
  papá / jugar al dominó
  los jóvenes / tocar música
  tú / reunirse con tus tíos
  nosotros / divertirse mucho

4. Pepe Luis *dirá* unos chistes.
yo / unos cuentos
abuela / la historia de la familia
nosotros / cómo va el trabajo
tú / lo que haces hoy día
los tíos / todos sus problemas

10.6 Imagínese que su mejor amigo(a) va a casarse *(to get married)* y Ud. quiere darle una despedida de soltero(a) *(bachelor's party, wedding shower)*. Pregúntele a su compañero(a) qué cosas debe hacer Ud.

MODELO ▸ a quiénes / invitar
UD.: ¿A quiénes invitaré?
COMPAÑERO(A): Invitarás a los compañeros de trabajo, ¿no?
UD.: Sí, creo que los invitaré.

1. a quiénes les / mandar invitaciones
2. qué les / dar de comer a los invitados
3. qué les / servir de tomar
4. qué le / regalar a mi amigo(a)
5. cuándo / hacer la despedida
6. dónde / tener la despedida
7. a qué / jugar con los invitados
8. qué clase de música / tocar

10.7 Haga una lista de las cosas que las personas en el dibujo probablemente están haciendo ahora. Use el futuro de probabilidad. Luego compare su lista con [la de] su compañero(a). ¿Quién tendrá la lista más completa?

MODELO ▸ David leerá el libro. *David probably reads the book.)*
No prestará atención *(He must not be paying attention.)*

10.8 Dígale a su compañero(a) ocho cosas o actividades que Ud. hará después de graduarse. Mencione qué clase de trabajo tendrá, dónde vivirá y cómo se divertirá.

Estructura   II. El subjuntivo con algunas expresiones adverbiales

To talk about contingent or uncertain actions

A. Spanish also uses the subjunctive after expressions that signal unfulfilled actions. These adverbial expressions depict contingent or uncertain, future actions and always take the subjunctive.

para que	*so that, in order that*	**sin que**	*without*
antes (de) que	*before*	**con tal que**	*provided (that)*
a menos que	*unless*		

Te daré el dinero para que compres algo.	*I'll give you the money so that you'll buy something.*
Los acompañaré con tal que regresemos temprano.	*I'll accompany you provided we return early.*

B. Without **que**—**para, antes de,** and **sin**—become prepositions and take the infinitive and not the subjunctive. This often happens when there is no change of subject in the sentence.

	Lo haré sin decirles nada.	*I'll do it without telling them anything.*
but:	(Yo) lo haré sin que (ellos) me lo digan.	*I'll do it without their telling me so.*

	Queremos ver a Paula antes de irnos.	*We want to see Paula before we leave.*
but:	Queremos ver a Paula antes de que ella se vaya.	*We want to see Paula before she leaves.*

10.9 Unos amigos invitan a Marisol a un café. Ella quiere ir, pero tiene unos compromisos. ¿Qué les debe decir ella a sus amigos? Use las expresiones indicadas para completar la frase.

   ¡Estupendo, con tal que (yo)...!

terminar el trabajo	regresar temprano	no tener otro compromiso
no estar muy ocupada	traer a mi hermano	no necesitar estudiar
pagar la cuenta	animarse un poco *(to cheer up)*	no quedarse mucho tiempo
sentirse mejor		

10.10 Dolores no sabe qué hacer con su hijo Angelito. Ella le pide consejos a su tía. Use las expresiones indicadas para completar las preguntas.

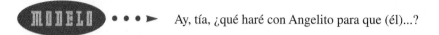

MODELO • • • ▶   Ay, tía, ¿qué haré con Angelito para que (él)...?

buscar trabajo   limpiar su cuarto
ser más responsable   no tocar música todo el día
asistir a las clases   no gastar todo el dinero
no dormir tanto   casarse pronto
                             ¿...?

10.11 Imagínense que Uds. son entrenadores *(coaches)* y están interesados en un atleta hispanoamericano(a). Completen las siguientes frases. Pueden referirse a los verbos indicados y a otros que Uds. ya saben. ¿Qué actividades iguales escogerán Uds.?

1. Te pagaremos los estudios con tal que tú _____, _____ y
   _____.
   (estudiar, jugar, practicar, cooperar, esforzarse (ue) *[to try hard]*)
2. Te ayudaremos con el inglés para que tú _____, _____ y
   _____ bien.
   (aprender, comprender, escribir, tomar apuntes *[notes]*, sentirse)
3. Te presentaremos a los profesores antes de que tú _____,
   _____ y _____.
   (hacer tu plan de estudio, decidir tu especialización, matricularse, empezar las clases)
4. Podrás estudiar sin que nadie te _____ y _____.
   (interrumpir, pedir algo, distraer *[to distract]*, estorbar *[to bother]*)

B. Both the indicative or the subjunctive may occur with the adverbial expressions below. With the indicative the speaker refers to situations that already occurred or generally do occur. That is, the information is considered certain or factual. By contrast, with the subjunctive the speaker refers to future or uncertain situations.

cuando	*when, whenever*
hasta que	*until*
aunque	*although, even though*
tan pronto como	*as soon as*

Indicative (certain: nonfuture)

Por lo general, juego al golf cuando puedo.	*Generally, I play golf when I can.*
Jugaba al golf cuando podía.	*I used to play golf when I could.*

Siempre estudiamos hasta que cierran la biblioteca.

W*e always study until they close the library.*

Anoche estudiamos hasta que cerraron la biblioteca.

Last night we studied until they closed the library.

Subjunctive (uncertain: future)

Jugaré al golf cuando pueda.
Voy a jugar cuando pueda.

I'll play golf whenever I can.
I'm going to play whenever I can.

Trabajaremos hasta que cierren la biblioteca.
Vamos a trabajar hasta que cierren.

We'll study until they close the library.
We're going to study until they close.

Poema popular

Cuando tenía dinero me llamaban don* Tomás.
Ahora que no lo tengo me llaman Tomás no más *(only)*.

10.12 ¿Indicativo o subjuntivo? Decida Ud. si las siguientes actividades son futuras o habituales. Escoja entre las formas de los verbos indicados.

1. ver: veo, vi / vea
   a. Hablaré con Diego cuando yo lo _____.
   b. Voy a hablar con él cuando yo lo _____.
   c. Siempre hablo con él cuando lo _____.
   d. Hablé con él cuando lo _____.
2. regresar: regresa, regresó / regrese
   a. Van a quedarse hasta que ella _____.
   b. Se quedarán hasta que ella _____.
   c. Se quedaron hasta que ella _____.
   d. Por lo general se quedan hasta que ella _____.
3. ser: es, era / sea
   a. Vendremos a la reunión aunque *(may be)* _____ tarde.
   b. Vinimos a la reunión aunque _____ tarde.
   c. Pienso venir a la reunión aunque *(may be)* _____ tarde.
   d. Venimos a la reunión aunque ya sabemos que _____ tarde.
   e. ¡Vengan a la reunión aunque *(may be)* _____ tarde!

10.13 Su compañero(a) le pregunta cuándo hará las siguientes actividades con Raquel, una estudiante de intercambio. Conteste usando la información entre paréntesis.

   ¿Cuándo irás de compras con Raquel? (regresar de la universidad)
   Iré cuando (yo) regrese de la universidad.

1. ¿Cuándo invitarás a Raquel a un buen restaurante? (tener más dinero)
2. ¿Cuándo darás un paseo con ella? (lavar bien el carro)
3. ¿Cuándo la llevarás al cine? (estar menos ocupado)
4. ¿Cuándo le sacarás unas fotos a ella? (comprar una cámara nueva)
5. ¿Cuándo jugarás tenis con ella? (reparar las raquetas)
6. ¿Cuándo presentarás Raquel a tus otros amigos? (ir a la fiesta con ella)
7. ¿Cuándo le enseñarás los videos? (poder)
8. ¿Cuándo la invitarás al club deportivo? (¿...?)

10.14 Dígale a su compañero(a) qué hará Ud. después de terminar este semestre. Complete las siguientes frases con diferentes actividades.

1. Iré de compras cuando...
2. Dormiré hasta que...
3. Visitaré a mis amigos antes de que...
4. Llamaré a mis primos tan pronto como...
5. Me divertiré cuando...
6. Voy a leer un poco aunque...
7. Trabajaré con tal que...
8. Ayudaré con la casa para que...

Las diversiones

10.15 Maritza y René le escriben a su amigo Andrés en los Estados Unidos. En la carta le explican los planes que tienen para él cuando venga a Madrid. Complete Ud. la carta, escribiendo la forma correcta de los verbos entre paréntesis.

Primero de mayo

Querido Andrés,

Nos alegramos mucho de que tú 1. _____ (venir) a hacernos una visita otra vez. Con mucho gusto estaremos en el aeropuerto cuando 2. _____ (llegar: tú). Esperamos que 3. _____ (quedarse) con nosotros hasta que 4. _____ (empezar) tus excursiones por el resto de España. En casa tendrás tu cuarto aparte para que 5. _____ (poder) descansar bien.

Queremos llevarte a varias verbenas o festivales con tal que 6. _____ (tener) ganas de probar° las tapas. Recordamos cuando 7. _____ (estar) aquí la última vez no te 8. _____ (gustar) mucho los calamares.° Pero, sí sabemos que 9. _____ (divertirse) mucho conversando y bromeando° con nosotros.

Dudamos que 10. _____ (olvidar) todos los museos y parques que tú visitaste. En cambio,° será bueno que tú 11. _____ (regresar) al museo del Prado aunque seguramente ya 12. _____ (conocer) varias de sus obras principales.

Además, pensamos comprar entradas para los partidos de fútbol y las comedias antes de que se 13. _____ (vender) todas.

Si tienes planes para otras actividades, tan pronto como nos 14. (llamar) o 15. _____ (escribir), haremos todo lo posible por complacerte.° Adjunto° te mandamos el anuncio *Descubre Madrid* para que tú 16. _____ (ver) las distintas diversiones que hay en Madrid durante el verano.

Abrazos y hasta pronto,

Maritza y René

taste

squid

joking

En... On the other hand

por... to please, humor you / Enclosed

10.16 Lea Ud. el anuncio *Descubre Madrid* y observe las formas verbales de vosotros: Imaginaos = Imagínense Uds. / sabréis = sabrán Uds. Luego, imagínese Ud. que su compañero(a) piensa visitar Madrid. Explíquele con ejemplos lo que son: las verbenas, el cinesfal y las zarzuelas. ¿Cuáles de las diversiones en el anuncio existen en la ciudad de Ud.?

Descubre Madrid

evening at dusk
stands

Las verbenas y las fiestas: Imaginaos un atardecer° al aire libre, luces de colores, puestos° de refrescantes bebidas y sabrosas tapas, personas vestidas con el traje típico madrileño, música popular, actuaciones, bailes, ambiente cordial... y sabréis

summer (adj.)
assortment

lo que es una verbena y una fiesta típicamente estivales° y típicamente madrileñas. La capital ofrece un amplio surtido.° Entre otras:

- Las del Carmen — Del 11 al 16 de julio, tienen lugar en la popular zona de Chamberí y cuentan con numerosas actividades — deportes, teatro, conciertos y actuaciones.

extravaganza

- Las de la Paloma — Se inician hacia mediados de agosto y constituyen un derroche° de baile, música de organillo, "movida"...

summery

    Cinesfal: En el Parque del Retiro se encuentra La Chopera. Aquí podéis —al aire libre— pasar una buena tarde veraniega° viendo, por precio muy módico, películas nacionales y extranjeras.

    Zarzuelas: Genuinamente españolas, son obras dramáticas y musicales con partes habladas y otras cantadas. El verano nos ofrece las más típicas, representadas en La Corrala y otros teatros.

    Cosas: Fundación Ponce de León Lagasca, 16 — 28001 Madrid — Teléf. 435 65 00

CULTURA

El mosaico español

España es un mosaico de distintas culturas. Los iberos fueron unos de sus primeros habitantes y por eso la península se llama *Iberia.*° Los romanos aportaron° la base para la lengua, el sistema de justicia y la religión. Siglos después los moros (árabes del norte de África) contribuyeron con sus conocimientos en la arquitectura, el arte y las ciencias. Sin duda, España es un país diverso y dinámico, un verdadero mosaico de culturas.

Península Ibérica / contributed with

Expand your cultural understanding. Visit the *¡Saludos! / ¡Recuerdos!* World Wide Web site
http://www.harcourtcollege.com/spanish/saludosrecuerdos

Las diversiones

10.17 Ud. tiene que preparar una guía de viajeros para los turistas que irán a España. Combine las fotos que siguen con las descripciones.

Descripciones:

1. Es la catedral más grande de España. Es un magnífico ejemplo de la arquitectura mora *(Moorish)*.
2. Es una fabulosa residencia mora con bonitos jardines fragantes.
3. Es una calle principal con tiendas y bancos.
4. Es un excelente ejemplo de la arquitectura romana del siglo primero. Se usaba para traer agua a la ciudad.
5. Es un castillo en Segovia que empezaron a construir los moros en el siglo VIII.

a. Fuente La Cibeles y calle de Alcalá, Madrid.

b. El acueducto de Segovia.

c. La Giralda, torre de la catedral de Sevilla.

e. La Alhambra, Granada

d. El Alcázar (Castillo) de Segovia.

10.18 Ud. y su compañero(a) deben preparar una guía para turistas que piensan visitar el país de Uds. Escriban una breve nota sobre los colonizadores de su país y preparen una lista de lugares que Uds. quieren que los turistas hispanos conozcan. Incluyan una breve descripción para cada lugar. Luego comparen su trabajo con otros dos compañeros y decidan quiénes deben compartirlo con la clase.

 **III. Las preposiciones para y por**

To express destination, cause, and other relationships

Depending on context, the prepositions **para** and **por** can be translated as *for* in English. However, they cannot be interchanged in Spanish without affecting the meaning. Context generally clarifies the intended meaning.

A. **Para** is equivalent to *for* with these meanings:

1. destination, deadline, intended for

Salieron para el aeropuerto.	*They left for the airport.*
Lo necesitamos para el viernes.	*We need it for (by) Friday.*
¿Para quién es esto?	*Whom is this for?*

Compró el reloj **para** su mujer.

Compró el reloj **por** su mujer.

2. in order to

¿Estudias para (ser) enfermera?	*Are you studying (in order) to be a nurse?*
Usaré la tarjeta para pagar.	*I'll use the card (in order) to pay.*

3. in the employment of

Trabajan para un banco.	*They work for a bank.*

Le da el dinero **para** la entrada.

Le da el dinero **por** la entrada.

Las diversiones

Va **para** la plaza.

Dan un paseo **por** la plaza.

B. **Por** is equivalent to *for* with these meanings:

1. for, because of, in place of, for your sake

Lo haré por ti.   *I'll do it for (because of, in place of) you.*

2. in exchange for

Le di 500 pesos por el anillo.   *I gave her 500 pesos for the ring.*
Muchas gracias por los regalos.   *Thank you for the gifts.*

3. to go after

Voy por el periódico.   *I'm going for (after) the newspaper.*

Other meanings of **por:**

4. per, *by* (units of measure)

La velocidad máxima es 80 kilómetros por hora.   *The maximum speed is 80 kilometers per hour.*

Las frutas se venden por kilo.   *The fruits are sold by the kilo.*

5. during (in) the morning, afternoon, and so on

Hago ejercicios por las mañanas.   *I exercise in the mornings.*

6. in several expressions

por Dios	*for heaven's sake*	por fin	*finally*
por ejemplo	*for example*	¿por qué?	*why?*
por eso	*that's why, therefore*	por lo general	*generally*
por favor	*please*	por supuesto	*of course*

¡OJO!

Recuerden Uds. que *buscar, esperar* y *pedir* no llevan preposiciones:

No pido nada.   *I'm not asking for anything.*

10.19   Complete con *por, para* o nada, según sea necesario.

1. Trabajan _____ una compañía internacional.
2. Estoy nervioso _____ el examen.
3. Saldremos _____ España en junio.
4. Buscaba _____ otro lugar.
5. Las reservaciones son _____ el domingo.
6. Viviré con una familia hispana _____ conversar más en español.
7. Esperamos _____ la cuenta.
8. _____ favor, llámeme _____ teléfono.
9. El cambio está a ciento veinticinco pesetas _____ dólar.
10. Estas cartas son _____ Uds.
11. Voy _____ pan y leche.
12. Estoy cansada. ¿Puedes manejar _____ mí?

10.20   Pregúntele a su compañero(a).

1. ¿Estudias para cantante *(singer)*? ¿Para terapeuta *(therapist)*?
2. ¿Prefieres estudiar por las mañanas o por las noches?
3. ¿A cuántas millas (kilómetros) por hora manejas por el campo? ¿Por la ciudad?
4. ¿Cuántos dólares pagaste por tu carro? ¿Por tu reloj?
5. ¿Por dónde te gusta caminar? ¿Por dónde te gusta manejar?
6. ¿Para quién vas a comprar un regalo?
7. ¿Cuántas veces por semana vas al mercado?
8. ¿Vas al mercado por carne o pescado? ¿Por comida mexicana o italiana?
9. ¿Le dices «muchas gracias por su ayuda» a la profesora?
10. ¿Para cuándo piensas graduarte?

Estructura   IV. Los pronombres con preposiciones

To clarify or emphasize to whom you are referring

A. In previous lessons you have used the preposition **a + mí, ti, ella,** and so on to clarify or emphasize the indirect object. These prepositional pronouns are the same as the subject pronouns, except for **mí** and **ti.** Other prepositions used with these pronouns include: **de, para, por, en,** and **sin.**

Le dimos la dirección a ella.	*We gave her the address.*
No se la dimos a él.	*We didn't give it to him.*

El mensaje es para Uds.	*The message is for you.*

Pensaba en ti.	*I was thinking about you.*

B. After **con, mí** and **ti** become **conmigo** and **contigo.**

¿Vas conmigo o con ellos?	*Are you going with me or with them?*
Voy contigo y no con ellos.	*I'm going with you and not with them.*

10.21 Hay varias invitaciones. Indique para quiénes son. Use **para** + el pronombre correcto.

MODELO • • • ► Maritza → La invitación es para ella.
(yo)   → Es para mí.

1. Emilio
2. Delia
3. los Ruiz
4. la Sra. Arias
5. el Sr. Cano
6. las amigas
7. tú
8. yo

10.22 Indique con quiénes tendrá que hablar la profesora. Use **con** + el pronombre correcto.

MODELO • • • ► Jorge Luis → La profesora tendrá que hablar con él.

1. Juan Antonio
2. María Carmen
3. Nelson
4. Beatriz y Lázaro
5. Isabel y Diana
6. los nuevos estudiantes
7. (yo)
8. (tú)

10.23 Hágale estas preguntas a su compañero(a).

1. ¿Estudias conmigo? ¿Tomas un café conmigo? ¿Vas a la cafetería conmigo? ¿Das un paseo conmigo?
2. ¿Quieres que yo vaya a las tiendas contigo? ¿Que vaya a la biblioteca contigo? ¿Que vaya al partido de... contigo? ¿Que vaya a la enfermería contigo?
3. ¿Hablabas de mí? ¿De él? ¿De ellos? ¿De ella? ¿Del profesor (de la profesora)?
4. El regalo, ¿Es para mí? ¿Para ella? ¿Para Uds.? ¿Para ellos? ¿Para Mirtha? ¿Para ti?

10.24 Reciten Uds. de memoria y con emoción los poemas en grupos de tres o cuatro. Luego escojan Uds. quién de su grupo debe presentarle los poemas a la clase.

Rimas°

Rhymes

Por... For a glance
smile / sky
kiss
I'd give

Por una mirada,° un mundo
por una sonrisa,° un cielo°
por un beso°... ¡yo no sé
qué te diera° por un beso!

Gustavo Adolfo Bécquer
España, 1836–1870

La rosa blanca

Cultivo una rosa blanca,
en junio como en enero,
para el amigo sincero
que me da su mano franca.
Y para el cruel que me arranca°
el corazón con que vivo,
cardo ni ortiga° cultivo;
cultivo la rosa blanca.

tears out

cardo... thistle nor thorn

José Martí
Cuba, 1853–1895

Vamos a leer

10.25 Lea los anuncios para los distintos clubes o cabarés. Luego recomiéndeles el lugar apropiado para las personas a continuación según el probable gusto de ellos.

 ● ● ● ● ▶ Le(s) recomiendo que vaya(n) a...

Las Trompetas   Mariachis y música ranchera mexicana

Buenos Aires   *Show* de tango con la nostálgica voz de Deval

Café Mango   Salsa, merengue, reggae
El disc jockey toca los éxitos *(hits)* del momento.

Eclipse   Lo mejor de lo mejor en rock
Banda de blues y jazz los sábados

Málaga   Flamenco sin Fronteras y el maravilloso piano de Franklin Navarro

las personas:

1. Elsa preferirá la canción y el baile argentinos.
2. A Juan Ramón le gustarán el baile y la música de Andalucía, España.
3. Margarita querrá oír una banda mexicana.
4. A los Vidal les encantará la música del Caribe.
5. Rubén tendrá ganas de oír música norteamericana.

10.26 Primero lea Ud. la parte relacionada con **el arte.** Luego escriba una frase que resuma *(summarizes)* la idea principal de esa parte. Compare esa frase con la de su compañero(a). Continúe de la misma manera con las otras dos partes: **la música** y **la literatura.**

Las obras maestras°

Masterpieces

España y Latinoamérica han creado° formidables obras maestras en el arte, la música y la literatura. Estas obras por lo general son realistas y espontáneas, y reflejan el espíritu del pueblo.

han... have created

El arte ....

En los siglos XVI y XVII España tuvo excelentes pintores. El Greco (nacido en Crete como° Domenikos Theotokopoulos) pintó cuadros° intensamente religiosos de figuras alargadas°. Pensaba que así se acercaban° más al cielo. Diego Velázquez se destacó° por su realismo y por su énfasis en la perspectiva. Sus personajes son dignos° y admirables.

born in Crete as
pictures / lengthened
se... came nearer / se... stood out
worthy, dignified

El entierro (burial) *del conde* (count) *de Orgaz* es la obra maestra de
El Greco (1541–1614).

Continued

attacked
shootings

Un siglo más tarde, Francisco de Goya se distinguió por su técnica impresionista y por sus cuadros dramáticos donde atacaba° la decadencia política y social de su país. Su cuadro *Los fusilamientos° del 3 de mayo* (1808) describe gráficamente el horror de la invasión napoleónica de España.

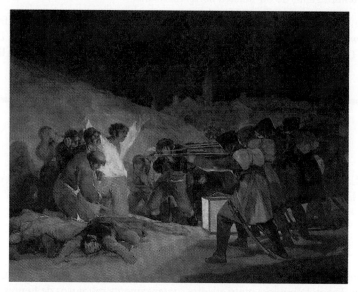

Los fusilamientos del 3 de mayo de Francisco de Goya (1746–1828) dramatiza el horror de la guerra *(war)*.

from

young ladies

En el siglo XX los españoles Pablo Picasso y Salvador Dalí representan la realidad desde° un punto de vista que desfigura lo normal para hacernos ver la anormalidad de la vida. Picasso, sin duda, es el pintor que más influye en el arte contemporáneo. Con su obra *Las doncellas° de Avignon* (1907) se inició el cubismo. En ese cuadro Picasso deformó

Las doncellas de Avignon de Pablo Picasso (1881–1973) emplea figuras geométricas para representar las figuras humanas.

radicalmente a los personajes, usando círculos, rectángulos y triángulos, para presentar las figuras desde diferentes perspectivas. Luego Dalí, en sus obras cubistas y surrealistas, nos representa el mundo de la imaginación y los sueños.° Sus objetos tienen formas distintas y raras.

    América también produce magníficas obras de arte, especialmente en la arquitectura y la escultura. *(Véase **Cultura**, Lección 9.)* Entre° los célebres pintores de hoy día se destaca el colombiano Fernando Botero. Sus cuadros satirizan a la burguesía, los militares y los políticos, dándoles caras y cuerpos inflados y redondos.°

dreams

Among

inflados... inflated and round

Las Meninas (Ladies-In-Waiting) es la obra maestra de Diego Velázquez (1599–1660).

La familia presidencial por Fernando Botero (n. 1932) es una sátira de su país.

Continued

El descubrimiento de América de Salvador Dalí (1904–1989) es una de las obras más prominentes del surrealismo.

La música

rhythms

La música es una parte integral del alma hispana. En todo el mundo hispano los ritmos° europeos, hispanoamericanos y africanos se combinan para producir la música latina. Un popular y vibrante ejemplo de esta música es **la salsa**, que combina los ritmos hispanos con el jazz y los instrumentos electrónicos de hoy. Algunos instrumentos que forman parte del folklore hispano son: la guitarra, las castañuelas,° la marimba, el bongó, las maracas y la quena (flauta andina de dulce sonido° melancólico).

castanets
dulce... sweet sound
se... are found

Entre los más famosos compositores de música moderna española se encuentran° Isaac Albéniz, creador de la suite *Iberia,* y Manuel de Falla, bien conocido por su encanta-

Plácido Domingo, distinguido tenor español-mexicano.

La cubana Gloria Estefan es muy conocida como compositora. Su primer *hit* fue *Conga.*

dora *Danza ritual del fuego.*° El guitarrista Andrés Segovia y el violoncelista Pablo Casals son otros prodigiosos musicos españoles. Carlos Chávez, de México, se distingue universalmente por sus vigorosas composiciones que incorporan la música ritual indígena. Otros hispanoamericanos de fama internacional son: los mexicanos Agustín Lara, compositor de *Granada,* Armando Manzanero, creador de numerosas canciones populares; el cubano Ernesto Lecuona, compositor de *Siboney* y *Malagueña,* y los ilustres pianistas Claudio Arrau (Chile) y Alicia de Larrocha (España).

Danza... Fire Dance

La literatura ....

Desde su comienzo° la literatura se distingue por su genuino realismo en el que toda clase de personajes viven su vida y cuentan° su historia. El Cid, el novelesco Don Quijote y Don Juan Tenorio son incomparables personajes clásicos de la literatura española.

Desde... Since its beginning
tell

Durante la época° colonial Sor° Juana Inés de la Cruz fue la figura literaria más notable de Hispanoamérica. Defendió el derecho° de la mujer a participar en las actividades intelectuales y religiosas cuando esa causa no era popular.

period / Sister (nun)
right

En la segunda mitad° del siglo XIX un grupo de poetas hispanoamericanos, notablemente Rubén Darío, inició el movimiento literario llamado Modernismo. Ese movimiento le dio a la poesía una nueva musicalidad y sensibilidad. Durante esa época la novela realista estaba en su apogeo.° Entre los novelistas españoles, Benito Pérez Galdós se destacó por su enorme producción literaria y su viva descripción de las circunstancias sociales de España.

half

apogee, height

La tradición realista continuó en el siglo XX. Las novelas hispanoamericanas anteriores a 1950 generalmente son documentales que denuncian las deplorables condiciones

Don Quijote y su inseparable compañero Sancho Panza.

Gabriel García Márquez, famoso novelista y ganador del Premio Nobel (1982). Su novela más famosa es *Cien años de soledad* (solitude).

nature

por... by means / han... have written
essays

políticoeconómicas del pueblo. En años más recientes, los escritores —aunque inspirados en la realidad— se interesan más en explorar la naturaleza° humana. Jorge Luis Borges (Argentina), Mario Vargas Llosa (Perú) y Gabriel García Márquez (Colombia) —por medio de° su técnica narrativa— han escrito° verdaderas obras maestras. Por sus finos poemas y ensayos° Octavio Paz (México) recibió el Premio Nobel en 1990.

Hoy día las escritoras hispanas escriben espléndidas obras. En particular, se destacan la reportera y novelista Elena Poniatowska (México), la novelista española Ana María Matute y la ensayista y poetisa puertorriqueña Rosario Ferré, así como, la cuentista y novelista chilena Isabel Allende—todas de fama internacional.

10.27 Identifique a las siguientes personas como pintor(a), músico o escritor(a). Compare las respuestas de Ud. con las de su compañero(a). ¿Cuáles de las respuestas tienen Uds. iguales? ¿Cuáles no? ¿De cuáles respuestas no están Uds. seguros?

1. Picasso	**6.** El Greco	**11.** Goya
2. Cervantes	**7.** García Márquez	**12.** de Larrocha
3. Darío	**8.** Segovia	**13.** Poniatowska
4. Allende	**9.** Borges	**14.** Matute
5. Albéniz	**10.** Velázquez	**15.** de Falla

10.28 Pregúntele a su compañero(a) quién escribió, pintó o compuso (*composed*) las siguientes obras.

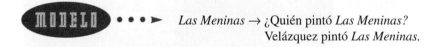

MODELO • • • •▶ *Las Meninas* → ¿Quién pintó *Las Meninas?*
                              Velázquez pintó *Las Meninas.*

Los fusilamientos del 3 de mayo
Don Quijote
Las doncellas de Avignon
la suite *Iberia*
Conga
La familia presidencial
Cien años de soledad
El entierro del conde de Orgaz

10.29 Complete las frases.

1. El Greco pintó cuadros intensamente... Alargaba... porque pensaba que...
2. Velázquez se destacó por su... y por su énfasis en...
3. *Los fusilamientos del 3 de mayo* describe gráficamente el horror de...
4. El pintor que más influye en el arte contemporáneo es...
5. Tres instrumentos relacionados con el folklore hispano son...
6. Un famoso tenor de ópera es...
7. La literatura hispana se distingue desde su comienzo por...
8. Sor Juana de la Cruz defendió...
9. Las novelas hispanoamericanas anteriores a 1950 denuncian...
10. Tres célebres escritores contemporáneos de Hispanoamérica son...

10.30 Refiéranse al cuadro *Las Meninas* en esta lección. Velázquez era un experto en combinar la realidad con la perspectiva. Contesten las siguientes preguntas y luego comparen sus respuestas o interpretación de este cuadro. ¿Cuáles de sus respuestas son iguales? ¿Cuáles no? ¿De qué respuestas están Uds. seguros? ¿De cuáles no?

1. ¿Quién será el pintor que está a la izquierda?
2. ¿Creen Uds. que el señor en la puerta va a entrar o salir?
3. ¿Creen Uds. que las dos figuras en el fondo *(rear)* son imágenes en un cuadro o en un espejo *(mirror)?*
4. ¿Por dónde entra la luz en el cuadro?
5. ¿Cómo son las caras de las personas?
6. ¿A quiénes mirará el pintor? ¿A quiénes pintará?

Vamos a escuchar

10.31 Listen as **el profesor Castillo** gives his student—Noriko Tanaka—some advice on what to do in Spain this summer. Rely on context and surrounding words. Be ready to answer the questions that follow.

1. El profesor Castillo se alegra de que Noriko _____.
   a. pase una semana en España
   b. se mude a España
   c. viaje por España
2. Cuando Noriko llegue al aeropuerto, ella _____.
   a. llamará por teléfono
   b. cambiará dinero
   c. tomará el metro
3. Tan pronto como pueda, Noriko _____.
   a. visitará el Museo del Prado
   b. irá de compras a El Corte Inglés
   c. invitará a los amigos a cenar
4. En particular, el profesor quiere que Noriko _____.
   a. vea *Las Meninas* del pintor Velázquez
   b. asista a un concierto de Plácido Domingo
   c. haga una excursión por el sur de España
5. El profesor espera que Noriko _____.
   a. cocine arroz con pollo
   b. haga un sándwich de jamón y queso
   c. coma tortilla, chorizo y gambas

6. El profesor también quiere que Noriko _____.
   a. vea una película en español
   b. asista a una comedia de teatro
   c. dé un paseo por la plaza de España
7. El profesor le dice a Noriko que vaya a los clubes o cabarés para que
_____.
   a. se divierta bailando el tango
   b. escuche y cante salsa
   c. vea y oiga flamenco
8. Según el profesor, Noriko pronto tendrá buenos amigos con tal que
_____.
   a. pueda traducir de una lengua a otra
   b. lea y escriba en español
   c. piense y hable en español
9. Es posible que los nuevos amigos le den a Noriko _____.
   a. un abrazo cuando la vean
   b. un regalo de bienvenida
   c. una fiesta cuando llegue a Madrid
10. El profesor no cree que Noriko _____.
   a. escuche bien los consejos
   b. necesite muchos consejos
   c. comprenda sus consejos

 Vamos a hablar

10.32 Your classmate wants to know where various people are probably now and what they could be doing. Answer him/her using the information provided.

   • • • ►   Diego / la biblioteca   ¿Dónde estará Diego?
                                      Estará en la biblioteca. Estudiará allí.

Lorenzo / el gimnasio	los Romero / en casa
Ana María / las tiendas	los compañeros / el campo de golf
Julia / su dormitorio	los Ayala / el café
Tomás / la oficina	tu amigo(a) / ¿...?

10.33 In groups of three brainstorm about how you think life will be in the year 2050. What type of homes will people live in? What kind of work will there be? What conveniences and inconveniences will people have?

10.34 You live in Spain and are trying to convince your friend (classmate) to come visit you there. Tell him/her all the places you will see, all the events you will attend, all the great food you will eat and so on.

   • • • ►   Cuando vengas a España iremos a...

Vamos a escribir

10.35 Escriba Ud. una composición de 125 palabras (mínimo) donde:

1. presente un problema
2. exprese diferentes opiniones
3. ofrezca algunas soluciones

Considere los temas *(themes)* a continuación u otros que le interesen más a Ud. Use no menos de quince palabras incluidas aquí.

temas:

a. la violencia en el cine o en la televisión
b. el boxeo, ¿deporte o explotación?
c. el arte moderno, ¿anima *(enlivens)* o desanima *(dulls)*?

palabras útiles para su composición:

hoy (en) día	nosotros / ellos
de vez en cuando *(now and then)*	los padres
en cambio	el gobierno
antes de que	la sociedad
con tal (de) que	la imaginación
hasta que	el sensacionalismo
cuando	el prejuicio *(harm, prejudice)*
	los pros y los contras
hay / existir	educativo(a)
cambiar	excesivo(a)
creer que	(in)comprensible
(des)animar	perjudicial
influir en	
mejorar	
reflejar *(to reflect)*	
permitir	
perjudicar *(to harm, prejudice)*	

http://www.harcourtcollege.com/spanish/saludosrecuerdos

Vamos a explorar el ciberespacio

ENTERTAINMENT

On the Web, you can find out what movies are playing in Mexico City, Madrid, or Buenos Aires. Find some entertainment sites in these cities and read the Spanish titles of the American-made movies there.

The World Wide Web offers many fascinating sites throughout the Spanish-speaking world dealing with the cultural topics in this lesson. Take a virtual field trip. Go to http://www.harcourtcollege.com/spanish/saludosrecuerdos to discover more.

EN VIVO – CULTURA

Before viewing the cultural video segment for this lesson, please study the following **Vocabulario** and **Preparación** sections. Then view the video (several times if necessary) and answer the questions or do the activities in the **Comprensión** section.

Vocabulario

Video *vocabularios* are simply for recognition purposes to help you more fully understand the segments. You are not expected to produce the vocabulary shown here.

a pesar de que	*in spite of the fact that*
el alma	*soul*
asesinado	*assassinated*
contadora	*teller*
contra	*against*
crecer	*to grow up*
criarse	*to be raised*
el cuadro	*picture*
el cuento infantil	*children's story*
la dictadura	*dictatorship*
elegido	*elected*
enamorarse	*to fall in love*
la escena	*scene*
fuera de	*outside*
el gobierno	*government*
el golpe militar	*military coup*
horrorizar	*to horrify*
la manera	*way*
el pedacito	*little piece*
la población	*town*
la primera vez	*the first time*
las raíces	*roots*
la razón	*reason*
el régimen	*regime*
suicidarse	*to commit suicide*
temprano	*early*
tener miedo	*to be afraid*
tener que ver con	*to have to do with*
la teoría	*theory*
el trapo	*rag*

Preparación

Guess the meaning of the following words. While watching the video, circle each one as you hear it.

adultos	oficial
básicamente	oral
comunista	parte
conservar	prohibido
culturales	propaganda
Europa	terror
expresión	tradición
literatura	

Comprensión

A. Select the word or phrase that best completes each statement, according to what you understood.

1. El presidente Salvador Allende era el (padre, tío) de Isabel Allende.
2. (Salvador, Paula) Allende murió el día del golpe militar.
3. La teoría del gobierno militar es que Allende (se suicidó, fue asesinado).
4. Las arpilleras son una expresión de la (dictadura, cultura) chilena.
5. Las mujeres pobres hacían las arpilleras con pedacitos de (trapo, madera).

B. Answer the following questions according to what you understood.

1. ¿Cuál es la profesión de Isabel Allende?
2. ¿Por qué vino a los Estados Unidos?
3. ¿Por qué dice que es básicamente chilena?
4. ¿Por qué salió de Chile la primera vez?
5. ¿Cómo pasó la vida cuando era niña?

SELF-TEST

How well have you mastered this lesson? To find out, take the self test found on the Saludos Web site at http://www.harcourtcollege.com/spanish/saludosrecuerdos.

¡Saludos!
Vocabulario Español–Inglés

The number next to each entry refers to the lesson in which the word first appears.

m.	masculine
f.	feminine
pl.	plural
adj.	adjective
fam.	familiar
interrog.	interrogative

A

a	to, at 3
a menudo	frequently 5
abierto(a)	open 2
abogado(a) *(m., f.)*	lawyer 1
abordar	to board 8
abrigo *(m.)*	coat 6
abril *(m.)*	April 3
abrir	to open 3
abuelo(a) (m., f.)	grandfather (grandmother) 2
aburrido(a)	bored 2
accesorios (m. pl.)	accessories 6
aceite *(m.)*	oil 3
acordarse (ue) de	to remember 9
acostarse (ue)	to go to bed 4
actor *(m.)*	actor 1
actriz *(f.)*	actress 1
actuar (actúo)	to act 10
adelante	let's get started, come in, move forward P, 8
adiós	good-bye P
adónde *(interrog.)*	where to 3
aduana *(f.)*	customs 8
aéreo(a)	air *(adj.)* 8
afeitarse	to shave 4
agente *(m., f.)*	agent 8
agosto *(m.)*	August 3
agua (*f.* but **el agua**)	water 5
agua fría (*f.,* but **el agua fría**)	cold water 5
aguacate (m.)	avocado 3
aire (m.)	air 8
aire *(m.)* **acondicionado**	air conditioning 7
al + inf.	upon (when) 9
alegrarse (de)	to be happy (about) 9
alegre	cheerful 2
alfombra *(f.)*	carpet, rug 7
algo	something 5
algodón *(m.)* **(de algodón)**	cotton (made of cotton) 6
alguien	someone 5
allí	there 2
almorzar (ue)	to have lunch 4
alto(a)	tall 2
amable	kind 2, 8
amarillo(a)	yellow 6
amplio(a)	ample, spacious 7
amueblar	to furnish 7
analista *(m., f.)*	analyst 1
anaranjado(a)	orange *(adj.)* 6
ancho(a)	wide 6
ancho *(m.)*	width 6
anillo *(m.)*	ring 6
animar	to encourage 8
animar(se)	to enliven, cheer up 10
año *(m.)*	year 3
anoche	last night 7
anteojos *(m. pl.)*	eyeglasses 6
antes (de) que	before 10
apagar	to turn off (engine, appliance) 8
aparte	apart, aside 7
apellido *(m.)*	surname 1
aprender	to learn 3
apretado(a)	tight 6
aquel(la) *(adj.)*	that (over there) 6
aquél(la) *(pron.)*	that one (over there) 6
aquí	here 2
aretes *(m. pl.)*	earrings 6
arrancar	to start up (engine) 8
arroz *(m.)*	rice 3
arte *(m.)*	art 4
ascensor *(m.)*	elevator 9
así	thus; like this 6
asiento *(m.)*	seat 1
asistir a	to attend 3
atacar	to attack 10
aunque	although, even though 10
avión *(m.)*	plane 8
aviso *(m.)*	notice 9
ayer	yesterday 3
azúcar *(m.)*	sugar 3
azul	blue 6
azulejos *(m. pl.)* **(de azulejos)**	mosaic floor tiles (made of mosaic floor tiles) 7

B

bajar	to go down, to lower 9
baloncesto *(m.)*	basketball 1
bañarse	to bathe 4
bañera *(f.)*	bathtub 7
baño *(m.)*	bathroom 7
barato(a)	cheap, inexpensive 4, 6
barriga *(f.)*	belly 5
barrio *(m.)*	neighborhood 7
bastante bien	quite well S
batería *(f.)*	battery 8
bebida *(f.)*	drink 5
béisbol *(m.)*	baseball 1
biblioteca *(f.)*	library 2
bien	well P
bienvenido(a)	welcome 8
biología *(f.)*	biology 4
bistec *(m.)*	steak 3
blanco(a)	white 6
bloque *(m.)* (de bloque)	cement block (made of cement block) 7
blusa *(f.)*	blouse 6
boca *(f.)*	mouth 5
bocina *(f.)*	(car) horn 8
boleto	(plane, train) ticket 8
bolígrafo *(m.)*	pen 1
bolsa *(f.)*	purse; bag 6
bombilla *(f.)*	light bulb 9
bonito(a) *(f.)*	pretty 2
botas *(f. pl.)*	boots 6
bueno(a)	good P, 2

C

cabeza *(f.)*	head 5
cada (uno[a])	each (one) 5
café *(m.)* (descafeinado)	(decaffeinated) coffee 5
cafetera *(f.)*	coffee pot 7
calcetines *(m. pl.)*	socks 6
calculadora *(f.)*	calculator 1
calefacción *(f.)*	heating 7
callado(a)	quiet 2
cama *(f.)* (matrimonial)	(double) bed 7, 9
camarera *(f.)*	chambermaid, waitress 9
cambiar	to exchange 8
caminar	to walk 2
camión *(m.)*	truck (bus in Mexico, too) 8
camisa *(f.)*	shirt 6
camiseta *(f.)*	T-shirt 6
cancelar	to cancel 8
cantante *(m., f.)*	singer 1
cara *(f.)*	face 5
carne *(f.)*	meat 3
carne *(f.)* **de res**	beef 3
caro(a)	expensive 6
carretera *(f.)*	highway 9
cartera *(f.)*	wallet 6

casa *(f.)*	house 7
casado(a)	married 2
casarse (con)	to get married (to) 7, 10
castaño(a)	brown (hair, eyes) 6
cebolla *(f.)*	onion 3
célebre	famous 9
cerebro *(m.)*	brain 5
cerrado(a)	closed 2
cerrar (ie)	to close 4
cerveza *(f.)*	beer 5
chaqueta *(f.)*	jacket 6
chicle *(m.)*	gum 4
chico(a) *(m., f.)*	boy (girl) S
chimenea *(f.)*	fireplace, chimney 7
chocar (con)	to crash (into), to collide (with) 8
chocolate *(m.)*	chocolate 5
chorizo *(m.)*	sausage (Spanish) 3
cinturón *(m.)*	belt 6
cinturón de seguridad *(m.)*	safety belt 8
ciudad *(f.)*	city P
claro(a)	light (color) 6
cocina *(f.)*	kitchen, stove 7
cocinar	to cook 1
coco *(m.)*	coconut 3
color *(m.)*	color 6
comedor *(m.)*	dining room 7
comenzar (ie)	to commence, begin 9
comer	to eat 3
comida *(f.)*	food, meal 3
como	like, as 5
cómo *(interrog.)*	how, what P
como de costumbre	as customary 8
cómoda *(f.)*	dresser 7
cómodo(a)	comfortable 8
compadres *(m. pl.)*	pals, sponsors 2
compañero(a) *(m., f.)*	classmate P
compañía *(f.)*	company (firm) 8
compartir	to share 3
componer (compongo)	to compose 7, 10
comprar	to buy 2
comprender	to understand 3
comprensible	comprehensible 10
comprobante *(m.)*	claim check 8
compromiso *(m.)*	commitment, engagement 10
computadora *(f.)*	computer 1
comunicaciones *(f. pl.)*	communications 4
con	with 2
con tal que	provided that 10
condimentos *(m. pl.)*	seasoning 3
conmigo	with me 10
conocer (conozco)	to know (a person), be acquainted with 3
consejo *(m.)*	advice 10
construir (construyo)	to construct 8
contar (ue)	to tell, relate; to count 4, 10

contento(a) — happy 2
contestadora *(f.)* — answering machine 7
contigo — with you *(fam.)* 10
copa *(f.)* — wine glass 3
corazón *(m.)* — heart 5
corbata *(f.)* — tie 6
correr — to run 1
cortar — to cut 4
cortinas *(f. pl.)* — curtains 7
corto(a) — short (size) 6
cosas *(f. pl.)* — things 4
crear — to create 10
creer — to believe 3
cruzar — to cross 9
cuaderno *(m.)* — notebook 1
cuadra *(f.)* — (city) block 9
cuadro *(m.)* — picture, painting 10
cuadros *(m. pl.)* (de cuadros) — plaid (made of plaid) 6
cuál(es) *(interrog.)* — what which one(s) P
cuando — when, whenever 10
cuánto(a) *(interrog.)* — how much 3
cuántos(as) *(interrog.)* — how many 3
cuarto *(m.)* — room 7
cubano(a) — Cuban P
cuchara *(f.)* — tablespoon 3
cucharita *(f.)* — teaspoon 3
cuchillo *(m.)* — knife 3
cuello *(m.)* — neck 5
cuenta *(f.)* — bill 9
cuero *(m.)* (de cuero) — leather (made of leather) 6
cuerpo *(m.)* humano — human body 5
cuidar — to take care of 6

D

dar (doy) — to give 2
dar a — to face 7
de — of, from 2
de dónde *(interrog.)* — from where 1
de pronto — suddenly 8
de quién(es) *(interrog.)* — whose 3
de repente — suddenly 8
de vez en cuando — now and then 8
deber + inf. — should, ought to 3
decir (i) (digo) — to say, to tell 5
dedos *(m. pl.)* — fingers 5
dedos del pie *(m. pl.)* — toes 5
dejar — to allow, to leave (something) behind 9
delgado(a) — thin 2
deportes *(m. pl.)* — sports 1
derecha — right 2
derecho — straight 2
desayunar — to have breakfast 2
descansar — to rest 2

desde — from, since (a certain time) 10
desear — to wish 2
despedida *(f.)* — farewell P
despertarse (ie) — to wake up 4
destacar — to highlight, stand out 10
destino *(m.)* — destination 8
devolver (ue) — to return something 6
día *(m.)* — day 3
dibujar — to draw, to sketch 7
diccionario *(m.)* — dictionary 1
diciembre *(m.)* — December 3
dientes *(m. pl.)* — teeth 5
difícil — difficult 2
digno(a) — worthy, dignified 5
director(a) *(m., f.)* — director 1
discutir — to argue, discuss 9
diseño *(m.)* — design 6
distinguir — to distinguish 10
distinto(a) — distinct, different 9
divertido(a) — amusing 2
divertirse (ie) — to have a good time 4
doblar — to turn, bend 9
doblar a la derecha — to turn right 9
doblar a la izquierda — to turn left 9
doctor(a) *(m., f.)* — doctor 1
dolerle (ue) — to be hurting (to someone) 6
domingo *(m.)* — Sunday 3
dónde *(interrog.)* — where 3
dormir (ue) — to sleep 4
dormirse (ue) — to fall asleep 4
dormitorio *(m.)* — bedroom 7
ducha *(f.)* — shower 7
dudar — to doubt 9
dueño(a) *(m., f.)* — owner 9
dulce — sweet 7
dulce *(m.)* — candy 4

E

e — and (before **i, hi**) 8
echar de menos — to miss, long for 7
economía *(f.)* — economics 4
edificio *(m.)* — building 2
educativo(a) — educational 10
elevador *(m.)* — elevator (Lat. Am.) 9
empanada *(f.)* — turnover (food) 3
empezar (ie) — to begin 4
en cambio — on the other hand 10
en seguida — at once 7
encantado(a) — delighted 1
encantador(a) — charming 9
encantarle (a alguien) — to be very pleasing (to someone) 6
encontrar (ue) — to find 9
enero *(m.)* — January 3
enfermo(a) — sick, ill 2
enojado(a) — angry 2
ensalada *(f.)* — salad 3

enseñar — to teach, show 2
entender (ie) — to understand 4
entonces — then 4
entrada *(f.)* — entrance, ticket 7, 10
entre — between, among 4, 10
época *(f.)* — period, era 10
equipaje *(m.)* — baggage 8
escalera *(f.)* — stairs, ladder 9
escoger (escojo) — to choose, pick 10
escribir — to write P
escritor(a) *(m., f.)* — writer 1
escritorio *(m.)* — desk 1
escuchar — to listen to P
ese (esa) *(adj.)* — that 6
ése (ésa) *(pron.)* — that one 6
esforzarse (ue) — to try hard 10
espacio *(m.)* — space 7
espacioso(a) — spacious, roomy 7
espalda *(f.)* — back 5
español *(m.)* — Spanish 4
español(a) — Spanish *(adj.)* 2
espejo *(m.)* — mirror 7
esperar — to wait for 2; to hope (for) 9
esposo(a) *(m., f.)* — husband, wife 2
esquina *(f.)* — corner 9
estacionamiento *(m.)* — parking 2
Estados Unidos *(m. pl.)* — United States P
estar — to be (condition, location) P, 2
estar seguro(a) de — to be sure of 6
este(a) — this 6
éste(a) — this one 6
estómago *(m.)* — stomach 5
estudiante *(m., f.)* — student 1
estudiar — to study 2
estufa *(f.)* — stove 7
etiqueta *(f.)* — label 8
evitar — to avoid 8
excesivo(a) — excessive 10
existir — to exist 10
expresivo(a) — expressive, affectionate 2

F

fábrica *(f.)* — factory 8
fácil — easy 2
facturar — to check (baggage) 8
familia *(f.)* — family 2
febrero *(m.)* — February 3
feo(a) — ugly 2
fin *(m.)* — end 3
fin *(m.)* de semana — weekend 3
firma *(f.)* — signature 9
fregadero *(m.)* — sink (kitchen) 7
frenos *(m. pl.)* — brakes 8
fresa *(f.)* — strawberry 3
frijoles *(m. pl.)* — beans 3
fruta *(f.)* — fruit 3
fuerte — strong 2

función *(f.)* — showing (of a movie) 10
funcionar — to work (machines) 9
fútbol *(m.)* — soccer 1
fútbol *(m.)* norteamericano — football 1

G

galleta *(f.)* — cracker 3
galleta *(f.)* dulce — cookie 3
garaje *(m.)* — garage 7
garganta *(f.)* — throat 5
gente *(f.)* — people 8
gimnasio *(m.)* — gymnasium 2
gordo(a) — fat 2
gorra *(f.)* — cap 6
gracias — thank you P
gracioso(a) — funny 8
graduarse (me gradúo) — to graduate 8
gran(de) — great (big, large) 2, 5
gratis — free (no charge) 5
gris — gray 6
guapo(a) — handsome, good-looking 2
guía *(m., f.)* — guide 10
gustar — to be pleasing to 1
gusto *(m.)* — pleasure 1

H

habitación *(f.)* doble — double room 9
habitación *(f.)* sencilla — single room 9
hace buen (mal) tiempo — the weather is fine (bad) 3
hace calor (frío) — it's hot (cold) 3
hacer (hago) — to do, to make P
hacer cola — to stand in line 8
hacer escalas — to make stopovers 8
hacer un viaje — to take a trip 8
hasta — until, even P, 4
hasta luego — see you later P
hasta pronto — see you soon P
hasta que — until 10
hay — there is, there are 1
hermano(a) *(m., f.)* — brother (sister) 2
hijo(a) *(m., f.)* — son (daughter) 2
hispano(a) — Hispanic 2
historia *(f.)* — history 4
hogar *(m.)* — home 7
hola — hi, hello P
hombro *(m.)* — shoulder 5
hora *(f.)* — hour, time 4
horno *(m.)* (microondas) — (microwave) oven 7
hoy — today 3
hueso *(m.)* — bone 5
huésped *(m., f.)* — (house) guest 9
huevo *(m.)* — egg 3

I

igualmente	likewise 1
impermeable *(m.)*	raincoat 6
inflado(a)	inflated 10
informática *(f.)*	computer science 4
ingeniero(a) *(m., f.)*	engineer 1
inglés *(m.)*	English 4
inglés (inglesa)	English *(adj.)* 2
inmediatamente	immediately 8
inodoro *(m.)*	toilet 7
interesarle	to be interesting (to someone) 6
(a alguien)	
invierno *(m.)*	winter 3
ir de vacaciones	to go on vacation 8
irse (me voy)	to leave 4
izquierda	left 2

J

jamón *(m.)*	ham 3
jardín *(m.)*	garden 7
joven	young 2
juego *(m.)* **de...**	set of . . . 7
jueves *(m.)*	Thursday 3
jugador(a)	player 1
jugar (ue) a	to play (game, sport) 1, 4
jugo *(m.)* **de...**	juice (made of . . .) 3
julio *(m.)*	July 3
junio *(m.)*	June 3
juntos(as)	together 4

L

labios *(m. pl.)*	lips 5
ladrillo *(m.)*	brick (made of brick) 7
(de ladrillo)	
lámpara *(f.)*	lamp 7
lana *(f.)* **(de lana)**	wool (made of wool) 6
lápiz *(m.)*	pencil 1
largo(a)	long 6
lástima *(f.)*	pity 9
lavabo *(m.)*	(bathroom) sink 7
lavadora *(f.)*	washer 7
lavaplatos *(m.)*	dishwasher 7
lavarse	to wash oneself 4
lección *(f.)*	lesson 1
leche *(f.)*	milk 5
lechuga *(f.)*	lettuce 3
leer	read P
lengua *(f.)*	language 4
librería *(f.)*	bookstore 2
libro *(m.)*	book 1
licencia *(f.)*	license 9
licenciado(a)	person with a Master's degree 1
(m., f.)	
limón *(m.)*	lemon 3
limpio(a)	clean 2
lindo(a)	pretty 2
llanta *(f.)*	tire (car) 8

llave *(f.)*	key 1
llegada *(f.)*	arrival 8
llegar (a)	to arrive (at) 2
llenar	to fill (out) 9
llevar	to take, carry 5; to wear 6
llover (ue)	to rain 3
lo + *adj.*	what's + *adj.* 9
lugar *(m.)*	place P
lunares *(m. pl.)*	polkadots (polka-dotted) 6
(de lunares)	
lunes *(m.)*	Monday 3
luz *(f.)*	light 1

M

madera *(f.)*	wood (made of wood) 7
(de madera)	
madrastra *(f.)*	stepmother 2
madre *(f.)*	mother 2
maíz *(m.)*	corn 3
maleta *(f.)*	suitcase 8
malo(a)	bad 2
mañana	morning, tomorrow 3
mandar	to send, order 6
manejar	to drive 2
manga *(f.)*	sleeve 6
mano *(f.)*	hand 5
mantener	to maintain 9
(mantengo)	
mantequilla *(f.)*	butter 3
manzana *(f.)*	apple 3
mapa *(m.)*	map 1
marcar	to dial, mark 9
mareado(a)	dizzy 5
marido *(m.)*	husband 2
mariscos *(m. pl.)*	shellfish 3
marrón	brown 6
martes *(m.)*	Tuesday 3
marzo *(m.)*	March 3
más	more P
más (menos)... que	more (less) . . . than 8
más o menos	so-so, more or less P
matemáticas *(f. pl.)*	mathematics 4
material *(m.)*	material 7
materias *(f. pl.)*	(school) subjects 4
matrimonio *(m.)*	married couple 9
mayo *(m.)*	May 3
mayor	older, oldest; greater, greatest 8
mediano(a)	medium 6
medias *(f. pl.)*	stockings 6
médico(a) *(m., f.)*	physician 1
mejor	better, best 8
mejorar	to improve 10
mejorarse	to get better 5
melocotón *(m.)*	peach 3
menor	younger, youngest; lesser, least 8
mes *(m.)*	month 3
mesa *(f.)*	table 1
mesita *(f.)*	(small) table 7
mexicano(a)	Mexican P

mi(s)	my 2
mientras	while 8
miércoles *(m.)*	Wednesday 3
mío(a)	mine 7
mochila *(f.)*	backpack 1
morado(a)	purple 6
moreno(a)	dark-complected 2
mostrar (ue)	to show 9
mudarse	to move (to a home) 7
muebles *(m. pl.)*	furniture 7
muela *(f.)*	tooth 5
mujer *(f.)*	woman, wife 2
músico *(m., f.)*	musician 10

N

nacer	to be born 8
nacionalidad *(f.)*	nationality P
nada	nothing 5
nadar	to swim 1
nadie	no one 5
naranja *(f.)*	orange 3
nariz *(f.)*	nose 5
necesitar	to need 2
negociar	to negotiate 8
negro(a)	black 6
nevar (ie)	to snow 3
nieto(a) *(m., f.)*	grandson (granddaughter) 2
nilón *(m.)* **(de nilón)**	nylon (made of nylon) 6
niño(a) *(m., f.)*	boy (girl) 2
no... sino	no . . . but rather 9
nombre *(m.)*	name 1
norteamericano(a) *(m., f.)*	North American P
noviembre *(m.)*	November 3
novios *(m. pl.)*	sweethearts; bride and groom 2
nuestro(a)	our 4
nuevo(a)	new 2
nunca	never 5

O

o	or 2
obra *(f.)*	work, art piece 9
obra *(f.)* **maestra**	masterpiece 10
octubre *(m.)*	October 3
ocupado(a)	busy 2
oído *(m.)*	(inner) ear 5
oír (oigo, oyes...)	to hear 7
ojalá	(I/we) hope 9
olvidar	to forget 9
oreja *(f.)*	(outer) ear 5
otoño *(m.)*	autumn, fall 3
otro(a)	another, other 4

P

padrastro *(m.)*	stepfather 2
padres *(m. pl.)*	parents 2
padrinos *(m. pl.)*	godparents 2
pantalones *(m. pl.)*	pants 6
pañuelo *(m.)*	handkerchief 6
papa *(f.)*	potato 3
papel *(m.)*	paper 1
para	for, in order to 2, 10
para que	so that, in order that 10
parabrisas *(m.)*	windshield 8
parada *(f.)*	(bus) stop 8
paraguas *(m.)*	umbrella 6
parecerle (a alguien)	to seem (to someone)
pared *(f.)*	wall 7
parientes *(m. pl.)*	relatives 2
parte *(f.)*	part 8
participar	to participate 2
pasado *(m.)* **(el lunes pasado)**	past (last Monday) 7
pasaje *(m.)*	(plane, train) ticket 8
pasajero(a) *(m., f.)*	passenger 8
pasar la aspiradora	to vacuum 4
pasillo *(m.)*	hallway 7; aisle, corridor 8
pastel *(m.)*	cake 3
pavo *(m.)*	turkey 3
pecho *(m.)*	chest 5
pedir (i)	to ask for, to request 5
peinarse	to comb one's hair 4
película *(f.)*	film 10
pelo *(m.)*	hair 5
pensar (ie) en	to think about 4
pensar + inf.	to plan to 4
peor	worse, worst 2, 8
pera *(f.)*	pear 3
perdón	excuse me P
permitir	to permit 9
pescado *(m.)*	fish 3
pie *(m.)*	foot 5
piedra *(f.)* **(de piedra)**	stone (made of stone) 7
piel *(f.)*	skin 5
pimienta *(f.)*	pepper 3
piña *(f.)*	pineapple 3
pinta	to paint 10
pintor(a) *(m., f.)*	painter 10
pintoresco(a)	picturesque 4
piscina *(f.)*	swimming pool 7
piso *(m.)*	floor 7
pizarra *(f.)*	chalkboard 1
plano *(m.)*	map (city, street) 9
plátano *(m.)*	banana 3
plato *(m.)*	dish 3
pobre	poor 2
poco a poco	little by little 4
poder (ue)	to be able (can) 4
poliéster *(m.)* **(de poliéster)**	polyester (made of) 6
pollo *(m.)* **frito**	fried chicken 3
ponche *(m.)*	punch 5
ponerse (me pongo)	to put on 4
por	along, by, for 10
por Dios	for Heaven's sake 10
por eso	that's why 6
por fin	finally 4

por fuera	on the outside 7	**regatear**	to haggle 6
por qué *(interrog.)*	why 3	**registro** *(m.)*	registry 9
por supuesto	of course 10	**regresar**	to return 2
por un lado...	on the one hand . . . on the other 9	**relajado(a)**	relaxed 2
por otro		**reloj** *(m.)*	clock, watch 1
porque	because 3	**remodelar**	to remodel 7
practicar	to practice 2	**repetir (i)**	to repeat 5
precio *(m.)*	price 9	**resolver (ue)**	to resolve 8
preferir (ie)	to prefer 4	**respirar**	to breath 5
preocuparse (por)	to worry (about) 4	**reunirse (me reúno)**	to get together 7
prestar	to lend 7	**revisar**	to inspect 8
prestar atención	to pay attention 10	**rico(a)**	rich 2
prestarle (a alguien)	to lend (to someone) 6	**riñón** *(m.)*	kidney 5
primavera *(f.)*	spring 3	**rodilla** *(f.)*	knee 5
primo(a) *(m., f.)*	cousin 2	**rojo(a)**	red 6
privado(a)	private 4	**romper**	to break 8
probar (ue)	to taste, sample 10	**ronco(a)**	hoarse 5
problema *(m.)*	problem 1	**ropa** *(f.)*	clothing 6
producir	to produce 10	**ropero** *(m.)*	closet 7
(produzco)		**rosado(a)**	pink 6
profesor(a) *(m., f.)*	professor 1	**roto(a)**	broken 2
programador(a)	programmer 1	**rubio(a)**	blonde, light-complected 2
(m., f.)		**ruido** *(m.)*	noise 9
próximo(a)	next 9		
psicología *(f.)*	psychology 4	**S**	
puerco *(m.)* **asado**	(roast) pork 3		
puerta *(f.)*	door, (airport) gate 1, 8	**sábado** *(m.)*	Saturday 3
puertorriqueño(a)	Puerto Rican P	**saber (sé)**	to know facts, know how to 3
pulsera *(f.)*	bracelet 6	**sacar**	to take out 9
		sacar fotos	to take pictures 9
Q		**sacudir**	to dust 4
		sal *(f.)*	salt 3
que	that, who 3	**sala** *(f.)*	living room 7
qué *(interrog.)*	what 3	**salida** *(f.)*	exit, departure 8
qué tal *(interrog.)*	how are things? 1; how about? 10	**salir (salgo)**	to go out 4
quedarle bien/mal	to fit well / badly (clothing) 6	**salsa** *(f.)*	sauce 3
quedarse	to stay 4	**salud**	God bless you (after someone sneezes); health
quehaceres *(m. pl.)*	chores 4		
querer (ie)	to want, love 4, 5	**saludos** *(m. pl.)*	greetings P
queso *(m.)*	cheese 3	**sandalias** *(f. pl.)*	sandals 6
quién(es) *(interrog.)*	who 3	**sangre** *(f.)*	blood 5
quitarse	to remove 4	**secadora** *(f.)*	dryer 7
quizá	maybe 9	**secarse**	to dry oneself 4
		seda *(f.)* **(de seda)**	silk (made of silk) 6
R		**seguir (sigo, sigues...)**	to continue, follow 5
		semana *(f.)*	week 3
rayas *(f. pl.)*	stripes (striped) 6	**señor (Sr.)** *(m.)*	Mr. P
(de rayas)		**señora (Sra.)** *(f.)*	Mrs. P
recepcionista *(m., f.)*	receptionist 9	**señorita (Srta.)** *(f.)*	Miss P
recetar	to prescribe 5	**sentarse (ie)**	to sit down 4
recibir	to receive 3	**sentir (ie) (lo siento)**	to regret, to feel sorry (I'm sorry) 7
recomendar (ie)	to recommend 9	**sentirse (ie)**	to feel 5
reconocer	to recognize 9	**septiembre** *(m.)*	September 3
(reconozco)		**ser (soy)**	to be (origin, inherent qualities) 1
recordar (ue)	to remember, remind 9	**servicios** *(m. pl.)*	restrooms 8
recorrer	to travel, go through 9	**servilleta** *(f.)*	napkin 3
redondo(a)	round 10	**servir (i)**	to serve 5
reflejar	to reflect 10	**siempre**	always 5
refresco *(m.)*	refreshment 5	**siglo** *(m.)*	century 9
refrigerador *(m.)*	refrigerator 7	**silla** *(f.)*	chair 1
regalarle (a alguien)	to give a gift (to someone) 6	**sillón** *(m.)*	armchair 7

simpático(a)	nice (person) 2
sin que	without 10
sobre	about 8
sociología *(f.)*	sociology 4
soltero(a) *(m., f.)*	unmarried (single) 2
sopa *(f.)*	soup 3
su(s)	your *(formal)*, his, her, its, their 2, 4
subir	to go up 9
sucio(a)	dirty 2
sudadera *(f.)*	sweatshirt; jogging suit 6
suéter *(m.)*	sweater 6

T

talla *(f.)*	clothing size 6
también	also 2
tampoco	neither, not either 5
tan... como	as . . . as 8
tan pronto como	as soon as 10
tanto(a)(os) (as)... como	as much (many) as 8
taquilla *(f.)*	box office 10
tarde	late P
taza *(f.)*	cup 3
té *(m.)* **(helado, caliente)**	(iced, hot) tea 5
techo *(m.)*	roof 7
tejas *(f. pl.)* **(de tejas)**	roof tiles (made of roof tiles)
tela *(f.)*	fabric 6
televisor *(m.)*	TV set 1
tema *(m.)*	theme 10
temer	to fear 9
tenedor *(m.)*	fork 3
tener (tengo)	to have 5
tener... años	to be . . . years old 5
tener calor	to be hot 5
tener catarro	to have a cold 5
tener cuidado	to be careful 5
tener dolor...	to have . . . ache 5
tener frío	to be cold 5
tener ganas de (+ inf.)	to feel like (doing something) 5
tener hambre	to be hungry 5
tener miedo (de)	to be afraid (of) 5
tener prisa	to be in a hurry 5
tener que + inf.	to have to (do something), must 5
tener razón	to be right 5
tener sed	to be thirsty 5
tener sueño	to be sleepy 5
tenis *(m.)*	tennis 1
testarudo(a)	stubborn 8
tío(a) *(m., f.)*	uncle (aunt) 2
tocar	to play (an instrument or record); to touch 4
tocarle a alguien	to be someone's turn 8
todavía	still 8
todo(a)	all 2
tomar	to take, drink 2
tomate *(m.)*	tomato 3
toronja *(f.)*	grapefruit 3

toser	to cough 5
tostador *(m.)*	toaster 7
trabajador(a)	hard-working 2
trabajo *(m.)*	work 2
traer (traigo)	to bring 4
traje *(m.)*	suit 6
traje de baño *(m.)*	bathing suit 6
tranquilamente	peacefully 8
tren *(m.)*	train 8
triste	sad 2
tú	you *(fam.)* P
tu(s)	your *(fam.)* 2
turista *(m., f.)*	tourist 1

U

u	or (before **o, ho**) 10
único(a)	sole (only) one; unique 2
usar	to use 2
usted (Ud.)	you *(formal)* P
utensilios *(m. pl.)*	utensils 3
uva *(f.)*	grape 3

V

vacilar	to hesitate 7
vaso *(m.)*	(drinking) glass 3
vecino(a) *(m., f.)*	neighbor 7
venir (vengo)	to come 4
ventana *(f.)*	window 1
ver (veo)	to see, watch 3
verano *(m.)*	summer 3
verde	green 6
verduras *(f. pl.)*	vegetables 3
vestido *(m.)*	dress 6
vestirse (i)	to dress 6
viajar	to travel 8
viaje *(m.)*	trip 8
vida *(f.)*	life 8
videocasetera *(f.)*	VCR 1
viernes *(m.)*	Friday 3
vinagre *(m.)*	vinegar 3
vino *(m.)* **(blanco, tinto)**	(white, red) wine 5
visitar	to visit 2
vivir	to live 3
volante *(m.)*	steering wheel 8
volar (ue)	to fly 8
volver (ue)	to come back 4
vuelo *(m.)*	flight 8

Y

y	and P
ya	already 7

Z

zanahoria *(f.)*	carrot 3
zapatos *(m. pl.)*	shoes 6

¡Saludos!
Vocabulary English–Spanish

The number next to each entry refers to the lesson in which the word first appears.

m.	masculine
f.	feminine
pl.	plural
adj.	adjective
fam.	familiar
interrog.	interrogative

A

about	sobre 8
accessories	accesorios *(m. pl.)* 6
act	actuar (actúo) 10
actor	actor *(m.)* 1
actress	actriz *(f.)* 1
advice	consejo *(m.)* 10
agent	agente *(m., f.)* 8
air	aéreo(a) 8; aire *(m.)* 8
air conditioning	aire *(m.)* acondicionado 7
aisle	pasillo *(m.)* 8
all	todo(a) 2
allow	dejar 9
along	por 10
already	ya 7
also	también 2
although	aunque 10
always	siempre 5
among	entre 10
ample	amplio(a) 7
amusing	divertido(a) 2
analyst	analista *(m., f.)* 1
and	y P
and (before **i, hi**)	e 8
angry	enojado(a) 2
another	otro(a) 4
answering machine	contestadora *(f.)* 7
apart	aparte 7
apple	manzana *(f.)* 3
April	abril *(m.)* 3
to argue	discutir 9
armchair	sillón *(m.)* 7
arrival	llegada *(f.)* 8
to arrive (at)	llegar (a) 2
art	arte *(m.)* 4
art piece	obra *(f.)* 9
as	como 5
as . . . as	tan... como 8
as customary	como de costumbre 8
as much (many) . . . as	tanto(a)(os/as)... como 8
as soon as	tan pronto como 10
aside	aparte 7
to ask for	pedir (i) 5
at	a 3

at once	en seguida 7
to attack	atacar 10
to attend	asistir a 3
August	agosto *(m.)* 3
aunt	tía *(f.)* 2
autumn	otoño *(m.)* 3
avocado	aguacate *(m.)* 3
to avoid	evitar 8

B

back	espalda *(f.)* 5
backpack	mochila *(f.)* 1
bad	malo(a) 2
bag	bolsa *(f.)* 6
baggage	equipaje *(m.)* 8
banana	plátano *(m.)* 3
baseball	béisbol *(m.)* 1
basketball	baloncesto *(m.)* 1
to bathe	bañarse 4
bathing suit	traje *(m.)* de baño 6
bathroom	baño *(m.)* 7
bathtub	bañera *(f.)* 7
battery	batería *(f.)* 8
to be (condition, location)	estar P, 2
to be (origin, inherent qualities)	ser (soy) 1
to be able (can)	poder (ue) 4
to be acquainted with	conocer (conozco) 3
to be afraid (of)	tener miedo (de) 5
to be born	nacer 8
to be careful	tener cuidado 5
to be cold	tener frío 5
to be happy (about)	alegrarse (de) 9
to be hot	tener calor 5
to be hungry	tener hambre 5
to be in a hurry	tener prisa 5
to be hurting (to someone)	dolerle (ue) 6
to be interesting (to someone)	interesarle (a alguien) 6
to be pleasing to	gustar 1
to be right	tener razón 5
to be sleepy	tener sueño 5
to be someone's turn	tocarle a alguien 8
to be sure of	estar seguro(a) de 6
to be thirsty	tener sed
to be very pleasing (to someone)	encantarle (a alguien) 6
to be . . . years old	tener... años

beans	frijoles *(m. pl.)* 3	**chalkboard**	pizarra *(f.)* 1
because	porque 3	**chambermaid**	camarera *(f.)* 9
(double) bed	cama *(f.)* (matrimonial) 7, 9	**charming**	encantador(a) 9
bedroom	dormitorio *(m.)* 7	**cheap**	barato(a) 4
beef	carne *(f.)* de res 3	**to check (baggage)**	facturar 8
beer	cerveza *(f.)* 5	**to cheer up**	animar(se) 10
before	antes (de) que 10	**cheerful**	alegre 2
to begin	empezar (ie) 4; comenzar (ie) 9	**cheese**	queso *(m.)* 3
to believe	creer 3	**chest**	pecho *(m.)* 5
belly	barriga *(f.)* 5	**chimney**	chimenea *(f.)* 7
belt	cinturón *(m.)* 6	**chocolate**	chocolate *(m.)* 5
to bend	doblar 9	**to choose**	escoger (escojo) 10
best	mejor 8	**chores**	quehaceres *(m. pl.)* 4
better	mejor 8	**city**	ciudad *(f.)* P
between	entre 4	**claim check**	comprobante *(m.)* 8
big	gran(de) 2, 5	**classmate**	compañero(a) *(m., f.)* P
bill	cuenta *(f.)* 9	**clean**	limpio(a) 2
biology	biología *(f.)* 4	**clock**	reloj *(m.)* 1
black	negro(a) 6	**to close**	cerrar (ie) 4
(city) block	cuadra *(f.)* 9	**closed**	cerrado(a) 2
blonde	rubio(a) 2	**closet**	ropero *(m.)* 7
blood	sangre *(f.)* 5	**clothing**	ropa *(f.)* 6
blouse	blusa *(f.)* 6	**clothing size**	talla *(f.)* 6
blue	azul 6	**coat**	abrigo *(m.)* 6
bone	hueso *(m.)* 5	**coconut**	coco *(m.)* 3
to board	abordar 8	**(decaffeinated) coffee**	café *(m.)* (descafeinado) 5
book	libro *(m.)* 1		
bookstore	librería *(f.)* 2	**coffee pot**	cafetera *(f.)* 7
boots	botas *(f. pl.)* 6	**cold water**	agua *(m.)* fría 5, 9
bored	aburrido(a) 2	**to collide (with)**	chocar (con) 8
box office	taquilla *(f.)* 10	**color**	color *(m.)* 6
boy	chico *(m.)* P; niño *(m.)* 2	**to comb one's hair**	peinarse 4
bracelet	pulsera *(f.)* 6	**to come**	venir (vengo) 4
brain	cerebro *(m.)* 5	**to come back**	volver (ue) 4
brakes	frenos *(m. pl.)* 8	**come in**	adelante P, 8
to break	romper 8	**comfortable**	cómodo(a) 8
to breathe	respirar 5	**to commence**	comenzar (ie) 9
brick (made of)	ladrillo *(m.)* (de ladrillo) 7	**commitment**	compromiso *(m.)* 10
bride and groom	novios *(m. pl.)* 2	**communications**	comunicaciones *(f. pl.)* 4
to bring	traer (traigo) 4	**company (firm)**	compañía *(f.)* 8
broken	roto(a) 2	**to compose**	componer (compongo) 7, 10
brother	hermano 2	**comprehensible**	comprensible 10
brown	marrón 6	**computer**	computadora *(f.)* 1
brown (hair, eyes)	castaño(a) 6	**computer science**	informática *(f.)* 4
building	edificio *(m.)* 2	**to construct**	construir (construyo) 8
bus (in Mexico)	camión *(m.)* 8	**to continue**	seguir (sigo, sigues...) 5
busy	ocupado(a) 2	**to cook**	cocinar 1
butter	mantequilla *(f.)* 3	**cookie**	galleta *(f.)* dulce 3
to buy	comprar 2	**corn**	maíz *(m.)* 3
by	por 10	**corner**	esquina *(f.)* 9
		corridor	pasillo *(m.)* 7
C		**cotton (made of cotton)**	algodón *(m.)* (de algodón) 6
cake	pastel *(m.)* 3	**to cough**	toser 5
calculator	calculadora *(f.)* 1	**to count**	contar (ue) 4, 10
to cancel	cancelar 8	**cousin**	primo(a) *(m., f.)* 2
candy	dulce *(m.)* 4	**cracker**	galleta *(f.)* 3
cap	gorra *(f.)* 6	**to crash (into)**	chocar (con) 8
carpet	alfombra *(f.)* 7	**to create**	crear 10
carrot	zanahoria *(f.)* 3	**to cross**	cruzar 9
cement block (made of cement block)	bloque *(m.)* (de bloque) 7	**Cuban**	cubano(a) P
		cup	taza *(f.)* 3
century	siglo *(m.)* 9	**curtains**	cortinas *(f. pl.)* 7
chair	silla *(f.)* 1	**customs**	aduana *(f.)* 8
		to cut	cortar 4

D

dark-complected	moreno(a) 2
daughter	hija (f.) 2
day	día (m.) 3
December	diciembre (m.) 3
delighted	encantado(a) 1
departure	salida (f.) 8
design	diseño (m.) 6
desk	escritorio (m.) 1
destination	destino (m.) 8
to dial	marcar 9
dictionary	diccionario (m.) 1
difficult	difícil 2
dignified	digno(a) 5
dining room	comedor (m.) 7
director	director(a) (m., f.) 1
dirty	sucio(a) 2
to discuss	discutir 9
dish	plato (m.) 3
dishwasher	lavaplatos (m.) 7
distinct	distinto(a) 9
to distinguish	distinguir 10
dizzy	mareado(a) 5
to do	hacer (hago) P
doctor	doctor(a) (m., f.) 1
door	puerta (f.) 1
to doubt	dudar 9
to draw	dibujar 7
dress	vestido (m.) 6
to dress	vestirse (i) 6
dresser	cómoda (f.) 7
drink	bebida (f.) 5
to drive	manejar 2
to dry oneself	secarse 4
dryer	secadora (f.) 7
to dust	sacudir 4

E

each (one)	cada (uno[a]) 5
(inner) ear	oído (m.) 5
(outer) ear	oreja (f.) 5
earrings	aretes (m. pl.) 6
easy	fácil 2
to eat	comer 3
economics	economía (f.) 4
educational	educativo(a) 10
egg	huevo (m.) 3
elevator	ascensor (m.), elevador (m.) (Lat. Am.) 9
to encourage	animar 8
end	fin (m.) 3
engagement	compromiso (m.) 10
engineer	ingeniero(a) (m., f.) 1
English	inglés (inglesa) 2; inglés (m.) 4
to enliven	animar(se) 10
entrance	entrada (f.) 7
era	época (f.) 10
even though	aunque 10
excessive	excesivo(a) 10
to exchange	cambiar 8
excuse me	perdón P
to exist	existir 10
exit	salida (f.) 8
expensive	caro(a) 6

expressive	expresivo(a) 2
eyeglasses	anteojos (m. pl.) 6

F

fabric	tela (f.) 6
face	cara (f.) 5
to face	dar a 7
factory	fábrica (f.) 8
fall (season)	otoño (m.) 3
to fall asleep	dormirse (ue) 4
family	familia (f.) 2
famous	célebre 9
farewell	despedida (f.) P
fat	gordo(a) 2
to fear	temer 9
February	febrero (m.) 3
to feel	sentirse (ie) 5
to feel like (doing something)	tener ganas de (+ inf.) 5
to feel sorry (I'm sorry)	sentir (ie) (lo siento) 7
to fill (out)	llenar 9
film	película (f.) 10
finally	por fin 4
to find	encontrar (ue) 9
fingers	dedos (m. pl.) 5
fireplace	chimenea (f.) 7
fish	pescado (m.) 3
to fit well/badly (clothing)	quedarle bien/mal 6
flight	vuelo (m.) 8
floor	piso (m.) 7
to fly	volar (ue) 8
to follow	seguir (sigo, sigues,...) 5
food	comida (f.) 3
foot	pie (m.) 5
football	fútbol (m.) norteamericano 1
for	por; para 2
for Heaven's sake	por Dios 10
to forget	olvidar 9
fork	tenedor (m.) 3
free (no charge)	gratis 5
frequently	a menudo 5
Friday	viernes (m.) 3
fried chicken	pollo (m.) frito 3
from	de 2
from (a certain time)	desde 10
from where	de dónde (interrog.) 1
fruit	fruta (f.) 3
funny	gracioso(a) 8
to furnish	amueblar 7
furniture	muebles (m. pl.) 7

G

garage	garaje (m.) 7
garden	jardín (m.) 7
(airport) gate	puerta (f.) 8
to get better	mejorarse 5
to get married (to)	casarse (con) 7, 10
to get together	reunirse (me reúno) 7
girl	chica (f.) P; niña (f.) 2

to give	dar (doy) 2
to give a gift (to someone)	regalarle (a alguien) 6
(drinking) glass	vaso (m.) 3
to go down	bajar 9
to go on vacation	ir de vacaciones 8
to go out	salir (salgo) 4
to go to bed	acostarse (ue) 4
to go up	subir 9
God bless (after someone sneezes)	salud 5
godparents	padrinos (m. pl.) 2
good	bueno(a) P, 2
good-bye	adiós P
good-looking	guapo(a) 2
to graduate	graduarse (me gradúo) 8
granddaughter	nieta (f.) 2
grandfather	abuelo (m.) 2
grandmother	abuela (f.) 2
grandson	nieto (m.) 2
grape	uva (f.) 3
grapefruit	toronja (f.) 3
gray	gris 6
great	gran(de) 5
greater (greatest)	mayor 8
green	verde 6
greetings	saludos (m. pl.) P
(house) guest	husped (m., f.) 9
guide	guía (m., f.) 10
gum	chicle (m.) 4
gymnasium	gimnasio (m.) 2

H

to haggle	regatear 6
hair	pelo (m.) 5
hallway	pasillo (m.) 7
ham	jamón (m.) 3
hand	mano (f.) 5
handkerchief	pañuelo (m.) 6
handsome	guapo(a) 2
happy	contento(a) 2
hard-working	trabajador(a) 2
to have	tener (tengo) 5
to have . . . ache	tener dolor de... 5
to have a cold	tener catarro 5
to have a good time	divertirse (ie) 4
to have breakfast	desayunar 2
to have lunch	almorzar (ue) 4
to have to (do something)	tener que + inf. 5
head	cabeza (f.) 5
health	salud (f.) 5
to hear	oír (oigo, oyes...) 7
heart	corazón (m.) 5
heating	calefacción (f.) 7
her	su(s) 2, 4
here	aquí 2
to hesitate	vacilar 7
hi (hello)	hola P
to highlight	destacar 10
highway	carretera (f.) 9
his	su(s) 2, 4
Hispanic	hispano(a) 2
history	historia (f.) 4

hoarse	ronco(a) 5
home	hogar (m.) 7
(I/we) hope	ojalá 9
to hope	esperar 9
(car) horn	bocina (f.) 8
hour	hora (f.) 4
house	casa (f.) 7
how	cómo (interrog.) P
how about?	qué tal 10
how are things?	qué tal 1
how many	cuántos(as) (interrog.) 3
how much	cuánto(a) (interrog.) 3
human body	cuerpo (m.) humano 5
husband	esposo 2

I

ill	enfermo(a) 2
immediately	inmediatamente 8
to improve	mejorar 10
in order that	para que 10
in order to	para 10
inflated	inflado(a) 10
to inspect	revisar 8
its	su(s) 2, 4
it's hot (cold)	hace calor (frío) 3

J

jacket	chaqueta (f.) 6
January	enero (m.) 3
jogging suit	sudadera (f.) 6
juice (made of)	jugo (m.) de... 3
July	julio (m.) 3
June	junio (m.) 3

K

key	llave (f.) 1
kidney	riñón (m.) 5
kind	amable 2, 8
kitchen	cocina (f.) 7
knee	rodilla (f.) 5
knife	cuchillo (m.) 3
to know a person	conocer (conozco) 3
to know facts	saber (sé) 3
to know how to	saber (sé) 3

L

label	etiqueta (f.) 8
ladder	escalera (f.) 9
lamp	lámpara (f.) 7
language	lengua (f.) 4
large	gran(de) 2, 5
last night	anoche 7
late	tarde P
lawyer	abogado(a) (m., f.) 1
to learn	aprender 3
leather (made of leather)	cuero (m.) (de cuero) 6
to leave	irse (me voy) 4
to leave (something) behind	dejar 9

left	izquierda 2
lemon	limón *(m.)* 3
to lend (to someone)	prestarle (a alguien) 6
lesser (least)	menor 8
lesson	lección *(f.)* 1
let's get started	adelante P, 8
lettuce	lechuga *(f.)* 3
library	biblioteca *(f.)* 2
license	licencia *(f.)* 9
life	vida *(f.)* 8
light	luz *(f.)* 1
light (color)	claro(a) 6
light bulb	bombilla *(f.)* 9
light-complected	rubio(a) 2
like	como 5
like this	así 6
likewise	igualmente 1
lips	labios *(m. pl.)* 5
to listen to	escuchar P
little by little	poco a poco 4
to live	vivir 3
living room	sala *(f.)* 7
long	largo(a) 6
to love	querer (ie) 5
to lower	bajar 9

M

to maintain	mantener (mantengo) 9
to make	hacer (hago) P
to make stopovers	hacer escalas 8
map	mapa *(m.)* 1
(city, street) map	plano *(m.)* 9
March	marzo *(m.)* 3
to mark	marcar 9
married	casado(a) 2
married couple	matrimonio *(m.)* 9
masterpiece	obra *(f.)* maestra 10
material	material *(m.)* 7
mathematics	matemáticas *(f. pl.)* 4
May	mayo *(m.)* 3
maybe	quizá 9
meal	comida *(f.)* 3
meat	carne *(f.)* 3
medium	mediano(a) 6
Mexican	mexicano(a) P
milk	leche *(f.)* 5
mine	mío(a) 7
mirror	espejo *(m.)* 7
to miss	echar de menos 7
Miss	señorita (Srta.) *(f.)* P
Monday	lunes *(m.)* 3
month	mes *(m.)* 3
more	más P
more (less) . . . than	más (menos)... que 8
more or less	más o menos P
mosaic floor tiles (made of mosaic floor tiles)	azulejos *(m.)* (de azulejos) 7
mother	madre *(f.)* 2
mouth	boca *(f.)* 5
to move (to a home)	mudarse 7
move forward	adelante P, 8
Mr.	señor (Sr.) *(m.)* P
Mrs.	señora (Sra.) *(f.)* P

musician	músico *(m., f.)* 10
must	tener que + inf. 5
my	mi(s) 2

N

name	nombre *(m.)* 1
napkin	servilleta *(f.)* 3
nationality	nacionalidad *(f.)* P
neck	cuello *(m.)* 5
to need	necesitar 2
to negotiate	negociar 8
neighbor	vecino(a) *(m., f.)* 7
neighborhood	barrio *(m.)* 7
neither	tampoco 5
never	nunca 5
new	nuevo(a) 2
next	próximo(a) 9
nice (person)	simpático(a) 2
no . . . but rather	no... sino 9
no one	nadie 5
noise	ruido *(m.)* 9
North American	norteamericano(a) P
nose	nariz *(f.)* 5
not either	tampoco 5
notebook	cuaderno *(m.)* 1
nothing	nada 5
notice	aviso *(m.)* 9
November	noviembre *(m.)* 3
now and then	de vez en cuando 8
nylon (made of nylon)	nilón *(m.)* (de nilón) 6

O

October	octubre *(m.)* 3
of	de 2
of course	por supuesto 10
oil	aceite *(m.)* 3
older (oldest)	mayor 8
on the one hand . . . on the other	por un lado... por otro 9
on the other hand	en cambio 10
on the outside	por fuera 7
onion	cebolla *(f.)* 3
open	abierto(a) 2
to open	abrir 3
or	o 2
or (before o, ho)	u 10
orange	anaranjado(a) 6
orange	naranja *(f.)* 3
to order	mandar 6
other	otro(a) 4
to ought to	deber + inf. 3
our	nuestro(a) 4
(microwave) oven	horno *(m.)* (microondas) 7
owner	dueño(a) *(m., f.)* 9

P

to paint	pintar 10
painter	pintor(a) *(m., f.)* 10
painting	cuadro *(m.)* 10
pals	compadres *(m. pl.)* 2
pants	pantalones *(m. pl.)* 6

paper	papel (m.) 1
parents	padres (m. pl.) 2
parking	estacionamiento (m.) 2
part	parte (f.) 8
to participate	participar 2
passenger	pasajero(a) (m., f.) 8
past (last Monday)	pasado (m.) (el lunes pasado) 7
to pay attention	prestar atención 10
peacefully	tranquilamente 8
peach	melocotón (m.) 3
pear	pera (f.) 3
pen	bolígrafo (m.) 1
pencil	lápiz (m.) 1
people	gente (f.) 8
pepper	pimienta (f.) 3
period	época (f.) 10
to permit	permitir 9
person with a Master's degree	licenciado(a) (m., f.) 1
physician	médico(a) (m., f.) 1
to pick	escoger (escojo) 10
picture	cuadro (m.) 10
picturesque	pintoresco(a) 4
pineapple	piña (f.) 3
pink	rosado(a) 6
pity	lástima (f.) 9
place	lugar (m.) P
plaid (made of plaid)	cuadros (m. pl.) (de cuadros) 6
to plan to	pensar + inf. 4
plane	avión (m.) 8
to play (an instrument or record)	tocar 4
to play (game, sport)	jugar (ue) a 1, 4
player	jugador(a) (m., f.) 1
pleasure	gustó (m.) 1
polkadots (polka-dotted)	lunares (m. pl.) (de lunares) 6
polyester (made of polyester)	poliéster (m.) (de poliéster) 6
poor	pobre 2
(roast) pork	puerco (m.) asado 3
potato	papa (f.) 3
to practice	practicar 2
to prefer	preferir (ie) 4
to prescribe	recetar 5
pretty	bonito(a), lindo(a) 2
price	precio 9
private	privado(a) 4
problem	problema (m.) 1
to produce	producir (produzco) 10
professor	profesor(a) (m., f.) 1
programmer	programador(a) (m., f.) 1
provided that	con tal que 10
psychology	psicología (f.) 4
Puerto Rican	puertorriqueño(a) P
punch (drink)	ponche (m.) 5
purple	morado(a) 6
purse	bolsa (f.) 6
to put on	ponerse (me pongo) 4

Q

quiet	callado(a) 2
quite well	bastante bien P

R

to rain	llover (ue) 3
raincoat	impermeable (m.) 6
to read	leer P
to receive	recibir 3
receptionist	recepcionista (m., f.) 9
to recognize	reconocer (reconozco) 9
to recommend	recomendar (ie) 9
red	rojo(a) 6
to reflect	reflejar 10
refreshment	refresco (m.) 5
refrigerator	refrigerador (m.) 7
registry	registro (m.) 9
to regret	sentir (ie) 7
relatives	parientes (m. pl.) 2
relaxed	relajado(a) 2
to remember	recordar (ue) 4; acordarse (ue) de 9; recordar (ue) 9
to remind	recordar (ue) 9
to remodel	remodelar 7
to remove	quitarse 4
to repeat	repetir (i) 5
to request	pedir (i) 5
to resolve	resolver (ue) 8
to rest	descansar 2
restrooms	servicios (m. pl.) 8
to return	regresar 2
to return (something)	devolver (ue) 6
rice	arroz (m.) 3
rich	rico(a) 2
right	derecha 2
ring	anillo (m.) 6
roof	techo (m.) 7
roof tiles (made of)	tejas (f. pl.) (de tejas) 7
room	cuarto (m.) 7
(double) room	habitación (f.) (doble) 9
(single) room	habitación (f.) (sencilla) 9
roomy	espacioso(a) 7
round	redondo(a) 10
rug	alfombra (f.) 7
to run	correr 1

S

sad	triste 2
safety belt	cinturón (m.) de seguridad 8
salad	ensalada (f.) 3
salt	sal (f.) 3
to sample	probar (ue) 10
sandals	sandalias (f. pl.) 6
Saturday	sábado (m.) 3
sauce	salsa (f.) 3
(Spanish) sausage	chorizo (m.) 3
to say	decir (i) (digo) 5
seasoning	condimentos (m. pl.) 3
seat	asiento (m.) 1
to see	ver (veo) 3
see you soon	hasta pronto P
see you later	hasta luego P
to seem (to someone)	parecerle (a alguien)
to send	mandar 6
September	septiembre (m.) 3
to serve	servir (i) 5

Vocabulary English—Spanish

set of . . .	juego (m.) de... 7
to share	compartir 3
to shave	afeitarse 4
shellfish	mariscos (m. pl.) 3
shirt	camisa (f.) 6
shoes	zapatos (m. pl.) 6
short (size)	corto(a) 6
should	deber + inf. 3
shoulder	hombro (m.) 5
to show	enseñar 2; mostrar (ue) 9
shower	ducha (f.) 7
showing (of a movie)	función (f.) 10
sick	enfermo(a) 2
signature	firma (f.) 9
silk (made of silk)	seda (f.) (de seda) 6
since (a certain time)	desde 10
singer	cantante (m., f.) 1
(bathroom) sink	lavabo (m.) 7
(kitchen) sink	fregadero (m.) 7
sister	hermana (f.) 2
to sit down	sentarse (ie) 4
to sketch	dibujar 7
skin	piel (f.) 5
to sleep	dormir (ue) 4
sleeve	manga (f.) 6
to snow	nevar (ie) 3
so that	para que 10
soccer	fútbol (m.) 1
sociology	sociología (f.) 4
socks	calcetines (m. pl.) 6
sole (only) one	único(a) 2
someone	alguien 5
something	algo 5
son	hijo (m.) 2
so-so	más o menos P
soup	sopa (f.) 3
space	espacio (m.) 7
spacious	amplio(a); espacioso(a) 7
Spanish	español(a) 2; español(a) (m., f.) 4
sponsors	compadres (m. pl.) 2
sports	deportes (m. pl.) 1
spring	primavera (f.) 3
stairs	escalera (f.) 9
to stand in line	hacer cola 8
to stand out	destacar 10
to start up (engine)	arrancar 8
to stay	quedarse 4
steak	bistec (m.) 3
steering wheel	volante (m.) 8
stepfather	padrastro (m.) 2
stepmother	madrastra (f.) 2
still	todavía 8
stockings	medias (f. pl.) 6
stomach	estómago (m.) 5
stone (made of stone)	piedra (f.) (de piedra) 7
(bus) stop	parada (f.) 8
stove	estufa (f.), cocina (f.) 7
straight	derecho 2
strawberry	fresa (f.) 3
stripes (striped)	rayas (f. pl.) (de rayas) 6
strong	fuerte 2
stubborn	testarudo(a) 8
student	estudiante (m., f.) 1
to study	estudiar 2

(school) subjects	materias (f. pl.) 4
suddenly	de repente, de pronto 8
sugar	azúcar (m.) 3
suit	traje (m.) 6
suitcase	maleta (f.) 8
summer	verano (m.) 3
Sunday	domingo (m.) 3
surname	apellido (m.) 1
sweater	suéter (m.) 6
sweatshirt	sudadera (f.) 6
sweet	dulce 7
sweethearts	novios (m. pl.) 2
to swim	nadar 1
swimming pool	piscina (f.) 7

T

table	mesa (f.) 1
(small) table	mesita (f.) 7
tablespoon	cuchara (f.) 3
to take	llevar; (drink) tomar 2
to take a trip	hacer un viaje 8
to take care of	cuidar 6
to take out	sacar 9
to take pictures	sacar fotos 9
tall	alto(a) 2
to taste	probar (ue) 10
(iced, hot) tea	té (m.) helado (caliente) 5
to teach	enseñar 2
teaspoon	cucharita (f.) 3
teeth	dientes (m. pl.) 5
to tell	decir (i) (digo) 5; contar (ue) 4, 10
tennis	tenis (m.) 1
thank you	gracias P
that	ese(a) 6
that (over there)	aquel(la) 6
that one	ése(a) 6
that one (over there)	aquél(la) 6
that's why	por eso 6
the weather is fine (bad)	hace buen (mal) tiempo 3
their	su(s) 2, 4
theme	tema (m.) 10
then	entonces 4
there	allí 2
there is	hay 1
there are	hay 1
thin	delgado(a) 2
things	cosas (f. pl.) 4
to think about	pensar (ie) en 4
this	este(a) 6
this one	éste(a) 6
throat	garganta (f.) 5
Thursday	jueves (m.) 3
thus	así 6
(plane, train) ticket	pasaje (m.) 8; boleto (m.) 8; entrada (f.) 10
tie	corbata (f.) 6
tight	apretado(a) 6
time	hora (f.) 4
(car) tire	llanta (f.) 8
to	a 3
toaster	tostador (m.) 7
today	hoy 3

toes	dedos (*m. pl.*) del pie 5
together	juntos(as) 4
toilet	inodoro (*m.*) 7
tomato	tomate (*m.*) 3
tomorrow	mañana 3
tooth	muela (*f.*) 5
to touch	tocar 4
tourist	turista (*m., f.*) 1
train	tren (*m.*) 8
to travel	viajar 8; recorrer 9
trip	viaje (*m.*) 8
truck	camión (*m.*) 8
to try hard	esforzarse (ue) 10
T-shirt	camiseta (*f.*) 6
Tuesday	martes (*m.*) 3
turkey	pavo (*m.*) 3
to turn	doblar 9
to turn left	doblar a la izquierda 9
to turn off (engine, appliance)	apagar 8
to turn right	doblar a la derecha 9
TV set	televisor (*m.*) 1

U

ugly	feo(a) 2
umbrella	paraguas (*m.*) 6
uncle	tío (*m.*) 2
to understand	comprender 3; entender (ie) 4
unique	único(a) 2
United States	Estados Unidos (*m. pl.*) P
unmarried (single)	soltero(a) 2
until	hasta P, 4; hasta que 10
upon (when)	al + inf. 9
to use	usar 2
utensils	utensilios (*m. pl.*) 3

V

to vacuum	pasar la aspiradora 4
VCR	videocasetera (*f.*) 1
vegetables	verduras (*f. pl.*) 3
vinegar	vinagre (*m.*) 3
to visit	visitar 2

W

to wait for	esperar 2
waitress	camarera (*f.*) 9
to wake up	despertarse (ie) 4
to walk	caminar 2
wall	pared (*f.*) 7
wallet	cartera (*f.*) 6
to want	querer (ie) 4
to wash oneself	lavarse 4
washer	lavadora (*f.*) 7

watch	reloj (*m.*) 1
to watch	ver (veo) 3
water	agua (*f.*, but **el agua**) 5
to wear	llevar 6
Wednesday	miércoles (*m.*) 3
week	semana (*f.*) 3
weekend	fin (*m.*) de semana 3
welcome	bienvenido(a) 8
well	bien P
what	cuál (es) (*interrog.*) P; qué (*interrog.*) 3
what's + adj.	lo + adj. 9
when	cuando 10
whenever	cuando 10
where	dónde (*interrog.*) 3
where to	adónde (*interrog.*) 3
which one(s)	cuál (es) P
while	mientras 8
white	blanco/a 6
who	que 3; quién (es) (*interrog.*) 3
whose	de quién/es interrog.
why	por qué interrog. 3
wide	ancho(a) 6
width	ancho (*m.*) 6
wife	esposa (*f.*); mujer (*f.*) 2
window	ventana (*f.*) 1
windshield	parabrisas (*m.*) 8
(white, red) wine	vino (*m.*) (blanco, tinto) 5
wine glass	copa (*f.*) 3
winter	invierno (*m.*) 3
to wish	desear 2
with	con 2
with me	conmigo 10
with you	contigo (*fam.*) 10
without	sin que 10
woman	mujer (*f.*) 2
wood (made of wood)	madera (*f.*) (de madera) 7
wool (made of wool)	lana (*f.*) (de lana) 6
work	trabajo (*m.*) 2; obra (*f.*) 9
to work	trabajar 2; (machines) funcionar 9
to worry (about)	preocuparse (por) 4
worse (worst)	peor 2, 8
worthy	digno(a) 5
to write	escribir P
writer	escritor(a) (*m., f.*) 1

Y

year	año (*m.*) 3
yellow	amarillo(a) 6
yesterday	ayer 3
you	usted (Ud.) (formal); tú (*fam.*) P
young	joven 2
younger (youngest)	menor 8
your	tu(s) (*fam.*) 2; su(s) 2, 4

Appendix A

Capitalization, punctuation, syllabication, and word stress

Capitalization . . . .

A. Names of languages and adjectives or nouns of nationality are not capitalized in Spanish; names of countries are.

Robin es inglés, pero habla muy bien el español. Pasó varios años en Panamá.	*Robin is English, but he speaks Spanish very well. He spent several years in Panama.*

B. The first-person singular **yo** is not capitalized, as *I* is in English. Days of the week and names of months are also lowercased in Spanish.

En enero, durante el verano, yo voy a la playa todos los domingos por la tarde.	*In January, during the summer, I go to the beach every Sunday afternoon.*

C. In Spanish titles, with rare exceptions, only the first word and any subsequent proper nouns are capitalized.

El amor en los tiempos del cólera	Love in the Time of Cholera
La casa de Bernarda Alba	The House of Bernarda Alba

D. **Usted** and **ustedes** are capitalized only when abbreviated: **Ud. (Vd.), Uds. (Vds.).** Similarly, **señor (Sr.), señora (Sra.),** and **señorita (Srta.)** are capitalized only in abbreviations.

Punctuation. . . . .

A. The question mark and exclamation mark appear, in inverted form, at the beginning of a question or exclamation. They are not always placed at the beginning of a sentence but, rather, at the beginning of the actual question or exclamation.

¡Hola! ¿Cómo estás? Si usted pudiera viajar a Sudamérica, ¿a qué país viajaría?	*Hi! How are you? If you could travel to South America, to what country would you travel?*

B. Guillemets (« ») are used instead of the quotation marks used in English.

«¡Felicitaciones!» me dijo.	*"Congratulations!" he said to me.*

Syllabication . . . .

1. The most common syllable pattern is a single consonant (including **ch**, **ll**, and **rr**) plus a vowel or diphthong (the combination of any two vowels that include **i, y** or **u**).

    se-ñor   bue-no   sie-te   mu-cho
    gui-ta-rra   va-lle   fa-mi-lia   es-toy

2. When there are two consonants together, the syllable is divided between the two except in most words where **l** or **r** is the second consonant.

    gus-to   es-pa-ñol   in-ten-so   lec-ción   ar-te   ***but:*** cua-tro
    pa-dre   no-ble   ha-bla

3. Three consonants are divided between the second and the third, unless the third is **l** or **r.**

    ins-tante   trans-mitir   ***but:***   nom-bre   com-pren-der   com-ple-tar

4. A written accent over the **i** or **u** breaks the diphthong.

    dí-a   pa-ís   Ra-úl

The strong vowels (**a, e** and **o**) are separated.

    i-de-a   le-o

Word stress . . . .

1. Words that end in a vowel, a diphthong, or the consonants **n** or **s** are stressed on next-to-the-last syllable. (Each syllable has one vowel or diphthong.)

    <u>pa</u>-so   a-<u>mi</u>-ga   fa-<u>mi</u>-lia   es-<u>tu</u>-dio   es-<u>tu</u>-dian   <u>tar</u>-des   <u>fe</u>-o

2. Words that end in a consonant other than **n** or **s** are stressed on the last syllable.

    se-<u>ñor</u>   pa-<u>pel</u>   estu-<u>diar</u>   us-<u>ted</u>

3. Words that do not follow the above two patterns have a written accent to indicate the stressed syllable.

    a-<u>diós</u>   mo-<u>cá</u>-ni-co   te-<u>lé</u>-fo-no   es-ta-<u>ción</u>

4. Accents are always used:

    a. with interrogative words and exclamations.

    ¿Cómo?   ¿Cuándo?   ¿Qué?   ¡Qué gusto!

    b. to differentiate words identical is spelling but different in meaning.

tú	*you*	tu	*your*	sí	*yes*	si	*if*
él	*he*	el	*the*	sólo	*only*	solo	*alone*

Appendix B

Numbers, dates, and time

Cardinal numbers . . . .

0	cero	29	veintinueve (veinte y nueve)
1	uno, una	30	treinta
2	dos	31	treinta y un(o), una
3	tres	40	cuarenta
4	cuatro	50	cincuenta
5	cinco	60	sesenta
6	seis	70	setenta
7	siete	80	ochenta
8	ocho	90	noventa
9	nueve	100	ciento (cien)
10	diez	101	ciento un(o, a)
11	once	110	ciento diez
12	doce	200	doscientos(as)
13	trece	300	trescientos(as)
14	catorce	400	cuatrocientos(as)
15	quince	500	quinientos(as)
16	dieciséis (diez y seis)	600	seiscientos(as)
17	diecisiete (diez y siete)	700	setecientos(as)
18	dieciocho (diez y ocho)	800	ochocientos(as)
19	diecinueve (diez y nueve)	900	novecientos(as)
20	veinte	1000	mil
21	veintiún, veintiuno, veintiuna (veinte y un[o, a])	1100	mil ciento (mil cien)
22	veintidós (veinte y dos)	1500	mil quinientos(as)
23	veintitrés (veinte y tres)	2000	dos mil
24	veinticuatro (veinte y cuatro)	100.000	cien mil
		200.000	doscientos(as) mil
25	veinticinco (veinte y cinco)	1.000.000	un millón (de)
26	veintiséis (veinte y seis)	2.000.000	dos millones (de)
27	veintisiete (veinte y siete)	2.500.000	dos millones quinientos(as) mil
28	veintiocho (veinte y ocho)		

Ordinal numbers . . . .

1st	primer(o, a)	5th	quinto(a)	8th	octavo(a)
2nd	segundo(a)	6th	sexto(a)	9th	noveno(a)
3rd	tercer(o, a)	7th	séptimo(a)	10th	décimo(a)
4th	cuarto(a)				

A. Cardinal numbers are invariable...

cuatro hermanas y cinco hermanos	*four sisters and five brothers*

except **ciento** and **uno** and their compound forms:

doscientas personas	*two hundred people*
un viudo y una viuda	*a widower and a widow*
treinta y una familias	*thirty-one families*
veintiún maridos y veintiuna esposas	*twenty-one husbands and twenty-one wives*

B. **Ciento** becomes **cien** before a noun or before **mil** or **millones.**

Cien años de soledad es una novela famosa de Gabriel García Márquez.
One Hundred Years of Solitude is a *famous novel by Gabriel García Márquez.*

Hace cien mil años el hombre neandertal vivía en España.
One hundred thousand years ago Neanderthal man lived in Spain.

C. Above 999 **mil** must be used.

En mil novecientos cincuenta y nueve Fidel Castro llegó al poder en Cuba.	*In nineteen (hundred) fifty-nine Fidel Castro came to power in Cuba.*

D. **Un millón de** (**dos millones de,** etc.) are used for millions.

España tiene unos 40 millones de habitantes.	*Spain has about 40 million inhabitants.*

E. Ordinal numbers have to agree in gender with the nouns they modify.

la décima vez	*the tenth time*
el noveno día	*the ninth day*

F. The final **o** of **primero** and **tercero** is dropped before a masculine singular noun.

¿Es el primer o el tercer día del mes?   *Is it the first or third day of the month?*

G. **El primero** is used in dates for the first of the month; cardinal numbers are used for other days of the month.

El primero de mayo es el Día de los Trabajadores; el cinco de mayo es el día de la batalla de Puebla contra los franceses en México.	*The first of May is Labor Day; the fifth of May is the day of the battle of Puebla against the French in Mexico.*

H. Ordinal numbers are used with names of kings or queens up to **décimo(a),** *tenth;* beyond that cardinal numbers are normally used.

Isabel Primera (I)   Carlos Quinto (V)   Alfonso Doce (XII)

I. Note that ordinal numbers are used for fractions up to *tenth*, except that **medio** is used for *half* and **tercio** for *third*. **La mitad (de algo)** is used for *half of a definite amount*.

una cucharada y media	*a teaspoon and a half*
medio español y medio inglés	*half Spanish and half English*
la mitad de una manzana	*half an apple*
dos tercios del trabajo	*two-thirds of the work*
un cuarto (quinto) del libro	*a fourth (fifth) of the book*

Days of the week . . . .

domingo	*Sunday*	jueves	*Thursday*
lunes	*Monday*	viernes	*Friday*
martes	*Tuesday*	sábado	*Saturday*
miércoles	*Wednesday*		

Months of the year . . . .

enero	*January*	julio	*July*
febrero	*February*	agosto	*August*
marzo	*March*	se(p)tiembre	*September*
abril	*April*	octubre	*October*
mayo	*May*	noviembre	*November*
junio	*June*	diciembre	*December*

Seasons . . . .

la primavera	*spring*	el otoño	*autumn*
el verano	*summer*	el invierno	*winter*

Time of day . . . .

The verb **ser** is used to tell time in Spanish.

¿Qué hora es?	*What time is it?*
Era la una.	*It was one o'clock.*
Son las tres en punto.	*It's exactly three o'clock.*
Son las diez y media.	*It's 10:30.*
Serán las cuatro y cuarto (quince).	*It must be 4:15.*
Son las siete menos diez.	*It's 6:50.*
Eran las nueve y veinte de la noche.	*It was 9:20 at night.*

Appendix C

Use of prepositions

A. Verbs that are followed by **a** before an infinitive:

acostumbrarse a	to get used to		**enseñar a**	to teach (how) to
aprender a	to learn (how) to		**enviar a**	to send to
atreverse a	to dare to		**invitar a**	to invite to
ayudar a	to help to		**ir a**	to go to
bajar a	to come down to		**obligar a**	to force or oblige to
comenzar a	to begin to		**oponerse a**	to oppose
contribuir a	to contribute to		**pasar a**	to go to
correr a	to run to		**salir a**	to go out to
decidirse a	to decide to		**venir a**	to come to
empezar a	to begin to		**volver a**	to do (something) again

B. Verbs followed by **a** before an object:

acercarse a	to approach		**jugar a**	to play
acostumbrarse a	to get used to		**llegar a**	to arrive (at)
asistir a	to attend		**manejar a**	to drive to
bajar a	to come down to		**oler a**	to smell of
contribuir a	to contribute to		**oponerse a**	to oppose
correr a	to run to		**pasar a**	to go to
corresponder a	to correspond to		**referirse a**	to refer to
dar a	to face		**salir a**	to go out to
dirigir a	to direct to		**subir a**	to get on
invitar a	to invite		**venir a**	to come to
ir a	to go to		**volver a**	to return to

C. Verbs followed by **con** before an object:

acabar con	to finish, put an end to		**contar con**	to count on
amenazar con	to threaten with		**encontrarse con**	to run into, meet
casarse con	to marry		**enfrentarse con**	to face
consultar con	to consult with		**romper con**	to break (up) with
			soñar con	to dream about

D. Verbs followed by **de** before an infinitive:

acabar de	to have just		**dejar de**	to stop
acordarse de	to remember to		**haber de**	to be supposed to
alegrarse de	to be happy to		**olvidarse de**	to forget to
cansarse de	to get tired of		**tratar de**	to try to

Appendix C

E. Verbs followed by **de** before an object:

acordarse de	to remember	**equivocarse de**	to (verb) the wrong (noun)*
arrepentirse de	to regret		
bajar de	to get off	**gozar de**	to enjoy
burlarse de	to make fun of	**jactarse de**	to boast about
cansarse de	to get tired of	**olvidarse de**	to forget
constar de	to consist of	**padecer de**	to suffer from
cuidar(se) de	to take care of (oneself)	**preocuparse de**	to worry about
		quejarse de	to complain about
darse cuenta de	to realize	**reírse de**	to laugh at
depender de	to depend on	**salir de**	to leave
despedirse de	to say good-bye to	**servir de**	to serve as
disfrutar de	to enjoy	**sufrir de**	to suffer from
enamorarse de	to fall in love with	**tratar de**	to deal with, be about

F. Verbs followed by **en** before an infinitive:

consentir en	to consent to
insistir en	to insist on
tardar en	to delay in, take (so long, so much time) to

G. Verbs followed by **en** before an object:

confiar en	to trust in, to	**fijarse en**	to notice
convertirse en	to change into	**fracasar en**	to fail
entrar en	to go in, enter	**influir en**	to influence
especializarse en	to major in	**pensar en**	to think about

H. Verbs followed by **por** before an infinitive:

preocuparse por	to worry about

I. Verbs followed by **por** before an object:

estar por	to be in favor of	**preocuparse por**	to worry about; take care of
luchar por	to fight for		
preguntar por	to ask about	**votar por**	to vote for

....

* **Me equivoqué de autobús.** I took the wrong bus. **Me equivoqué de puerta.** I went to the wrong door.

Appendix D

Regular verbs

Simple tenses . . . .

Infinitive	Indicative				
	Present	**Imperfect**	**Preterit**	**Future**	**Conditional**
hablar	hablo	hablaba	hablé	hablaré	hablaría
	hablas	hablabas	hablaste	hablarás	hablarías
	habla	hablaba	habló	hablará	hablaría
	hablamos	hablábamos	hablamos	hablaremos	hablaríamos
	habláis	hablabais	hablasteis	hablaréis	hablaríais
	hablan	hablaban	hablaron	hablarán	hablarían
comer	como	comía	comí	comeré	comería
	comes	comías	comiste	comerás	comerías
	come	comía	comió	comerá	comería
	comemos	comíamos	comimos	comeremos	comeríamos
	coméis	comíais	comisteis	comeréis	comeríais
	comen	comían	comieron	comerán	comerían
vivir	vivo	vivía	viví	viviré	viviría
	vives	vivías	viviste	vivirás	vivirías
	vive	vivía	vivió	vivirá	viviría
	vivimos	vivíamos	vivimos	viviremos	viviríamos
	vivís	vivíais	vivisteis	viviréis	viviríais
	viven	vivían	vivieron	vivirán	vivirían

Simple tenses . . . .

Subjunctive		Commands
Present	**Imperfect**	
hable	hablara (se)	—
hables	hablaras (ses)	habla (no hables)
hable	hablara (se)	hable
hablemos	habláramos (semos)	hablemos
habléis	hablarais (seis)	hablad (no habléis)
hablen	hablaran (sen)	hablen
coma	comiera (se)	—
comas	comieras (ses)	come (no comas)
coma	comiera (se)	coma
comamos	comiéramos (semos)	comamos
comáis	comierais (seis)	comed (no comáis)
coman	comieran (sen)	coman
viva	viviera (se)	—
vivas	vivieras (ses)	vive (no vivas)
viva	viviera (se)	viva
vivamos	viviéramos (semos)	vivamos
viváis	vivierais (seis)	vivid (no viváis)
vivan	vivieran (sen)	vivan

Perfect tenses

Past Participle	Indicative			
	Present Perfect	**Past Perfect**	**Future Perfect**	**Conditional Perfect**
hablado	he hablado has hablado ha hablado hemos hablado habéis hablado han hablado	había hablado habías hablado había hablado habíamos hablado habíais hablado habían hablado	habré hablado habrás hablado habrá hablado habremos hablado habréis hablado habrán hablado	habría hablado habrías hablado habría hablado habríamos hablado habríais hablado habrían hablado
comido	he comido has comido ha comido hemos comido habéis comido han comido	había comido habías comido había comido habíamos comido habíais comido habían comido	habré comido habrás comido habrá comido habremos comido habréis comido habrán comido	habría comido habrías comido habría comido habríamos comido habríais comido habrían comido
vivido	he vivido has vivido ha vivido hemos vivido habéis vivido han vivido	había vivido habías vivido había vivido habíamos vivido habíais vivido habían vivido	habré vivido habrás vivido habrá vivido habremos vivido habréis vivido habrán vivido	habría vivido habrías vivido habría vivido habríamos vivido habríais vivido habrían vivido

Progressive tenses

Present Participle	Indicative		Present Participle	Indicative
	Present Progressive	**Past Progressive**		**Present Progressive**
hablando	estoy hablando estás hablando está hablando estamos hablando estáis hablando están hablando	estaba hablando estabas hablando estaba hablando estábamos hablando estabais hablando estaban hablando	**comiendo**	estoy comiendo estás comiendo está comiendo estamos comiendo estáis comiendo están comiendo

Perfect tenses . . . .

	Subjunctive	
Present Perfect	**Past Perfect**
haya hablado	hubiera (se) hablado
hayas hablado	hubieras (ses) hablado
haya hablado	hubiera (se) hablado
hayamos hablado	hubiéramos (semos) hablado
hayáis hablado	hubierais (seis) hablado
hayan hablado	hubieran (sen) hablado
haya comido	hubiera (se) comido
hayas comido	hubieras (ses) comido
haya comido	hubiera (se) comido
hayamos comido	hubiéramos (semos) comido
hayáis comido	hubierais (seis) comido
hayan comido	hubieran (sen) comido
haya vivido	hubiera (se) vivido
hayas vivido	hubieras (ses) vivido
haya vivido	hubiera (se) vivido
hayamos vivido	hubiéramos (semos) vivido
hayáis vivido	hubierais (seis) vivido
hayan vivido	hubieran (sen) vivido

Progressive tenses. . . . .

Indicative	Present Participle	Indicative	
Past Progressive		**Present Progressive**	**Past Progressive**
estaba comiendo	**viviendo**	estoy viviendo	estaba viviendo
estabas comiendo		estás viviendo	estabas viviendo
estaba comiendo		está viviendo	estaba viviendo
estábamos comiendo		estamos viviendo	estábamos viviendo
estabais comiendo		estáis viviendo	estabais viviendo
estaban comiendo		están viviendo	estaban viviendo

Appendix E

Spelling-changing, stem-changing, and irregular verbs

Orthographic changes . . . .

Some rules to help you conjugate verbs that have orthographic (spelling) changes are:

1. A **c** before **a, o,** or **u** is pronounced like a *k* in English; a **c** before **e** or **i** is pronounced like *s* (except in certain parts of Spain, where it is pronounced like *th*). A **c** changes to **qu** before **e** or **i** to preserve the *k* sound.
2. A **g** before **a, o,** or **u** is pronounced like a *g* in English, but before **e** or **i** it is pronounced like a Spanish **j** (*h* in English). Before **e** or **i**, **g** is often changed to **gu** to preserve the *g* sound. Similarly, a **g** may be changed to **j** to preserve the *h* sound before **a, o,** or **u.**
3. A **z** is changed to **c** before **e** or **i.**
4. An unstressed **i** between two vowels is changed to **y.**

Examples of orthographic changes are noted in the list of verbs that follows.

Verb index . . . .

In the following list, the numbers in parentheses refer to the verbs conjugated in the charts on pages A14–A25. Footnotes are on page A13.

acordar o *to* ue (*see* contar)
acostar o *to* ue (*see* contar)
adquirir i *to* ie, i (*see* sentir)
agradecer c *to* zc (*see* conocer)
alargar g *to* gu[1]
almorzar o *to* ue, z *to* c[2] (*see* contar)
analizar z *to* c[2]
andar (1)
apagar g *to* gu[1]
aparecer c *to* zc (*see* conocer)
aplicar c *to* qu[3]
aprobar o *to* ue (*see* contar)
arrepentirse e *to* ie, i (*see* sentir)
atacar c *to* qu[3]
atender e *to* ie (*see* perder)
buscar c *to* qu[3]
caber (2)
caer (3)
cerrar e *to* ie (*see* pensar)

comenzar e *to* ie, z *to* c[2] (*see* pensar)
componer (*see* poner)
concluir y[4] (*see* huir)
conducir (4) c *to* zc, j
confiar (*see* enviar)
conocer (5) c *to* zc
conseguir[6] (*see* seguir)
construir y[4] (*see* huir)
contar (6) o *to* ue
contribuir y[4] (*see* huir)
costar o *to* ue (*see* contar)
crecer c *to* zc
creer (7) i *to* y[5]
criticar c *to* qu[3]
cruzar z *to* c[2]
dar (8)
decir (9)
defender e *to* ie (*see* perder)
demostrar o *to* ue (*see* contar)

desaparecer c *to* zc (*see* conocer)
despedir e *to* i (*see* pedir)
despertar e *to* ie (*see* pensar)
destruir y[4] (*see* huir)
detener (*see* tener)
diagnosticar c *to* qu[3]
dirigir g *to* j
divertirse e *to* ie, i (*see* sentir)
doler o *to* ue (*see* volver)
dormir (10) o *to* ue, u
elegir e *to* ie, j (*see* pedir)
empezar e *to* ie, z *to* c[2] (*see* pensar)
encontrar o *to* ue (*see* contar)
enriquecer c *to* zc (*see* conocer)
entender e *to* ie (*see* perder)
enviar (11)
envolver o *to* ue (*see* volver)
escoger g *to* j
establecer c *to* zc (*see* conocer)

Appendix E

estar (12)
exigir g *to* j
explicar c *to* qu[3]
extender e *to* ie (*see* perder)
favorecer c *to* zc (*see* conocer)
gozar z *to* c[2]
haber (13)
hacer (14)
herir e *to* ie, i (*see* sentir)
hervir e *to* i (*see* pedir)
huir (15) y[4]
impedir e *to* i (*see* pedir)
influir y[4] (*see* huir)
intervenir (*see* venir)
introducir c *to* zc, j
(*see* conducir)
invertir e *to* ie, i (*see* sentir)
ir (16)
jugar (17) g *to* gu[1]
justificar c *to* qu[3]
juzgar g *to* gu[1]
leer i *to* y[5] (*see* creer)
llegar g *to* gu[1]
llover o *to* ue (*see* volver)
mantener (*see* tener)
mentir e *to* ie, i (*see* sentir)
merecer c *to* zc (*see* conocer)
morir o *to* ue, u (*see* dormir)
mostrar o *to* ue (*see* contar)
nacer c *to* zc (*see* conocer)

negar e *to* ie, g *to* gu[1]
(*see* pensar)
nevar e *to* ie (*see* pensar)
obtener (*see* tener)
ofrecer c *to* zc (*see* conocer)
oír (18)
oponer (*see* poner)
padecer c *to* zc (*see* conocer)
pagar g *to* gu[1]
parecer c *to* zc (*see* conocer)
pedir (19) e *to* i
pensar (20) e *to* ie
perder (21) e *to* ie
pertenecer c *to* zc (*see* conocer)
poder (22)
poner (23)
preferir e *to* ie, i (*see* sentir)
probar o *to* ue (*see* contar)
producir c *to* zc, j (*see* conducir)
publicar c *to* qu[3]
quebrar e *to* ie (*see* pensar)
querer (24)
reaparecer c *to* zc (*see* conocer)
reconocer c *to* zc (*see* conocer)
recordar o *to* ue (*see* contar)
reducir c *to* zc, j (*see* conducir)
reír (25)
renacer c *to* zc (*see* conocer)
repetir e *to* i (*see* pedir)
resolver o *to* ue (*see* volver)

rezar z *to* c[2]
rogar o *to* ue, g *to* gu[1]
(*see* contar)
saber (26)
salir (27)
seguir e *to* i, gu *to* g[6] (*see* pedir)
sembrar e *to* ie (*see* pensar)
sentar e *to* ie (*see* pensar)
sentir (28) e *to* ie, i
ser (29)
servir e *to* i (*see* pedir)
sonreír (*see* reír)
soñar o *to* ue (*see* contar)
sostener (*see* tener)
sugerir e *to* ie, i (*see* sentir)
tener (30)
tocar c *to* qu[3]
traducir c *to* zc, j (*see* conducir)
traer (31)
tropezar e *to* ie, z *to* c[2]
(*see* pensar)
utilizar z *to* c[2]
valer (32)
vencer c *to* z
venir (33)
ver (34)
vestir e *to* i (*see* pedir)
visualizar z *to* c[2]
volar o *to* ue (*see* contar)
volver (35) o *to* ue

. . . .

[1] In verbs ending in -**gar,** the **g** is changed to **gu** before **e: jugué, llegué, negué, pagué, rogué.**

[2] In verbs ending in -**zar,** the **z** is changed to **c** before **e: almorcé, analicé, comencé, empecé, especialicé, gocé, recé.**

[3] In verbs ending in -**car,** the **c** is changed to **qu** before an **e: ataqué, busqué, critiqué, equivoqué, publiqué.**

[4] In verbs like **concluir,** a **y** is inserted before any ending that does not begin with **i: concluyo, construyo, contribuyo, destruyo, huyo.**

[5] An unstressed **i** between two vowels is changed to **y: creyó, leyó.**

[6] In verbs ending in -**guir,** the **gu** is changed to **g** before **a** and **o: sigo (siga).**

Verb conjugations........................

Infinitive	Indicative				
	Present	**Imperfect**	**Preterit**	**Future**	**Conditional**
1. andar	ando	andaba	anduve	andaré	andaría
	andas	andabas	anduviste	andarás	andarías
	anda	andaba	anduvo	andará	andaría
	andamos	andábamos	anduvimos	andaremos	andaríamos
	andáis	andabais	anduvisteis	andaréis	andarías
	andan	andaban	anduvieron	andarán	andarían
2. caber	quepo	cabía	cupe	cabré	cabría
	cabes	cabías	cupiste	cabrás	cabrías
	cabe	cabía	cupo	cabrá	cabría
	cabemos	cabíamos	cupimos	cabremos	cabríamos
	cabéis	cabíais	cupisteis	cabréis	cabríais
	caben	cabían	cupieron	cabrán	cabrían
3. caer	caigo	caía	caí	caeré	caería
	caes	caías	caíste	caerás	caerías
	cae	caía	cayó	caerá	caería
	caemos	caíamos	caímos	caeremos	caeríamos
	caéis	caíais	caísteis	caeréis	caeríais
	caen	caían	cayeron	caerán	caerían
4. conducir	conduzco	conducía	conduje	conduciré	conduciría
	conduces	conducías	condujiste	conducirás	conducirías
	conduce	conducía	condujo	conducirá	conduciría
	conducimos	conducíamos	condujimos	conduciremos	conduciríamos
	conducís	conducíais	condujisteis	conduciréis	conduciríais
	conducen	conducían	condujeron	conducirán	conducirían
5. conocer	conozco	conocía	conocí	conoceré	conocería
	conoces	conocías	conociste	conocerás	conocerías
	conoce	conocía	conoció	conocerá	conocería
	conocemos	conocíamos	conocimos	conoceremos	conoceríamos
	conocéis	conocíais	conocisteis	conoceréis	conoceríais
	conocen	conocían	conocieron	conocerán	conocerían
6. contar	cuento	contaba	conté	contaré	contaría
	cuentas	contabas	contaste	contarás	contarías
	cuenta	contaba	contó	contará	contaría
	contamos	contábamos	contamos	contaremos	contaríamos
	contáis	contabais	contasteis	contareis	contaríais
	cuentan	contaban	contaron	contarán	contarían

Subjunctive		Commands	Participles	
Present	**Imperfect**		**Present**	**Past**
ande	anduviera (se)	—	andando	andado
andes	anduvieras (ses)	anda (no andes)		
ande	anduviera (se)	ande		
andemos	anduviéramos (semos)	andemos		
andéis	anduvierais (seis)	andad (no andéis)		
anden	anduvieran (sen)	anden		
quepa	cupiera (se)	—	cabiendo	cabido
quepas	cupieras (ses)	cabe (no quepas)		
quepa	cupiera (se)	quepa		
quepamos	cupiéramos (semos)	quepamos		
quepáis	cupierais (seis)	cabed (no quepáis)		
quepan	cupieran (sen)	quepan		
caiga	cayera (se)	—	cayendo	caído
caigas	cayeras (ses)	cae (no caigas)		
caiga	cayera (se)	caiga		
caigamos	cayéramos (semos)	caigamos		
caigáis	cayerais (seis)	caed (no caigáis)		
caigan	cayeran (sen)	caigan		
conduzca	condujera (se)	—	conduciendo	conducido
conduzcas	condujeras (ses)	conduce (no conduzcas)		
conduzca	condujera (se)	conduzca		
conduzcamos	condujéramos (semos)	conduzcamos		
conduzcáis	condujerais (seis)	conducid (no conduzcáis)		
conduzcan	condujeran (sen)	conduzcan		
conozca	conociera (se)	—	conociendo	conocido
conozcas	conocieras (ses)	conoce (no conozcas)		
conozca	conociera (se)	conozca		
conozcamos	conociéramos (semos)	conozcamos		
conozcáis	conocierais (seis)	cocnoced (no conozcáis)		
conozcan	conocieran (sen)	conozcan		
cuente	contara (se)	—	contando	contado
cuentes	contaras (ses)	cuenta (no cuentes)		
cuente	contara (se)	cuente		
contemos	contáramos (semos)	contemos		
contéis	contarais (seis)	contad (no contéis)		
cuenten	contaran (sen)	cuenten		

Infinitive	Indicative				
	Present	**Imperfect**	**Preterit**	**Future**	**Conditional**
7. creer	creo	creía	creí	creeré	creería
	crees	creías	creíste	creerás	creerías
	cree	creía	creyó	creerá	creería
	creemos	creíamos	creímos	creeremos	creeríamos
	creéis	creíais	creísteis	creeréis	creeríais
	creen	creían	creyeron	creerán	creerían
8. dar	doy	daba	di	daré	daría
	das	dabas	diste	darás	darías
	da	daba	dio	dará	daría
	damos	dábamos	dimos	daremos	daríamos
	dais	dabais	disteis	daréis	daríais
	dan	daban	dieron	darán	darían
9. decir	digo	decía	dije	diré	diría
	dices	decías	dijiste	dirás	dirías
	dice	decía	dijo	dirá	diría
	decimos	decíamos	dijimos	diremos	diríamos
	decís	decíais	dijisteis	diréis	diríais
	dicen	decían	dijeron	dirán	dirían
10. dormir	duermo	dormía	dormí	dormiré	dormiría
	duermes	dormías	dormiste	dormirás	dormirías
	duerme	dormía	durmió	dormirá	dormiría
	dormimos	dormíamos	dormimos	dormiremos	dormiríamos
	dormís	dormíais	dormisteis	dormiréis	dormiríais
	duermen	dormían	durmieron	dormirán	dormirían
11. enviar	envío	enviaba	envié	enviaré	enviaría
	envías	enviabas	enviaste	enviarás	enviarías
	envía	enviaba	envió	enviará	enviaría
	enviamos	enviábamos	enviamos	enviaremos	enviaríamos
	enviáis	enviabais	enviasteis	enviaréis	enviaríais
	envían	enviaban	enviaron	enviarán	enviarían
12. estar	estoy	estaba	estuve	estaré	estaría
	estás	estabas	estuviste	estarás	estarías
	está	estaba	estuvo	estará	estaría
	estamos	estábamos	estuvimos	estaremos	estaríamos
	estáis	estabais	estuvisteis	estaréis	estaríais
	están	estaban	estuvieron	estarán	estarían

Subjunctive		Commands	Participles	
Present	**Imperfect**		**Present**	**Past**
crea	creyera (se)	—	creyendo	creído
creas	creyeras (ses)	cree (no creas)		
crea	creyera (se)	crea		
creamos	creyéramos (semos)	creamos		
creáis	creyerais (seis)	creed (no creáis)		
crean	creyeran (sen)	crean		
dé	diera (se)	—	dando	dado
des	dieras (ses)	da (no des)		
dé	diera (se)	dé		
demos	diéramos (semos)	demos		
deis	dierais (seis)	dad (no deis)		
den	dieran (sen)	den		
diga	dijera (se)	—	diciendo	dicho
digas	dijeras (ses)	di (no digas)		
diga	dijera (se)	diga		
digamos	dijéramos (semos)	digamos		
digáis	dijerais (seis)	decid (no digáis)		
digan	dijeran (sen)	digan		
duerma	durmiera (se)	—	durmiendo	dormido
duermas	durmieras (ses)	duerme (no duermas)		
duerma	durmiera (se)	duerma		
durmamos	durmiéramos (semos)	durmamos		
durmáis	durmierais (seis)	dormid (no durmáis)		
duerman	durmieran (sen)	duerman		
envíe	enviara (se)	—	enviando	enviado
envíes	enviaras (ses)	envía (no envíes)		
envíe	enviara (se)	envíe		
enviemos	enviáramos (semos)	enviemos		
enviéis	enviarais (seis)	enviad (no enviéis)		
envíen	enviaran (sen)	envíen		
esté	estuviera (se)	—	estando	estado
estés	estuvieras (ses)	está (no estés)		
esté	estuviera (se)	esté		
estemos	estuviéramos (semos)	estemos		
estéis	estuvierais (seis)	estad (no estéis)		
estén	estuvieran (sen)	estén		

Infinitive	Indicative				
	Present	Imperfect	Preterit	Future	Conditional
13. haber	he	había	hube	habré	habría
	has	habías	hubiste	habrás	habrías
	ha	había	hubo	habrá	habría
	hemos	habíamos	hubimos	habremos	habríamos
	habéis	habíais	hubisteis	habréis	habríais
	han	habían	hubieron	habrán	habrían
14. hacer	hago	hacía	hice	haré	haría
	haces	hacías	hiciste	harás	harías
	hace	hacía	hizo	hará	haría
	hacemos	hacíamos	hicimos	haremos	haríamos
	hacéis	hacíais	hicisteis	haréis	haríais
	hacen	hacían	hicieron	harán	harían
15. huir	huyo	huía	huí	huiré	huiría
	huyes	huías	huiste	huirás	huirías
	huye	huía	huyó	huirá	huiría
	huimos	huíamos	huimos	huiremos	huiaríamos
	huís	huíais	huisteis	huiréis	huiríais
	huyen	huían	huyeron	huirán	huirían
16. ir	voy	iba	fui	iré	iría
	vas	ibas	fuiste	irás	irías
	va	iba	fue	irá	iría
	vamos	íbamos	fuimos	iremos	iríamos
	vais	ibais	fuisteis	iréis	iríais
	van	iban	fueron	irán	irían
17. jugar	juego	jugaba	jugué	jugaré	jugaría
	juegas	jugabas	jugaste	jugarás	jugarías
	juega	jugaba	jugó	jugará	jugaría
	jugamos	jugábamos	jugamos	jugaremos	jugaríamos
	jugáis	jugabais	jugasteis	jugaréis	jugaríais
	juegan	jugaban	jugaron	jugarán	jugarían
18. oír	oigo	oía	oí	oiré	oiría
	oyes	oías	oíste	oirás	oirías
	oye	oía	oyó	oirá	oiría
	oímos	oíamos	oímos	oiremos	oiríamos
	oís	oíais	oísteis	oiréis	oiríais
	oyen	oían	oyeron	oirán	oirían

Subjunctive		Commands	Participles	
Present	**Imperfect**		**Present**	**Past**
haya hayas haya hayamos hayáis hayan	hubiera (se) hubieras (ses) hubiera (se) hubiéramos (semos) hubierais (seis) hubieran (sen)		habiendo	habido
haga hagas haga hagamos hagáis hagan	hiciera (se) hicieras (ses) hiciera (se) hiciéramos (semos) hicierais (seis) hicieran (sen)	— haz (no hagas) haga hagamos haced (no hagáis) hagan	haciendo	hecho
huya huyas huya huyamos huyáis huyan	huyera (se) huyeras (ses) huyera (se) huyéramos (semos) huyerais (seis) huyeran (sen)	— huye (no huyas) huya huyamos huid (no huyáis) huyan	huyendo	huido
vaya vayas vaya vayamos vayáis vayan	fuera (se) fueras (ses) fuera (se) fuéramos (semos) fuerais (seis) fueran (sen)	— ve (no vayas) vaya vayamos id (no vayáis) vayan	yendo	ido
juegue juegues juegue juguemos juguéis jueguen	jugara (se) jugaras (ses) jugara (se) jugáramos (semos) jugarais (seis) jugaran (sen)	— juega (no juegues) juegue juguemos jugad (no juguéis) jueguen	jugando	jugado
oiga oigas oiga oigamos oigáis oigan	oyera (se) oyeras (ses) oyera (se) oyéramos (semos) oyerais (seis) oyeran (sen)	— oye (no oigas) oiga oigamos oíd (no oigáis) oigan	oyendo	oído

Infinitive	Indicative				
	Present	Imperfect	Preterit	Future	Conditional
19. pedir	pido pides pide pedimos pedís piden	pedía pedías pedía pedíamos pedíais pedían	pedí pediste pidió pedimos pedisteis pidieron	pediré pedirás pedirá pediremos pediréis pedirán	pediría pedirías pediría pediríamos pediríais pedirían
20. pensar	pienso piensas piensa pensamos pensáis piensan	pensaba pensabas pensaba pensábamos pensabais pensaban	pensé pensaste pensó pensamos pensasteis pensaron	pensaré pensarás pensará pensaremos pensaréis pensarán	pensaría pensarías pensaría pensaríamos pensaríais pensarían
21. perder	pierdo pierdes pierde perdemos perdéis pierden	perdía perdías perdía perdíamos perdíais perdían	perdí perdiste perdió perdimos perdisteis perdieron	perderé perderás perderá perderemos perderéis perderán	perdería perderías perdería perderíamos perderíais perderían
22. poder	puedo puedes puede podemos podéis pueden	podía podías podía podíamos podíais podían	pude pudiste pudo pudimos pudisteis pudieron	podré podrás podrá podremos podréis podrán	podría podrías podría podríamos podríais podrían
23. poner	pongo pones pone ponemos ponéis ponen	ponía ponías ponía poníamos poníais ponían	puse pusiste puso pusimos pusisteis pusieron	pondré pondrás pondrá pondremos pondréis pondrán	pondría pondrías pondría pondríamos pondríais pondrían
24. querer	quiero quieres quiere queremos queréis quieren	quería querías quería queríamos queríais querían	quise quisiste quiso quisimos quisisteis quisieron	querré querrás querrá querremos querréis querrán	querría querrías querría querríamos querríais querrían

Subjunctive		Commands	Participles	
Present	**Imperfect**		**Present**	**Past**
pida	pidiera (se)	—	pidiendo	pedido
pidas	pidieras (ses)	pide (no pidas)		
pida	pidiera (se)	pida		
pidamos	pidiéramos (semos)	pidamos		
pidáis	pidierais (seis)	pedid (no pidáis)		
pidan	pidieran (sen)	pidan		
piense	pensara (se)	—	pensando	pensado
pienses	pensaras (ses)	piensa (no pienses)		
piense	pensara (se)	piense		
pensemos	pensáramos (semos)	pensemos		
penséis	pensarais (seis)	pensad (no penséis)		
piensen	pensaran (sen)	piensen		
pierda	perdiera (se)	—	perdiendo	perdido
pierdas	perdieras (ses)	pierde (no pierdas)		
pierda	perdiera (se)	pierda		
perdamos	perdiéramos (semos)	perdamos		
perdáis	perdierais (seis)	perded (no perdáis)		
pierdan	perdieran (sen)	pierdan		
pueda	pudiera (se)	—	pudiendo	podido
puedas	pudieras (ses)			
pueda	pudiera (se)			
podamos	pudiéramos (semos)			
podáis	pudierais (seis)			
puedan	pudieran (sen)			
ponga	pusiera (se)	—	poniendo	puesto
pongas	pusieras (ses)	pon (no pongas)		
ponga	pusiera (se)	ponga		
pongamos	pusiéramos (semos)	pongamos		
pongáis	pusierais (seis)	poned (no pongáis)		
pongan	pusieran (sen)	pongan		
quiera	quisiera (se)	—	queriendo	querido
quieras	quisieras (ses)	quiere (no quieras)		
quiera	quisiera (se)	quiera		
queramos	quisiéramos (semos)	queramos		
queráis	quisierais (seis)	quered (no queráis)		
quieran	quisieran (sen)	quieran		

Infinitive	Indicative				
	Present	Imperfect	Preterit	Future	Conditional
25. reír	río	reía	reí	reiré	reiría
	ríes	reías	reíste	reirás	reirías
	ríe	reía	rió	reirá	reiría
	reímos	reíamos	reímos	reiremos	reiríamos
	reís	reíais	reísteis	reiréis	reiríais
	ríen	reían	rieron	reirán	reirían
26. saber	sé	sabía	supe	sabré	sabría
	sabes	sabías	supiste	sabrás	sabrías
	sabe	sabía	supo	sabrá	sabría
	sabemos	sabíamos	supimos	sabremos	sabríamos
	sabéis	sabíais	supisteis	sabréis	sabríais
	saben	sabían	supieron	sabrán	sabrían
27. salir	salgo	salía	salí	saldré	saldría
	sales	salías	saliste	saldrás	saldrías
	sale	salía	salió	saldrá	saldría
	salimos	salíamos	salimos	saldremos	saldríamos
	salís	salíais	salisteis	saldréis	saldríais
	salen	salían	salieron	saldrán	saldrían
28. sentir	siento	sentía	sentí	sentiré	sentiría
	sientes	sentías	sentiste	sentirás	sentirías
	siente	sentía	sintió	sentirá	sentiría
	sentimos	sentíamos	sentimos	sentiremos	sentiríamos
	sentís	sentíais	sentisteis	sentiréis	sentiríais
	sienten	sentían	sintieron	sentirán	sentirían
29. ser	soy	era	fui	seré	sería
	eres	eras	fuiste	serás	serías
	es	era	fue	será	sería
	somos	éramos	fuimos	seremos	seríamos
	sois	erais	fuisteis	seréis	seríais
	son	eran	fueron	serán	serían
30. tener	tengo	tenía	tuve	tendré	tendría
	tienes	tenías	tuviste	tendrás	tendrías
	tiene	tenía	tuvo	tendrá	tendría
	tenemos	teníamos	tuvimos	tendremos	tendríamos
	tenéis	teníais	tuvisteis	tendréis	tendríais
	tienen	tenían	tuvieron	tendrán	tendrían

Subjunctive		Commands	Participles	
Present	**Imperfect**		**Present**	**Past**
ría	riera (se)	—	riendo	reído
rías	rieras (ses)	ríe (no rías)		
ría	riera (se)	ría		
riamos	riéramos (semos)	riamos		
riáis	rierais (seis)	reíd (no riáis)		
rían	rieran (sen)	rían		
sepa	supiera (se)	—	sabiendo	sabido
sepas	supieras (ses)	sabe (no sepas)		
sepa	supiera (se)	sepa		
sepamos	supiéramos (semos)	sepamos		
sepáis	supierais (seis)	sabed (no sepáis)		
sepan	supieran (sen)	sepan		
salga	saliera (se)	—	saliendo	salido
salgas	salieras (ses)	sal (no salgas)		
salga	saliera (se)	salga		
salgamos	saliéramos (semos)	salgamos		
salgáis	salierais (seis)	salid (no salgáis)		
salgan	salieran (sen)	salgan		
sienta	sintiera (se)	—	sintiendo	sentido
sientas	sintieras (ses)	siente (no sientas)		
sienta	sintiera (se)	sienta		
sintamos	sintiéramos (semos)	sintamos		
sintáis	sintierais (seis)	sentid (no sintáis)		
sientan	sintieran (sen)	sientan		
sea	fuera (se)	—	siendo	sido
seas	fueras (ses)	sé (no seas)		
sea	fuera (se)	sea		
seamos	fuéramos (semos)	seamos		
seáis	fuerais (seis)	sed (no seáis)		
sean	fueran (sen)	sean		
tenga	tuviera (se)	—	teniendo	tenido
tengas	tuvieras (ses)	ten (no tengas)		
tenga	tuviera (se)	tenga		
tengamos	tuviéramos (semos)	tengamos		
tengáis	tuvierais (seis)	tened (no tengáis)		
tengan	tuvieran (sen)	tengan		

Infinitive	Indicative				
	Present	**Imperfect**	**Preterit**	**Future**	**Conditional**
31. traer	traigo	traía	traje	traeré	traería
	traes	traías	trajiste	traerás	traerías
	trae	traía	trajo	traerá	traería
	traemos	traíamos	trajimos	traeremos	traeríamos
	traéis	traíais	trajisteis	traeréis	traeríais
	traen	traían	trajeron	traerán	traerían
32. valer	valgo	valía	valí	valdré	valdría
	vales	valías	valiste	valdrás	valdrías
	vale	valía	valió	valdrá	valdría
	valemos	valíamos	valimos	valdremos	valdríamos
	valéis	valíais	valisteis	valdréis	valdríais
	valen	valían	valieron	valdrán	valdrían
33. venir	vengo	venía	vine	vendré	vendría
	vienes	venías	viniste	vendrás	vendrías
	viene	venía	vino	vendrá	vendría
	venimos	veníamos	vinimos	vendremos	vendríamos
	venís	veníais	vinisteis	vendréis	vendríais
	vienen	venían	vinieron	vendrán	vendrían
34. ver	veo	veía	vi	veré	vería
	ves	veías	viste	verás	verías
	ve	veía	vio	verá	vería
	vemos	veíamos	vimos	veremos	veríamos
	veis	veíais	visteis	veréis	veríais
	ven	veían	vieron	verán	verían
35. volver	vuelvo	volvía	volví	volveré	volvería
	vuelves	volvías	volviste	volverás	volverías
	vuelve	volvía	volvió	volverá	volvería
	volvemos	volvíamos	volvimos	volveremos	volveríamos
	volvéis	volvíais	volvisteis	volveréis	volveríais
	vuelven	volvían	volvieron	volverán	volverían

Subjunctive		Commands	Participles	
Present	**Imperfect**		**Present**	**Past**
traiga	trajera (se)	—	trayendo	traído
traigas	trajeras (ses)	trae (no traigas)		
traiga	trajera (se)	traiga		
traigamos	trajéramos (semos)	traigamos		
traigáis	trajerais (seis)	traed (no traigáis)		
traigan	trajeran (sen)	traigan		
valga	valiera (se)	—	valiendo	valido
valgas	valieras (ses)	val (no valgas)		
valga	valiera (se)	valga		
valgamos	valiéramos (semos)	valgamos		
valgáis	valierais (seis)	valed (no valgáis)		
valgan	valieran (sen)	valgan		
venga	viniera (se)	—	viniendo	venido
vengas	vinieras (ses)	ven (no vengas)		
venga	viniera (se)	venga		
vengamos	viniéramos (semos)	vengamos		
vengáis	vinierais (seis)	venid (no vengáis)		
vengan	vinieran (sen)	vengan		
vea	viera (se)	—	viendo	visto
veas	vieras (ses)	ve (no veas)		
vea	viera (se)	vea		
veamos	viéramos (semos)	veamos		
veáis	vierais (seis)	ved (no veáis)		
vean	vieran (sen)	vean		
vuelva	volviera (se)	—	volviendo	vuelto
vuelvas	volvieras (ses)	vuelve (no vuelvas)		
vuelva	volviera (se)	vuelva		
volvamos	volviéramos (semos)	volvamos		
volváis	volvierais (seis)	volved (no volváis)		
vuelvan	volvieran (sen)	vuelvan		

¡Saludos!
Photo Credits

¡Saludos!
Literary Permissions

DATE DUE

BRODART, CO.   Cat. No. 23-221-003

¡Saludos! and ¡Recuerdos! ÍNDICE